U0934555

珍藏本
纪念版

汉译世界学术名著丛书

欧洲文明史

自罗马帝国败落起
到法国革命

〔法〕基佐 著

程洪逵 沅芷 译

2017 年 · 北京

F. P. G. Guizot

HISTORY OF CIVILIZATION IN EUROPE

From the Fall of the Roman Empire to the French Revolution

本书根据 1908 年 George Bell and Sons 出版社英译本译出

汉译世界学术名著丛书
(120年纪念版·珍藏本)
出 版 说 明

2017年2月11日,商务印书馆迎来120岁的生日。120年前,商务印书馆前贤怀揣文化救国的理想,抱持"昌明教育,开启民智"的使命,立足本土,放眼寰宇,以出版为津梁,沟通中西,为中国、为世界提供最富智慧的思想文化成果。无论世事白云苍狗,潮流左右激荡,甚至战火硝烟弥漫,始终践行学术报国之志,无改初心。

逐译世界各国学术名著,即其一端。早在20世纪初年便出版《原富》《天演论》等影响至今的代表性著作,1950年代后更致力于外国哲学和社会科学经典的译介,及至1980年代,辑为"汉译世界学术名著丛书",汇涓为流,蔚为大观。丛书自1981年开始出版,历时三十余年,迄今已推出七百种,是我国现代出版史上规模最大、最为重要的学术翻译工程。

丛书所选之书,立场观点不囿于一派,学科领域不限于一门,皆为文明开启以来,各时代、各国家、各民族的思想与文化精粹,代表着人类已经到达过的精神境界。丛书系统译介世界学术经典,引领时代思想，为本土原创学术的发展提供丰富的文化滋养，为推动中国现代学术和现代化进程做出了突出的贡献。

为纪念商务印书馆成立120周年，我们整体推出“汉译世界学术名著丛书”120年纪念版的珍藏本，寄望既利于文化积累，又便于研读查考，同时向长期支持丛书出版的译者、编者和读者致以敬意。

两甲子后的今天，商务印书馆又站在了一个新的历史时间节点上。我们不仅要铭记先辈的身影和足迹，更须让我们的步伐充满新的时代精神。这是商务人代代相传的事业，更是与国家和民族的命运始终紧密相连的事业。我们责无旁贷，必须做好我们这代人的传承与创造，让我们的努力和成果不仅凝聚成民族文化的记忆，还能成为后来人可以接续的事业。唯此，才能不负前贤，无愧来者。

商务印书馆编辑部

2017年10月

出版说明

本书作者弗朗索瓦·皮埃尔·纪尧姆·基佐(1787—1874)系法国著名的资产阶级政治家和历史学家。他出生于尼姆的一个基督教家庭,父亲是著名律师,于1794年被雅各宾政府处死。他随母流亡国外。1805年回到巴黎学习法律。1812年任巴黎大学历史学教授。他曾参加第一次波旁复辟(1814),成为君主立宪制的鼓吹者和"空论派"团体的成员,并在《论代议制政府及法国现状》(1816)一文中解释该团体的政纲。1820—1830年,他主要从事历史研究和教学,著有《英国革命史》(1826—1827),《欧洲文明史》(1828)和《法国文明史》(1829—1832)等书。在七月王朝期间(1830—1848),他是君主立宪派领袖,在法国政治生活中颇有影响。他曾先后担任内政大臣、教育大臣、驻英大使、外交大臣和政府首相,掌管七月王朝的内政外交。1848年法国革命爆发后,他只身逃往英国,从此结束政治生涯。后来回到法国,专事学术活动。

基佐在史学上的主要贡献是他吸取了圣西门的阶级斗争的思想,建立了资产阶级的阶级斗争历史学说。在他早期的历史著作中试图用阶级斗争观点来解释法国革命、英国革命及其他历史事件,目的是要论证资产阶级有权管理国家。在《欧洲文明史》和《法国文明史》等书中，他发展了第三等级反对封建制度的斗争乃是历史进程的主要动力的论点。但 1848 年法国革命后，他的思想发生了深刻的危机。当他看到在这场革命中工人阶级登上了历史舞台、起来反对中产阶级时惊恐万状，从而攻击阶级斗争学说“是与我们时代不相容的祸害和耻辱”。1848 年的法国革命不但结束了他的政治生涯，也使他彻底放弃了阶级斗争的理论。

本书系作者根据 1828 年在巴黎大学授课时的讲义加工而成，全书共 14 讲。作者认为，文明由两大事实组成：一方面是人类社会的发展，另一方面是人的自身的发展。而本书只限于社会历史，从社会的角度来展示文明。作者以简练、压缩的手法成功地概述了欧洲文明的起源和发展，从公元 5 世纪写到法国革命前夕。书中主要论述：欧洲文明的起源、发展和它的特性；罗马帝国覆亡时欧洲文明的诸不同因素；10 世纪蛮族入侵结束，封建制度开始；封建制度的性质及其对近代文明的影响；5 至 12 世纪基督教教会的状况及其历史作用；自治市镇的兴起、其内部管理及对文明进程的影响；十字军运动的起因、性质、后果；君主制的发展过程；欧洲建立政治体制的各种尝试；15 世纪的特征；16 世纪宗教改革的真实性质及其结果；英国革命的意义及其对文明进程的贡献；英国与大陆国家文明进程之异同；17、18 世纪法国处于欧洲文明的领先地位。本书是研究欧洲历史和文明史的重要书籍。

本书出版后不久即有英译本和俄文译本问世。中译本根据 1908 年 George Bell and Sons 出版社英译本译出（英译者 William Hazlitt）。英译本把基佐的《欧洲文明史》和《法国文明史》合订在一起，分为三卷。中译本则把这两本书分开译出，单独出版。

目　　录

第　一　讲

本课程的目的——欧洲文明的历史——法国在欧洲文明中起的作用——文明是叙述的合适主题——它是历史中最普遍的事实——文明这个词的通常的和通俗的意义——构成文明的两个主要的事实：1.社会的发展；2.个人的发展——证明——这两个事实必然是互相结合着的，并且或迟或早会互相产生出来——人类的命运是完全限制在他的实际的社会状态之内的吗？——文明的历史可以根据两个着眼点来说明和考虑——关于本课程计划的几句话——人心的现状和文明的前景

先生们，我深为你们给予我的接待所感动，请容许我说，我认为这种接待是我们之间虽经长期分离但依然存在着的同感共鸣的一种保证。啊！我说，我现在看到的围绕着我的你们，仿佛是七年前常聚集在这四壁之内参与我当时的工作的同样的一些朋友；因为我自己又来到了这里，看来仿佛我的昔日的一切听讲者也一定会到来；可是，自从那个时期以来，一种变革、一种强烈的变革，已开始支配一切事物。七年前，我们来到这里，由于焦急的疑虑和恐惧而神态沮丧，由于悲观的思想和预期而心情沉重；我们看到困难和危险包围着我们；我们觉得自己正沉重地一步一步走向祸害，我们力图以平静、严肃、谨慎的冷漠态度避免祸害，但是无济于事。现在，我们相聚在一起，满怀信心和希望，心情平静，思想自由。我

们只有一种方法可用以恰当地表示我们对此可喜的变革的感激之情；这就是将七年前指导我们行为的这种平静心态、这种坚定的决心带到我们今天的集会、我们新的学习中来，那时我们天天在等待我们的学习被置于严格的监督之下，要不就被随意取消。好运往往是细嫩的、脆弱的，不确定、不可靠的。我们对待希望必须像对待恐惧那样保持节制。疾病的康复期很需要这种小心谨慎的态度，如同疾病逼近时那样。这种小心谨慎、这种节制，我深信你们会表现的。在困难和危险时期使我们团结起来，至少使我们免犯错误的这种共同的感情，这种意见上、感情上、思想上的亲密一致，在更幸运、更兴旺的日子里将同样使我们联合起来，并使我们能够收获它们的全部果实。我满怀信心地指望你们的合作，此外，我什么也不需要了。

我们这第一次会面与年终相隔的时间很有限，而其间我自己必须对我将作的演讲进行思考的时间更远为短促。因此，一个大问题是主题的选择，对它的考虑很可能会限于今年留给我们的少数几个月之内，限于供我做准备的少数几天之内。我觉得，参照文明的进展对欧洲近代史作一回顾——实际上，对欧洲文明的历史、对它的起源、它的发展、它的目的、它的特性作一概述，可能就会占据我们可以自由支配的全部时间了。因此，这正是我想讨论的主题。

我用了欧洲文明这个词语，因为十分明显，存在着一个欧洲文明，在欧洲各国的文明中普遍地存在着一种一致性；虽然在时间、地点和环境方面千差万别，但这个文明最初都起源于那些几乎完全相似的事实中，到处都是根据同样的原则向前发展，并几乎到处都会产生相似的结果。因此，存在着一个欧洲文明，而我要请你们注意的正是这个集合而成的文明这一主题。

再者，十分明显，这个文明我们不能追溯到头，它的历史决不可能来源于任何单个欧洲国家的历史。如果说，一方面，它的明显特征是简短的，而另一方面，它的多样性却是十分惊人的。它不是在任何个别的国家里发展完善的。它的面貌的特征分散在各地，我们必须有时在法国、有时在英国、有时在德国、有时在西班牙寻找它的历史的诸因素。

我们法国人在研究欧洲文明方面处于一个有利的地位。对个人、甚至对我们国家的阿谀之词，在任何时期都应避免。我想，我们可以毫不夸张地说，法国是欧洲文明的中心和焦点。我并不是说，她老是在各方面都跑在各国的前头，因为这样说是荒谬的。在不同的时期，意大利在艺术方面领先于她，英国在政治方面跑在她的前面；还有在其他方面，在某些特定时期，可能有另一些欧洲国家显得比她强；但是不可否认的是，每当法国在文化事业方面比其他国家跑得更快时，她总能唤起新的活力，以一股新的冲力跃向前去，并很快就与其他国家并驾齐驱或跑在它们前面。这是法国的特殊的命运，不仅如此，而且我们已经看到，当这些已在其他地方崛起的文明思想和文明制度力图扩大其领域成为丰富而普遍的思想和制度，以便为欧洲文明的共同利益而运作时，它们必须在某种程度上在法国经受一次新的预习，然后从法国这个第二故乡出发去征服欧洲。在它扩散之前，几乎没有任何伟大的文明思想、任何伟大的文明原则不是按照这种方式通过法国的。

由于这个原因，在法国的性格中，存在着某种好交际、富有同

情心，使她能比任何其他民族的民族精神更容易、更有效地被人接受的东西。不论是否由于我们的语言，是否由于我们的思想倾向和我们的习俗的特殊风格，这一点是肯定的，即我们的思想比其他民族的思想更受人欢迎、更容易深入群众，使群众能更明白地理解。一言以蔽之，敏锐、好交际、同情心是法国的特征，也是她的文明的特征，正是这些性质使她理所当然地走在欧洲文明的前列。

因此，在着手研究这个重要事实时，并不是任意或依照常规来选择法国作为这个研究的中心的。如果我们是要使我们自己处于文明的中心、处于我们就要去考察的这个事实的中心，我们就必须这样做。

我常使用事实这个词，我是故意这样做的。文明是像任何其他事实一样的事实——一个像任何其他事实一样，可以被研究、被描写、被叙述的事实。

在过去的若干时间里，人们常谈到有必要将历史局限于各种事实的叙述，再也没有说得更正确的了。但我们必须记住，可以叙述的事实很多，而且这些事实本身的性质多种多样，远比人们起初认为的要多得多。有些是物质性的、看得见的事实，例如战争、战役、政府的官方行为；有些是精神性质的事实，但仍然是真实的，虽然它们在表面上没有显示出来；有些是个别的事实，它们有自己的名称；有些是普遍性的事实，它们没有任何独特的称呼，对它们不可能指定任何确实的日期，不可能将它们置于严格的范围之内，但它们仍然是不折不扣的事实，是历史上的事实，我们不能把它们排除在历史之外，除非我们删改历史。

我们通常称之为历史哲学的那部分历史，各种事件相互间的关系，各种事件之间的联系，它们的原因和它们的结果——这些都是事实，这些都是历史，正像关于战争和其他物质的、看得见的事情的故事一样。这一类的事实，毫无疑义，更难以阐明和解释。我们在说明它们的时候更容易犯错误，要赋予它们生命和生气、有声有色地表述它们，绝非易事。但这个困难丝毫不能改变它们的性质，它们仍然是历史的一个重要成分。

文明是这种事实之一，是一个普遍的、隐蔽的、复杂的事实；我承认，这是一个很难描述、很难叙述的事实，但它仍然是一个事实，因为它存在着；它仍然是一个事实，因为它有权被描述、被叙述。关于这个事实我们可以提出大量的问题。我们可以问，也有人问过，它究竟是一件好东西还是一件坏东西？有些人为它痛惜，另一些人为它高兴。我们可以问，究竟它是不是一种普及全世界的事实，究竟有没有一种普遍的人类文明、一种人类的命运；各民族究竟有没有一种世代相传的东西，它从未曾丧失而只会增加，形成一个越来越大的团块，这样继续下去直到永远？就我而论，我深信，在现实中存在着一种普遍的人类命运，一种文明集合体的传递，因而存在着一种有待于撰写的、全世界普遍的文明史。但是，如果我们在时间和空间上有所限制，将我们自己局限于若干个世纪的历史、局限于某一民族，而不去提出如此巨大、如此难解决的问题，那么十分明显，在这些范围之内，文明是一个可以被描写和叙述的事实——它是历史。我同时还要说，这个历史是一切历史中最伟大的，因为它无所不包。

你们难道不觉得文明这个事实是最卓越的事实——普遍而且成为定论的事实，一切其他事实的归宿和总结吗？拿构成一个民

族历史的、我们常把它们看作它的生命的要素的一切事实为例，拿它的种种制度、它的商业、它的工业、它的战争、它的政治的细节为例，当我们就它们的总体、它们的相互关系来考察这些事实时，当我们估计它们、判断它们时，我们往往会问，它们在什么方面对那个民族的文明作出了贡献，它们在其中扮演了什么角色，它们对它发挥了什么影响。按照这种方法，我们不仅对它们形成了一个完整的概念，而且衡量和评价了它们的真实价值。它们仿佛是一些江河，我们问它们对大洋贡献了多少数量的水？因为文明就像海洋，它构成一个民族的财富，该民族的生命的一切要素、支持它的存在的一切力量，都集中并团结在它的内部。情况确实是如此，因此，甚至那些从其本性看来也是可憎和有害的、压得各民族透不过气来的那些事实，例如专制政治和无政府状态，如果它们在某个方面对文明有贡献，如果它们使文明向前迈进一步，我们可以在一定程度上宽恕它们，不计它们的过错和它们的恶的本质。总之，我们在任何地方认出了文明，不论创造它的是什么事实，我们就会忘却它所花的代价。

此外，有些事实，严格说来，我们不能称之为社会性事实。有些个别事实似乎是人类的灵魂而不是公众的生活所关心的；这些事实是宗教信仰和哲学思想、科学、文学、艺术。这些事实似乎要探讨人的问题，旨在完善人的道德和满足人的知识；以人的内心的改善、人的精神的悦乐而不是以人的社会状况的改善为它们的目的。但在这里，这些事实往往也是在涉及文明时才被考察和需要加以考察。

在一切时代和一切国家里，宗教享有教化人民的光荣。科学、文学、艺术，一切知识和精神的悦乐都有权分享这份光荣。当我们承认它们这个要求时，也就是在表示对它们的赞美和尊敬。因此，那些不依靠外界的结果而只凭其与人类灵魂的关系而显得重要和崇高的事实，由于它们与文明的关系而变得更加重要、更加崇高。这个普遍的事实有如此大的价值，它能给予它所接触的一切事物以价值。而且不但它给予价值，甚至有这样的情况，我们所提到的那些事实，即宗教信仰、哲学思想、文学、艺术，都被按照它们对文明的影响而受到特别的重视和评价。这种影响，在某种程度上和在某一个时期，会变成衡量它们的优点和价值所依据的准绳。

那么，在研究它的历史之前，我要问，仅就其本身来考虑，这个似乎是各民族整个生活的总和和表现得如此严重、如此博大、如此珍贵的事实是什么东西呢？

我在这里要注意不要陷入纯粹的哲学之中，不要定下某种推理的原则，并由此而演绎出文明的本质作为一个结果，按照这个方法，将会有许多错误的可能。再者，在这里，我们还有一个事实要查证和叙述。

长期以来，在许多国家里，文明这个词一直被使用着，人们已赋予这个词以多多少少是明白和广泛的意义，它在那里被使用时，那些使用它的人把某种意义或其他意义加到它身上。而我们必须研究的是这个词的一般的、人本的、通俗的意义。一般词语的通用的意义几乎总比显然更严格、更精确的科学定义有更多的正确性。词的通常意义来自普通见识，而普通见识是人类的特征。一个词的通常的意义是在逐渐发展的，在事实的不断出现中形成的。因此，当一个看来是属于某一词的意义范围内的事物出现时，它好像就被自然而然地收纳进去了。这个词语的词义会逐渐伸展、逐渐扩张，直到人们根据事物本身的性质将应归入这个词名下的种种事实、种种概念都包含了进去。

另一方面，当一个词的意义根据科学来决定时，这个决定、这件由一个人或少数人做的工作是在人们想到的某个特殊事实的影响下发生的。因此，一般而论，科学的定义要比词语的通俗意义狭隘得多，因而实际上也不精确得多、不真实得多。把文明这个词的意义作为一个事实，按照人类的常识加以研究，研究它所包含的一切意思，这种做法将使我们对事实本身的认识比我们自己试图给它一个科学定义的做法取得大得多的进展，虽然后者乍看之下可能显得更明白、更精确。

我要向你们提出一些假设来开始这项研究工作。我将描述若干社会的状况，然后我们来看看一般人的本能能否从中辨认出一个在走向文明的民族的条件，辨认出人类赋予文明这个词的意义？

首先，假设有一个民族，它的外在生活是很舒适的，物质的舒适设备应有尽有，他们付出少量的捐税，他们毫不受苦，他们的私人关系处理得很公正——总之，他们的物质生活完全是幸福的，安排得很好。但这个民族的智力活动和精神生活却有意地维持在一种麻木呆滞的状态中，我不说受压迫状态，因为他们不理解这种感情，但是是一种压抑状态。我们不乏这种事态的例子。有过许多小的贵族政治共和国，人民在其中受着羊群般的待遇，物质上过得很幸福，但丝毫没有精神和智力方面的活动。这是文明吗？这是一个能教化自己的民族吗？

另一个假设是：有一个民族，它的物质生活没有那么舒适、那么安乐，但仍能维持温饱。另一方面，道德和精神方面的需要从未被忽视，向他们提供了一定数量的精神园地，以培养崇高而纯洁的感情，他们宗教的和道德的观念都得到某种程度的发展，但非常注意遏制这些观念中的自由原则；道德和精神方面的需要，如同前一例子中的物质上的需要那样，都能得到满足，每个人都分得一份真理，但任何人都不得为自己寻求真理。不活动性是精神生活的特征，这就是大多数亚洲居民的生活状况。凡是神权政治支配的地方，人性就受到抑制，例如印度人的状况就是如此。我在这里要提出一个与前面同样的问题，这是一个能教化自己的民族吗？

我现在完全改变假设的性质：有一个民族，他们人与人之间处处显示出个人自由的精神，但那里混乱和不平等是不断出现的。它是力量和机遇的帝国。任何人，如果他不强有力，他就受压制、受苦、死亡。横暴是这个社会状况的主要特色。谁都知道，欧洲已经经历过了这种状况。这是一种文明的状况吗？毫无疑问，它可能包含一些文明的原则，这些原则会逐渐发展起来，但在这样一个社会里，处于统治地位的事实肯定不是人类的常识称之为文明的那个事实。

我提出第四个、也是最后一个假设：每个人都非常自由，他们中间不平等的事是极为罕见的，无论如何，即使有也是极为暂时的。每个人所做的事几乎正是他们愿意做的，而在权力方面他与他的邻人几乎没有差别，但很少有普遍的利益，很少有公众的意见，很少有社会交往——总之，各个人的才能和存在自生自灭，互不相干，在身后不留下任何痕迹。一代一代的人临死时看到的正是他诞生时看到的那个社会，这就是野蛮部落的状况，那里有自由和平等，但肯定没有文明。

我可以提出更多的这种假设，但我认为我们已有足够的东西来说明什么是文明这个词的通俗的和天然的意义了。

十分明显，我简略地加以描述的几种状态中没有一种（按照人类天赋的判断力）是与文明这个名词相符合的。为什么？我觉得，文明这个词所包含的第一个事实（这是我向你们匆匆展示的一些不同例子的结论）是进展、发展这个事实。它立刻使人想到一个向前行进、不改变自己的居住地而只改变自己的状况的民族，使人想到一个民族，它的文化就是训练自己、改善自己。我觉得，进展的概念、发展的概念是这个词所包含的基本概念。这进展是什么？这发展是什么？一切困难中最大的困难就在这里。

这个词的语源似乎是在明白而令人满意地回答：它是国民生活的不断完善，严格意义上的社会的发展，人与人之间的关系的发展。

事实上，这是读出文明这个词的音来时人们所理解的第一个概念；我们立刻想到社会关系的扩展、最大限度的活动、最好的组织。一方面是不断增加生产给予社会以力量和幸福的一切资料，另一方面是把所产生的力量和幸福更加公平地分配给每个人。

这就是全部吗？我们已经详尽无遗地指出了文明这个词的一切固有的、通常的意义了吗？除此之外，这个事实的确没有其他含义了吗？

这几乎好像是我们在问：归根结底，人类难道仅是一座蚁冢，仅是一个只需要秩序和物质幸福而不需要其他的社会，只要付出的劳动愈大，劳动果实的分配就愈公平的社会，那么要达到的目标，要实现的进步就愈有保证。

对于如此狭隘的一个关于人类命运的定义，我们本能地立刻感到反感。它看第一眼就感觉到，文明这个词包含着某种更广泛、更复杂的东西，超过了仅仅是社会关系、社会力量和幸福的完善。

事实、公众的意见、这个词为人所普遍接受的意义是和这种本能相一致的。

看看第二次迦太基战争后的全盛时代的罗马，那时它正向世界帝国进军，其社会状况显然正在上升中。然后再看看，在奥古斯都统治下开始衰落时期的罗马。那时无论如何，社会的前进运动已经停止，而一些坏的原则正处于盛行的前夕，然而还没有一个人不认为并且说，奥古斯都的罗马比法布里齐乌斯或辛辛纳图斯的罗马更文明。

让我们越过阿尔卑斯山脉去看看 17 和 18 世纪的法国。十分明显，用社会的观点考虑人们实际所得的幸福以及它的分配方式，在这方面，17 和 18 世纪的法国比之欧洲其他某些国家，例如比荷兰和英国，要差一些。我相信，在荷兰和英国，社会的活力比法国的更大、增长得更快，其果实的分配也更充足，然而问问一般人的良知，它会说，17、18 世纪的法国是欧洲最文明的国家。欧洲毫不迟疑地用肯定语气回答了这个问题。关于法国的这种舆论，在一切重要的欧洲文献中都可以找到。

我们还可以指出其他许多国家，它们比别处更富庶、财富增长得更快，分配也更为妥善，但以人的自发的本能，一般的良好见识来判断，其文明程度却被认为不如那些按纯粹的社会意义来说分配得不太好的国家。

这意味着什么呢？后面这些国家具有什么优势呢？它们具有文明国家的什么特色使它们获此殊荣呢？在人类的认识中，什么东西可以大大地补偿他们在其他方面所十分缺乏的东西？

它们已显示出了除社会生活的发展而外的另一种发展：个人的发展、内心生活的发展、人本身的发展，人的各种能力、感情、思想的发展。如果它们的社会不如其他地方完善，它们的人性却更辉煌、更有力地雄踞于前列。毫无问题，还有许多社会问题尚待解决，但大量的道德和精神方面的问题已经解决。对许多人来说，物质财富和社会权利还是不足的，但他们有许多伟大的人物在世界上发出耀眼的光芒。文学、科学和各种艺术大放异彩。人类无论在什么地方看到了这种荣耀的标志，这种被人类的天性所赞美的标志，人类无论在什么地方看到为崇高享受而创造的精神财富，人类就在那里承认它，称它为文明。

因此，在这个大事实中包含着两个事实，它靠两个条件存在，并通过两个标志显示出来：社会活动的发展和个人活动的发展，社会的进步和人性的进步。哪个地方人的外部条件扩展了、活跃了、改善了；哪个地方人的内在天性显得光彩夺目、雄伟壮丽，只要看到了这两个标志，虽然社会状况还很不完善，人类就大声鼓掌宣告文明的到来。

如果我没有弄错的话，这就是人类的公论和对人类的常识进行一次简单测验的结果。如果我们询问严格意义上的历史，如果我们研究文明的重大关键，即人们一致同意为推进了文明的那些事实的本质是什么，我们总是会认出它就是我刚才描述的两个要素中的一个。它们永远就是个人发展或社会发展过程中的关键，始终是那些使人的内心、他的信仰、他的生活方式或他的外部条件、他在与他人的关系中所处的地位发生变化的那些事实。例如基督教，它不仅在最初出现时，而且在其存在的最初几个阶段，都对社会状况不闻不问，它还公开宣布它不想干预社会状况，它命令奴隶服从其主人，它对那个时期社会上任何一件大祸害、大不义的事都不加抨击。但谁会否认基督教是文明的一大关键？为什么会这样呢？因为它改变了人的内心、信仰、情感，因为它使人在道义上、在知识上获得了新生。

我们曾看到另一种性质的关键，它不管人的内心而管人的外部条件，它使社会发生变化、获得新生。它肯定也是文明的一种决定性的关键。统观全部历史，你将到处看到这种结果。你将看到没有一种有助于文明发展的重要事实未曾发挥过我说过的两种影响中的一种。

如果我没有弄错的话，这就是这个词语的天然的和通俗的意义。我们已经看到文明的两个要素。现在来了这样一个问题，会不会两个中的一个就足以构成文明，会不会分别出现的社会发展和个人发展都是文明？人类会不会把它认作文明？或者，这两种如此亲密、如此互相需要的事实之间存在着一种关系，如果它们并不同时产生，仍然是不可分开的，或迟或早一个会引起另一个。

我觉得我们可以从三个不同的方面来研究这个问题。我们可以研究文明两要素的性质本身并问我们自己，是否仅仅根据这一点，就知道它们是否密切相连和互相需要。我们可以问历史，它们是否彼此孤立地出现的，或者它们是否总是互相产生的。最后，我们可以向人类的共同意见——常识——请教这个问题。我首先要向常识请教。

如果一个国家的状况发生了巨大变化，如果发生了财富和力量的大发展，社会财富的分配经历了一场革命，这个新的事实会遇到敌人、会遇到反对，这是不可避免的。变革的敌人叫嚷些什么呢？他们说，社会状况的发展并没有同样地、同等程度地改善人的道德和人的内心世界，这个发展是一个虚假的、不可靠的发展，其结果对道德、对人都有害。社会发展的支持者有力地反驳了这个攻击，他们说，社会的进步必然牵涉到并带来道德的进步；如果外部生活安排得好些，内部生活就会高雅些、洁净些。问题就这样存在于新状态的敌对者与支持者之间。

我们把假设颠倒过来：假定道德的发展有了进步。致力于这一进步的人一般会作出什么许诺？在社会的最初时期，那些施教化于人的宗教统治者、贤人和诗人们许诺了什么？他们许诺社会状况的改善、社会财富更公平的分配。那么，我问你，这些争论，这些诺言包含着什么？有什么意思和含义？

它们含有这个意思，在人类自发的、天生的信念中，文明的两个成分即社会的发展和道德的发展是密切相连的，人一看到这一个成分时就立刻望着另一个。那些支持或反对两个发展中的这一个或那一个的人，当他们肯定或否定两者的联合时，他们正是出于这个天生的本能的信念才采取他们的立场的。不难理解，如果我们能使人类相信社会状况的改善将不利于个人内心的进步，则我们就能有效地贬低和削弱正在全社会中进行的革命。另一方面，如果我们许诺人类用改进个人这个方法来改进人类，则不言而喻，这个意向说明人们相信这些诺言，因而就利用这个信念而取得成功。因此,十分明显,人类发自本能的信念认为文明的各个运动是互相关联着的,而且是相互产生的。

如果我们研究世界史,我们将得到同样的结果。我们将看到人的内心的一切巨大发展都给社会带来了利益,而社会状况的一切巨大发展都给个人带来了利益。我们看到两个主要成分中的任何一个以惊人的效果显示出来,并给进展中的运动打上一个说明其特殊性质的印记。有时只是隔了很长一段时间,越过了千重障碍,经历了千种变化之后,第二个成分才显示出来,才来完善第一个成分已经开了头的文明。但如果你仔细考察它们,你立刻就会看出使它们结合在一起的那条纽带。天意的行程并非限于狭隘的范围,它并无义务也不想费力地去使昨天定下的原则今天就有了结果。这种结果当它们的时刻到来时,会按时到来,但也许已经隔了几百年。虽然我们可能觉得它的推理过程慢了点儿,但它的逻辑依然是正确而健全的。在天意看来,时间等于零,它跨越时间正像荷马笔下的诸神跨越空间。它只跨出一步,好几个时代就消失在后面了。基督教改造了有道德感的人之后过了多少个世纪,经过无数个事件,人的改造才对社会状况的改造产生它巨大和应有的影响。但谁会否认这毫不因此而减损的成就呢?

如果我们把我们的问题扩展到构成文明的两个事实的性质本身,我们一定会得到同样的结果。任何人都曾在自己的情况中体会到这一点。当一种道德的变化在人的身上产生时,当他获得了他以前所没有的一个思想或一种美德或一种才能时——总之当他个人单独地发展起来时,就在这同一时间占领他的是什么愿望、是什么欲望呢?那就是要把他的新的思想感情传送给他周围的世界，以便在外界实现其思想的那种愿望、那种欲望。一旦一个人获得了任何东西，一旦他的存在在他自己的信念中有了一种新的发展，取得了一种额外的价值，他立刻把占有的念头加到这个新发展、这个新价值上去；他感觉到自己的本能和内在的呼声逼迫他把这种已在自己身上实现的变革，这种改进，推广给其他人。我们能有一些伟大的改革家，应完全归功于这个原因。改变了世界面貌的一些伟大人物，在改变了自己之后，没有被其他任何欲望而只被这个欲望指导着、驱赶着走上自己的路。关于在人的内心中发生的变化就谈这一些；现在来谈谈另一个变化。在社会状况方面实现了一次革命，社会得到了较好的管理，权利和财富在其成员之间有了更公平的分配——这就是说，世界的面貌变得更纯洁、更美丽了，政府的行动，人在其相互关系中的行为更公正、更仁慈了，难道你认为世界面貌的这种改进、外界事实的这种改善，对人的内心、对人性不起反作用吗？关于榜样、关于习俗、关于崇高模范的权威的一切话就建立在这一点上：即一个调节良好的外部事实迟早总会相当彻底地导致一个具有同样性质、同样优点的内部事实。一个调节得更好、更公正的世界使人本身变得更加公正。内部被外部所改良，正如外部被内部所改良，文明的两个成分是密切地互相结合着的。它们之间可能插入了好几个世纪和各种各样的障碍，它们可能必须忍受千百种变化以便互相复得，但它们迟早总会再度互相结合。这是它们的自然法则，历史的普遍事实，人类天生的信念。

我认为我远远没有详尽阐述这个问题，但虽很粗略却已相当完全地展示了文明这个事实。我认为我已插述了这个事实，定下了它的范围，阐明了它所引起的一些主要的根本性问题。我本来可以在这里停下来了，但我不能不谈一谈我在这一点上想到的一个问题。这个问题，严格地说，不算历史问题。我不愿称之为假设的问题而称之为猜测的问题。这种问题，人只能掌握其一端，另一端他是永远也掌握不到的。这种问题，人无法绕着它加以巡视，只能从一个方面去考察，然而它们同样是真实的、同样是令人深思的，因为它们不管人愿意或不愿意，随时会出现在人的面前。

在我们已经述及的、构成文明这个事实的两种发展中，即一方面社会的发展，另一方面人性的发展，这两者之中，哪一种发展是目的，哪一种发展是手段？人发展自己，发展自己的才能、感情、思想和自己的整个存在是不是为了改进自己的社会环境，改善自己在世上的生活？——或者，更准确地说，社会环境的改进、社会的发展、社会本身难道不是个人发展的舞台、契机和动力吗？总之，社会是为服务于个人而设的，还是个人是为服务于社会而生存的？答案取决于如何回答下列问题：人的命运是否纯粹是社会性的？是否社会足以汲尽、消耗人的一切？或者是否人的内心深处有着某种来自身外的东西——某种比他在世上活着更崇高的志趣？

鲁瓦耶-科拉尔先生是这样一个人，我以称他为我的朋友为荣。他走出了像我们这样的课堂上的集会，到不那么平静而更有力量的会议里去跃居首位。他的一切话语已深深地铭刻在他的听众的心上。他至少已经按照自己的信念在其关于渎圣法案的讲话中解答了我们的这个问题。我在那篇讲话中看到了这两句话：“人类社会是在地球上诞生、生活和死亡的，它们的命运是在那里完成的。……但它们不包容整个的人。人将自己许给社会之后，他还留有他最高贵的部分，一种高超的能力，凭借这一能力他升高到上帝那里，升高到未来的生活，升高到一个看不见的世界里的未知的幸福之中。……我们，这些个别而相同的人，是真正赋有不朽性的生命。我们有不同于国家命运的命运。”①

对此我不想再说什么话，我不想去讨论这个问题本身。说出这一问题，我已满足。人们在研究文明史时会遇到这样的情况：文明史已经结束，关于我们当前的生存已经没有更多可说，人必然会问他自己，是否一切都已详尽无遗地说了，自己是否已经到了一切事物的终点？那么，这是文明史所能导致的所有问题中最后和最高的问题了。指出这一问题的位置和它的恢宏，对我来说已经足够。

根据我说过的一切，十分明显，文明史可以用两种方法来处理，根据两种资料来源，从两个不同的方面来考虑。史学家可以置身于某一个时期、某一系列时代或者某个特定的民族中，深入到人类心灵的内部。他可以研究、描述、叙述人的内心所完成的一切事件、一切变化、一切革命。如果他达到了这个目的，他就能写出他所选择的那个时期、那个民族的一部文明史。他也可以按另一种方式进行：不深入到人的内心去，而采取这样一个立场——将自己放在世界之中。他可以不去描述个人的思想感情的种种沧桑变化，而去描述外部的事实，重大的事件和社会状况的种种变化。这两个部分，这两种文化史是密切结合的；它们互相反映、互相成为对方的映象。然而，它们也可以是互相独立的。诚然，也许它们应

---

① 鲁瓦耶-科拉尔先生对关于渎圣问题的法案的意见，第 7 页和第 17 页。

该如此，为了论述得详细而明晰起见，至少开始时应该如此。就我来说，我不想和你们一起研究人类灵魂内部的文明史。我所要研究的是外界事件的历史，是看得见的事物和社会状况的历史。的确，我曾想要向你们展示文明的整个事实，竭尽我所认识到的复杂性和广度，并且将它一切可能产生的重要问题摆在你们面前。现在，我约束了自己，将我研究的领域划定在较小的范围之内。我要研究的仅仅是社会状况的历史。

我们将从探索欧洲文明初始时期，即罗马帝国覆亡时，欧洲文明的一切因素开始，我们将细致地研究建立在那些著名废墟上的简陋的社会。我们将它的种种因素不是使其复活而是陈列出来，然后再使它们向前移动并探索其在那时代以后的 15 个世纪的发展过程。

我相信，我们在研究的道路上只走了极短的一段路之后就会获得这样一个信念，即到目前为止，文明还很年轻，世人还无法估量它的整个经历。人类思想此刻肯定还远远不是它可能成为的一切，我们还远远不能理解人类的整个未来。让我们每个人静下心来问问自己，他心目中形成概念的、也是他所希望的至善是什么样的，然后让他将自己的思想和世界上的实际比较一下。他就会相信，社会和文明两者都还很年轻，虽然它们已走过的路很长，它们还有远得无可比拟的路要走。这不会使我们在考虑我们的实际状况时减少丝毫快乐。当我将过去 15 个世纪中欧洲文明史的一些大的危机置于你们面前时，你们将看到，甚至直到今天，人的生活状况一直是多么艰苦而充满着风暴的，不但在外表生活和社会状况方面，而且在灵魂生活方面，都是如此。在所有那些时期中，人的内心所不得不忍受的苦难与人类所忍受的同样深重。你们将看到，在近代，人的心灵也许第一次达到了一种状态，虽不很完善，但还是有一点和平及和谐的。社会也是如此。它显然已经有了巨大的进展，与它以前的情况相比，人类的生活状况是轻松而公正的。想到我们的祖先时，我们几乎可以将吕克莱修斯的诗句应用到我们自己身上：

“在大风大浪中，在岸上的一个安全的地点，遐想某些在海洋的狂风恶浪中颠簸的船只的危险，真快乐。”

我们可以像荷马书中的斯齐纳吕斯那样毫不过于骄傲地说到我们自己：

感谢苍天，我们的生活比起我们的前人来，无限地美好。

但我们要注意，不要让自己过多地沉湎于想我们的幸福和生活的改善，否则我们可能会落入两种严重的危险，即骄傲和怠惰。我们对人类精神的力量和成就、对我们自己的教化会产生一种过分的自信，同时由于我们生活条件的过于舒服而使我们自己失去活力。我觉得我们经常在动辄抱怨与盲目满足这两种倾向之间波动。我们在思想方面、愿望方面、想象力的活动方面，有一种精神的敏感性、一种渴望、一种无限制的雄心壮志。但当生活中需要去做实际工作时，当我们必须麻烦自己，作出牺牲，努力去达到目的时，我们的双手就无精打采地垂了下来，在绝望中轻易地放弃了这件事，这种轻易的程度，只有我们以前希望得到它时的那种不耐烦的程度才能和它匹敌。我们必须注意不让自己屈服于这两个缺点中任何一个。我们必须使自己习惯于及时地预先估计我们的力量、我们的能力、我们的知识有多大多广。我们不该谋求那些我们觉得我们不能合法地、公正地、正规地取得的东西，而应该不懈地注意我们文明本身所根据的那些原则。我们有时似乎想采取我们通常加以抨击和蔑视的那些原则——这就是蛮族欧洲的权利属于最强大者的原则。还有四五百年前天天发生的习以为常的野蛮、暴力和彻头彻尾的谎言。如果我们一时屈服于这种欲望，我们会发现自己却不具备那个时期的人所具有的毅力和蛮劲，他们由于他们的生活条件，受了很大的苦，当然急于并不断地努力从中解放出来。今天的我们对于我们的生活状况是满意的。我们切不可由于沉湎于暧昧的欲望而使已有的生活蒙受危险，实现这些欲望还没到时候。我们已经得到了许多，要求于我们的也是很多的。我们必须交给后代一份关于我们所作所为的严格的报告。现在，公众、政府都可以加以讨论和检查，都负有责任。让我们牢牢地、忠实地、坚定不移地抓住我们文明的那些原则——正义、合法性、公开性、自由。让我们永远不要忘记，当我们自己要求、并且有理由地要求一切事物都得接受我们的检查和调查时，我们自己也就在世人的注视之下，也会被人议论、被人评判。

第　二　讲

本讲的目的——古代文明的单一性——近代文明的多样性——它的优越性——罗马帝国覆亡时欧洲的状况——城市的优势——皇帝们试图改革政治——洪诺留和狄奥多西的诏书——帝国的名称所具有的威力——基督教教会——它在5世纪时经过的各个不同的时期——行使市政职权的教士——教会的好的和坏的影响——蛮族人——他们将个人独立观念和人对人的忠诚引进了近代世界——概述5世纪初文明的诸不同因素

先生们，在考虑我要对你们讲的本课程的计划时，我惟恐我的讲课会有双重困难，一方面由于必须将许多事情压缩进短短的篇幅而结果使课程太长，另一方面又怕讲得过于简略。

我还怕另一种由同一原因产生的困难：即有时必须作一些不加证明的断言，这也是由于我觉得被局限于小篇幅里的缘故。将会出现一些必须暂缓加以确证的观念和断言。希望你们恕我有时使你们不得不仅凭我一句话而相信我。甚至现在我还要将这种必要性强加于你们。

我在前一讲中已努力说明一般的文明的事实，没有说到某个特殊的文明，没有注意时间和地点的环境，只根据一种纯粹的哲学观点考虑事实本身。今天我要来讲欧洲文明的历史。但在开始讲这故事本身之前，我要让你们一般地了解这个文明的独特的面貌。

我希望能将它的特色向你们描述得如此清楚，以致你们觉得它完全不同于所有在世界上发展的其他文明。我即将作此尝试，我不敢说超过这一点的话了。但我能肯定的仅此而已，除非我能成功地描述欧洲社会，描述得如此真实，竟能使你们立刻把它认作一幅画像。但我不敢妄称能做到这一点。

当我们注视那些出现在近代欧洲文明之前的文明时，不论它们是亚洲的还是其他地方的，甚至包括希腊和罗马的文明，我们对于它们普遍具有的那种单一性不能不感到吃惊。它们似乎都是从一个单一的事实、从一个单一的概念产生出来的。人们可以说，社会已经依附在某一个单独的占统治地位的原则上了，这个原则决定了它的各种制度、它的习俗、它的信条，总之，它的一切发展。

例如，在埃及，整个社会所奉行的是神权政治的原则，它一再出现在它的习俗、它的各种纪念物和埃及文明的一切遗迹中。在印度，你会发现这同样的事实，神权政治的原则在那里仍占着几乎独占的地位。在另一处，你们会遇到另一种组织原则——一切由一个战胜的社会阶级支配；在这里，支配社会的只有武力的原则，它可以把它的法律和它的性格强加于社会。在另一处，社会会成为民主原则的表达场所。小亚细亚和叙利亚滨海的、爱奥尼亚的、腓尼基的各商业共和国的情况便是如此。总之，当我们注视古代文明时，我们会发现，在它们的种种制度、设施、它们的思想和生活方式上都打有单一性的烙印；一种惟一的，或者至少一种强大的胜过一切的势力支配着、决定着一切。

我的意思并不是说，原则的单一性在这些国家的文明中始终占着统治地位。当我们回顾它们的早期历史时，我们会看到这些在某一个社会内部逐渐发展的各不相同的势力往往都在为赢得统治权而竞争。例如,在埃及人、埃特鲁斯坎人、希腊人等中,战士阶层一直是和教士阶层斗争的;在另一处,宗族观念一直是和自由联合的观念相斗争的,贵族政治制度总是和平民政治制度相斗争的。但是,这样的斗争一般都是在史前时代发生的,因此,它们只给我们留下一个模糊的回忆。

在各民族生存的过程中,这种斗争有时会重复发生,但它几乎总是很快就结束。角逐统治权的列强之一不久就取得它,并独占了全社会。战争总是,如果不是完全,至少是绝大部分,以某一特殊原则的统治告终。在这些民族的历史中,各种原则的并存和斗争,从来只是一种短暂的危机,一种偶然事件。

这种情况的结果,在大多数古代文明中是一种显著的单一性。这种单一性产生了各种不同的后果。有时候,例如在希腊,社会原则的单一性导致了一种惊人迅速的发展。从来没有一个民族的发展在如此短促的时期里带来如此辉煌的成果。但在这惊人的腾飞之后,希腊似乎突然耗竭了。它的衰落,如果不是像它的兴起那样快的话,也是异乎寻常地迅速的。看来,希腊文明的原则的创造力已经耗竭,再也没有其他力量来恢复它了。

在别的地方,例如在埃及和印度,文明原则的单一性有一个不同的效果:社会陷入一种停滞状态。单一性带来了单调。国家并没有被毁灭,社会继续存在,但一动也不动,仿佛冻僵了。

在一切古代文明中以原则的名义并以各种不同的形式出现的暴虐这种性质,我们必须归之于这同一种原因。属于一个专制势力的社会决不允许任何其他权力存在。一切不同的倾向都会被排斥和追杀。占统治地位的原则从来不允许一种不同的原则在它的旁边显露和起作用。

文明的这种单一性在文学和思想著作上同样打有烙印。谁不知道最近传播到全欧洲的印度文学的不朽巨著?我们不可能看不出它们是在同一副模子里铸造出来的。它们似乎全都是这种事实、这种思想表达的结果。宗教或道德的著作、历史的传说、戏剧和史诗,到处都打有这种特性的烙印。各种精神产品都有这种在事件和制度习俗中显示出来的纯朴和单调的特征。甚至在希腊,在人类知识财富的中心,在文学艺术方面也流行着一种异乎寻常的单一性。

近代欧洲的文明就完全不是这样。无需考虑细节,只需面向它,把你的回忆收集拢来,你立刻就会看到各种不同的、混乱的、狂风暴雨般的景象。社会组织的一切形式、一切原则都在其中并存着;宗教的和世俗的势力;神权政治的、君主政治的、贵族政治的、民主政治的成分;各行各业,各式人等互相混合、互相挤压;存在着无数程度不等的自由、财富和势力。这些各色各样的势力处于一种互相不断斗争的状态,然而没有一个能消灭其他势力而占有整个社会。古时候,在任何一个伟大的时代,一切社会似乎都是在同一个模子里铸造出来的:在那里盛行的,有时是纯粹的君主政治,有时是神权政治或民主政治,但每一种政体都轮流占绝对优势。近代欧洲给了我们一切政体、一切社会组织实验的样本。纯粹的或混合的君主政治政体、神权政治政体、共和政体、或多或少的贵族政治政体,曾这样同时繁荣昌盛地存在着。虽然它们多种多样,但它们都有某种相似之处,某种不可能弄错的同一家族的相似之处。

在欧洲的思想感情方面存在着同样的这种多样性和这种斗争。神权政治的、君主政治的、贵族政治的和平民政治的信条互相阻挠、斗争、限制和修改。打开中世纪那些最大胆的著作看看，从来没有一种思想贯彻到它的最后结果的。绝对权力的拥护者在他们的主张取得结果之前突然不知不觉地退却了；他们看出在他们周围有些思想和势力正阻止他们不让他们趋于极端。民主党人也服从这条规律。任何一方都不存在古代文明中显出的那种毫不动摇的胆量、那种不顾一切的决心。这种差别、这种多样性同样呈现在思想感情上：热爱独立，同时又极易屈服；人对人非常忠实，同时又怀有发挥自由意志摆脱一切羁绊、不顾他人而为自己活着的不可抑制的欲望。人们的灵魂像社会一样是各不相同的、是激动而不安定的。

在近代文学中，也有这种特性。我们不得不同意，在艺术形式和美的方面，它们比古代文学差很多，但在思想感情的深度方面，它们远更丰富而有力。我们看到人类的灵魂在更多方面被更深地感动了。形式的不完善就是这种原因造成的。材料越多越丰富，就越难使它们变成一种纯粹而简单的形式。构成一篇文章的美，构成艺术作品中我们称之为形式的美的技巧因素，是清晰、纯朴及象征的统一性。由于欧洲文明中的思想感情非常多种多样，更难以达到这种纯朴性和清晰性。

因此，近代文明的这个主要特性在一切方面显露出来。毫无疑问，它具有这个不利条件，即当我们各别地考虑人类思想在文学、艺术方面，在它能前进的一切方面的某种特殊的发展时，我们通常看到它比古代文明中的相应的发展要差些。但另一方面，当我们汇总起来看它时，欧洲文明就显得无与伦比地丰富，它在同一个时期里显示出还有许多不同的发展。因此，你觉得它虽已存在了 15 个世纪而现在还处于不断发展的状态，它并没有进展得像希腊文明那样快，但它的发展从未停止过。它看到了眼前展现的远大前程，日复一日地加速前进，因为它的活动越来越自由了。然而在其他文明中，单一原则、单一形式的独占性的、或者至少是过于占优势的控制一直是暴政的原因。在近代欧洲，构成社会诸阶层的有各色各样的因素，同时他们又处于不能互相排斥的状态，这就产生了今天盛行的自由。既然谁也不能消灭谁，那就必须让各色各样的原则一起存在——他们应该在他们之间订立某种协定。大家都同意各自去进行可以属于自己的那部分发展。在别处，当某一个原则占优势产生了暴政时，在欧洲，自由已成为文明因素多样性的结果，已成为它们经常所处的斗争状态的结果。

这构成了一种真实而巨大的优越性。如果我们探索得更远些，如果我们透过外部事实而探索到事物的本质时，我们将发现，这个优越性是合法的，既是理性所承认的，也是事实所公布的。暂且不谈欧洲文明，让我们把注意力转移到整个世界上来，转到尘世事物的进程上来。我们看到的是何种特性？世界是如何运转的？它恰恰是依靠这种成分的多样性运转的，它是我们在欧洲文明中看到的那种不断斗争的猎物。十分明显，任何一个原则，任何一个组织，任何一个思想或任何一个特殊势力，从来都不许可独占世界、一劳永逸地塑造世界、消灭一切其他势力而在那里称王称霸。

各色各样势力、原则和制度总是互相混杂、限制和无休无止地斗争，依次操权或失势，但从未完全被征服或完全取得胜利。各色各样的体制、思想、原则都奋力争取某种统一性、某种理想，这种统一性和理想也许永远不能达到，但人类靠着自由和工作而向它靠近，这些便是世界总的状况。因此，欧洲文明是世界的忠实的映象：正像世上一切事物的进展那样，它既不狭隘、排外，也不停滞不动。我相信，特殊这个特性第一次从文明中消失了；文明第一次像宇宙的大戏剧那样丰富多彩地、艰难地开展起来。

可以说，欧洲文明已经进入了永恒的天意的轨道，按照上帝的意图前进。这是理性对它的优越性作出的解释。

我渴望欧洲文明的这个基本的可资辨别的特性在你们的研究过程中不断地出现在你们的脑海里。现在，我只能作这样的断言：种种事实的发展定能提出证据。虽然如此，如果我们，甚至在我们文明的初始时期中，能找出我刚才归诸文明的这个特性的原因和因素，如果在它诞生的时候，在罗马帝国覆亡的时刻，我们在世界的状况中，在那些从最早的时代起共同形成欧洲文明的那些事实中，辨认出这个激动的但富有成果的多样性原则的话，那将是一个对我的主张的强有力的证明。我即将尝试这项调查研究工作。我将考察罗马帝国覆亡时欧洲的状况并设法从种种制度、信条、思想感情中揭示出古代世界遗赠给近代世界的种种要素是些什么东西。如果发现这些要素早已打上了我刚才叙述的那种特性的烙印，那么你们会认识到从这时起它就具备了如此发展的高度可能性。

首先，我们必须明白罗马帝国的性质以及它是如何形成的。

罗马原来只是一个城市、一个社团。罗马的政府纯粹是那些只适合于一个城墙之内的居民的机构的集合体，都是些市政机构——那是它们的可资辨别的特性。

并非仅仅罗马的情况是如此。如果我们将注意力转移到意大利去，在这个时期，我们在罗马四周看到的除了一些城市就没有别的。当时称为民族的只是诸城市的一个联盟。拉丁民族便是拉丁诸城市的一个联盟。埃特鲁斯坎人、萨谟奈人、萨宾人、大希腊人，全都可以用同样的话来描述。

在这个时候，乡下是没有的——也就是说，乡下完全不像现在这样的。必要的时候，有人在那里耕种，但没有人居住。土地的业主是城市里的居民，他们前往乡下管理财产时往往带着若干个奴隶。但是我们今天称为乡下的那个地方，那片到处散布着稀疏的居民的土地，有时独家居住，有时群居在村庄里，在古代意大利是一件几乎不存在的事。

当罗马扩张时，她做了什么事呢？追究历史，你们会看到，她征服或创立的是城市，她讨伐的是城市，和她订立同盟的是城市，她送移民去的地方也是城市。罗马征服世界的历史是征服和建立大量城市的历史。在东方，罗马版图的扩张并没有把这个方面一起带来：那边的人口并不是像在西方那样分布的——它很少集中在城市里。但是我们在这里要研究的是欧洲的人口，在东方发生的事对我们没有多大的关系。

把研究范围局限于西方，我们到处可以发现我引导你们注意的那个事实。在高卢，在西班牙，你们遇到的只有城市。离城市稍远的地方，土地都被沼泽和森林占了。我们来考察一下罗马的不朽建筑和罗马的道路的特征。你们可以看到那些从一个城市伸展到另一个城市的大道，而现在四面八方越过乡间的无数条小路，在那个时候是谁也不知道的。任何像中世纪后散布在乡间的无数村庄、乡间别墅和教堂那样的建筑物，你们是看不到的。除了那些具有城市风格、供当地众多居民聚会用的巨大的不朽建筑之外，罗马没有给我们留下任何东西。不论以什么观点来考察罗马世界，你们会看到这种城市占绝对优势而不存在任何乡村社会的情况。

罗马的这种城市性质显然使她极难建立和维持一个大国的统一和社会结合。一个像罗马这样的自治市能够征服世界，但要管理和组织这个世界就不那么容易了。因此，当征服似乎已经完成时，当整个西方和大部东方已沦于罗马统治之下时，你们看到许许多多天生孤单和独立的城市和小邦便散伙分离，可以说，向四面八方逃逸了。这就是必须建立一个帝国体制的原因之一，必须有一种更集中更能使凝聚力薄弱的各成分团结起来的一种统治方式。帝国力图将统一和联合引进这个离散的社会。它在一定程度上成功了。在奥古斯都和戴克里先统治期间，在发展民法立法的同时，渐渐建立起了庞大的专制政治的管理体制。它使整个罗马世界盖上了一张在其内部和与帝国朝廷之间都有通畅联系的等级森严的官吏网，专用于使当权者的意志在社会上生效、并将社会的种种贡物和力量输送给当权者。

这个体制不但成功地使罗马世界的各成分聚集到一起，而且使专制政治和中央集权的思想非常方便地深入人心。我们吃惊地看到对威严和神圣的皇帝陛下一个人的顶礼膜拜在这个由许多小共和国和城市组成的、松散的集合体中迅速盛行起来。在罗马世界的各部分之间建立某种结合的必要性必然是非常的迫切，才会使人们的头脑那么容易地接受对专制政治的信仰和感情。

罗马帝国就是凭着这些信仰、凭着这种行政机构以及与之联结在一起的军事机构来同内部的分崩离析和来自外部的蛮族入侵相斗争的。它在不断地衰颓的状态中斗争了很长一段时间，但始终保住了自己。最后，解体的时刻到了；专制政治的技巧和被奴役者的麻木不仁都不足以维持这个庞大的躯体了。在第四世纪里，到处在分裂和解体；蛮族从各方面侵入进来，各行省不再抵抗、不再费力去关心总体的命运。这时，有几个皇帝想到了一个奇妙的念头：他们想试验一下对普遍自由的希望、一种联邦制——类似今天我们称为代议政治的制度——是否比专制的行政管理能更好地保住罗马帝国的统一。这里有一件洪诺留和小狄奥多西于 418 年写给高卢行政长官的诏书，其惟一目的是想在南部高卢建立一种代议政治并借助它来维持帝国的统一。

“皇帝洪诺留和小狄奥多西于 418 年致驻于阿尔勒市的
高卢行政长官的诏书。

“奥古斯都洪诺留和狄奥多西致高卢行政长官阿格里科拉：

“在一些显然有利于国家的情报中间，看到了阁下写给我们的令人快慰的报告后，我们决定颁布永远实施的下列法令，我们七个行省的居民会服从这些法令，因为他们自己可能也渴望和需要这些法令。鉴于一些公职人员或特派代表往往出于公众利益或私人利益的动机，不但从每个行省、而且从每个城市，来到阁下面前，或是呈递报告或是论述一些有关业主利益的事情，我们认为，从今年起每年在一固定时间在大都会——即在阿尔勒市为七个行省的居民举行一次大会，是一件适时而有利的事情。通过这种措施，我们可望同等地既满足公众利益的需要也满足个别人的利益的需要。首先，通过居民中最著名人士在行政长官的光临下（如果他没有因公务而去了外地的话）举行的大会，可以得到关于审议中的每个问题的最翔实的情报。凡是经过成熟的考虑已经讨论和决定的事情，任何一个行省都不会不知道，而那些没有出席大会的人必然会遵守这种公平的规定。此外，在规定每年在君士坦丁城举行大会这件事上①，我们相信我们做了一件不但有利于公众福利而且也适合于增进社会关系的好事。诚然，这座城市所处的位置非常有利，有大量的外地人来到，它与外界有十分广泛的交往，其他地方出产或制造的一切东西都可以运来。富饶的东方、芬芳的阿拉伯、精美的亚述、肥沃的非洲、美丽的西班牙、勇敢的高卢所生产的一切令人赞赏的东西在那里如此之多，以致在世界各地视为高贵华丽的珍品，在这里却似乎是泥土的产品。此外，罗纳河和托斯卡纳海的连接使罗纳河所流经的和濒临托斯卡纳海的各个地区之间的距离大为缩短，使它们几乎成为比邻。因此，既然整个世界将其最有价值的东西送来为此城市服务——各国的特产，通过海陆运输、经由江河、借助帆桨和车辆运到这里——我们高卢人怎能不看到我们颁发的在一个仿佛由于上帝的恩赐而集中着一切生活享受和一切交通便利的城市里举行一次公众大会的命令的好处呢？

① 君士坦丁大帝非常喜欢阿尔勒这个城市，是他将高卢行政长官的官邸设在那里；他还想使该市改用他自己的名字，但流行的习俗反对他的愿望。

"显赫的行政长官佩特罗尼乌斯[1]，出于一个可嘉的合理的动机，以前曾下令遵行这个习俗，但由于它的施行已为当时局势的混乱和篡权者的当政所中断，我们现在决定靠着我们智慧的权威使它恢复法律效力。因此，亲爱的表兄弟阿格里科拉阁下，您要使自己符合于我们这项敕令和您前人所制定的惯例，就得使下列规则在各行省普遍遵行：

"'让一切荣任公职者或领地业主和各行省的法官们知悉，他们每年应在 8 月 13 日和 9 月 13 日之间，在阿尔勒市集合起来举行会议，具体开会日期及会期长短由他们自行决定。

"'诺维姆·波普利尼亚和第二阿基坦是最远的行省，他们的法官们如果因工作关系不能前往参加会议，可按惯例派代表代替。

"'无故不按指定的时间、地点参加会议者应付罚金，法官罚付 5 个金镑，市政机关[2]官员及其他高位者罚付 3 个金镑。'

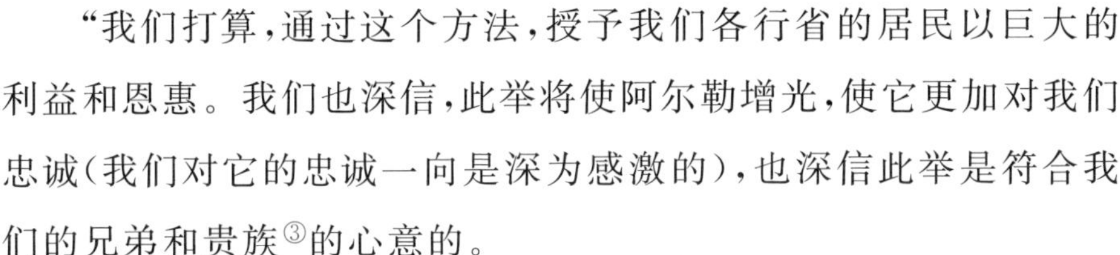

"我们打算，通过这个方法，授予我们各行省的居民以巨大的利益和恩惠。我们也深信，此举将使阿尔勒增光，使它更加对我们忠诚（我们对它的忠诚一向是深为感激的），也深信此举是符合我们的兄弟和贵族[3]的心意的。

"颁发于 5 月 15 日；6 月 10 日在阿尔勒收到。"

各行省和各城市都拒绝这份恩典；没有一个委派代表，也没有

① 佩特罗尼乌斯在 402—408 年是高卢的行政长官。

② 罗马各城市的市政机关称为 curiφ，这些机关的为数众多的成员称为 curiales。

③ 君士坦丁，即普拉西狄乌斯的第二个丈夫，洪诺留于 421 年选他为同僚。

一个人愿去阿尔勒。中央集权和统一是违反那个社会的本性的；到处都重现地方为主的和宽厚待人的精神。很明显，重新组成一个一统天下的社会或国家是不可能的了。各城市把自己关在自己的城墙和自己的事务之中。帝国败落了，因为没有一个城市愿意成为帝国的一员，因为公民们都只愿意属于他们自己的城市。因此，我们在罗马帝国覆亡时再次发现我们在罗马的幼婴时期已经发现过的同一事实，即地方自治的形式和精神占着主导地位。罗马世界已返回到它的最初的状况。各城市组建了它；它解体了；而各城市仍然存在。

在地方自治这个制度中，我们看到了古罗马文明留给近代欧洲的遗产。当时这个制度是非常不正规的，它被大大地削弱了，毫无疑义，比起它早先时期来荏弱得多了。但虽然如此，它是罗马世界一切要素中还残存着的惟一真实、惟一法定的制度。

当我说惟一时，我犯了一个错误。另一个事实，另一个观念同样残存着：帝国的观念、皇帝的名称、帝王威仪的观念，附着于皇帝这个名称上的绝对的和神圣的权力的观念。这些都是罗马遗传给欧洲文明的要素：一方面，地方自治的制度，它的习惯、规章、先例，自由的原则；另一方面，一套广泛而一律的民法法规，绝对权力的观念，神圣的最高权力的观念，皇帝的观念，秩序与臣服的原则。

但与此同时，在罗马社会内部形成了一个完全建立在不同原则上，由不同的思想感情推动的、性质非常不同的社会，这个社会将把特性完全不同的要素输入近代欧洲社会中去。我说的是基督教教会，是基督教教会而不是基督教。在 4 世纪末和 5 世纪初，基督教已不再是一种单纯的个人的信仰，它已是一种机构，它是有组织的。它有它的政府,即一批准备去执行各种职务的不同等级的教士,它有财政收入,有独立行动的手段,有一个大社会团体所需的集会点,即各省的、全国的和全教会的会议,还有就社会事务共同讨论的习惯。总之,在这个时期,基督教不仅是一种宗教,也是一个教会团体。

如果它不是一个教会团体,在罗马帝国覆亡之际它会是个什么情形,就很难说了。我使我自己仅限于从人性出发的考虑,把不合乎自然事实的自然结果的一切因素抛开:如果基督教像在早期那样,仅仅是一种信仰、一种思想感情、一种个人的信念,我们可以相信,它会在帝国解体和蛮族入侵之际没落。后来,在亚洲、在整个北非,它在一种同样性质的入侵,即回教蛮族的入侵下沉没了。它那时沉没了,虽然它以一种机构或教会组织的形式存在着。在罗马帝国覆亡时,就更有多得多的理由发生这种情况了。那个时候,完全没有现今的精神势力所有的、可以不靠机构组织而自立门户或进行抵抗的那些手段;完全没有使一个纯粹的真理、一个纯粹的观念在精神世界中主宰人的思想、控制行为和决定重大事件的那些手段。在 4 世纪时不存在那种东西可以使思想和个人的看法获得那样的权威。十分明白,要同这样一种灾难搏斗,要从这样的大风大浪中取得胜利,一个有坚强组织和管理的团体是必不可少的。我断言在 4 世纪末 5 世纪初,基督教教会拯救了基督教这话并没有言过其实。正是教会团体以其机构、官员与力量有力地抵抗了帝国的内部崩溃和蛮族风尚,征服了蛮族而成为罗马世界与蛮族世界之间的纽带、媒介和文明的原则。因此,为了发现从那时起基督教为近代文明添增了什么,引进了什么新的成分,我们必须

研究的是教会的状况而不是宗教的状况。那时的基督教教会究竟是什么样的呢?

如果我们始终根据一种纯粹的人的观点来考察基督教在其初起时直到5世纪为止的发展过程中所完成的一些革命,我再说一遍,如果我们只把它作为一个社会团体而不是作为一种宗教信条来考察,我们看到,它经历了三个基本上不同的时期。

在最早的时期里,基督教社会表现为一个具有共同信仰和共同思想感情的单纯的团体;最初的基督教徒联合起来共享这种同样的情感和宗教信仰。我们发现他们中间没有一套确定的教义,没有教规,没有戒律,没有一批官吏。

当然,任何社会,不管它是新生的,或是组织得很脆弱的,如果没有一种鼓舞并领导它前进的精神力量,都不能存在。在各种基督教团体中都有人在那里布道和教导,并在道德上、精神上指导这个团体,但没有正式的官吏,没有公认的戒律。一个由共同的信条和思想感情促成的简单的团体便是基督教社会的原始的状况。

随着它的进展——在最初的文献中可以看到进展得非常迅速——一批教义、教规、戒律和官吏开始出现;一种官吏被称为πρεσβυτεροι或长老的成了传教士;另一种被称为επιδκοποι或督察或监督的成了主教;第三种被称为διακονοι或执事的则负责照顾贫民和分配施舍物。

要确切地判定这些不同的官员的职务范围几乎是不可能的。其分界线大概非常模糊而变化无常,但十分明白的是一个机构确实组织起来了。还有,在这第二个时期里,一种特殊的人物占着优势地位:优势和统治权属于一批信徒。在官吏的选择和戒律甚至教义的采纳方面占着优势地位的是这批信徒。那时，基督教政府和基督教人民还没有分开。它们并不互相独立地存在着，基督教民众在团体里起着主要作用。

在第三个时期里，一切都不同了。存在着一个教士阶层，他们是与人民截然不同的一个教士团体，他们有他们自己的财富、管辖区和特殊的组织；总之，是一个完整的政府，它本身就是一个完全的社会，一个拥有一切生存手段的社会，它独立于与它有关系的那个社会，还向那个社会扩展其影响。基督教教会组建的第三个阶段便是这样；它在5世纪初显现的形式便是这样。这个政府并不是完全与人民分开的，从未有过一个平行的政府，在宗教问题方面，较之任何其他方面，尤其如此。但是在教士与信徒的关系中，教士的统治权几乎是无限制的。

基督教教士还有另一个非常不同的势力来源。主教和教士已成为自治城市的主要官员。你们已经看到，严格说来，罗马帝国除了地方自治制度而外，没有留下任何东西。由于专制政治的烦扰和城市的颓废，元老院议员或各自治体的成员已变得沮丧、漠不关心。与此相反，生气勃勃而热情洋溢的主教们、教士们都自动地投身于一切事情的监督和领导。我们如果因此而骂他们、谴责他们篡权，那就错了。这全都合乎事情的常理。那时只有教士们在精神上是坚强而富有生气的，他们在任何地方都成为有力的人物。这就是宇宙的规律。

在这个时期在皇帝们的一切法规中都可以看到这个革命的标志。如果你打开一本狄奥多西或查士丁尼的法典，你就会看到无数规章规定将自治城市的事务交给教士和主教们办理。其中若干规章如下：

“查士丁尼法典 I. 1. 标题 IV.，主教们静听。第 26 节——关于各城市每年的事务，不论它们涉及的城市的平常岁入是来自城市财产所产生的金钱，还是来自私人的馈赠或遗赠，或来自任何其他来源；不论它们所涉及的是公共工程还是粮食仓库或港口、或引水渠道或浴室维修，还是城墙或塔楼的建筑或桥梁和道路的维修，还是城市在有关公众利益或私人利益方面可能正在进行的审讯，我们规定如下：——这位虔敬的主教和三位选自该城的第一流人物的著名人士应在一起开会；他们应每年检查已完成的工程；他们应监督那些负责处理或已经处理这些工作的人精确地管理这些工作，提出他们的报告，表明他们已及时完成他们的任务，不论是在管理公共纪念物还是在管理粮食储备或修建浴堂的专用资金方面，还是在管理维修道路、水渠或任何其他工程的开支方面的任务。

“同上，第 30 节——关于第一年龄或第二年龄的年轻人以及所有法律指定需要监护的那些人的监护工作，如果他们的财产不超过 500 个金币〔古罗马货币〕的话，我们规定，不必等待到省监护长的任命，因为这会引起巨大的开支，特别是如果这位监护长并不居住在必须对这些人进行监护的城市里的话。在这种情况下，监护人的任命可由该城的执政官会同这位虔敬的主教和其他赋有公职的一些人来办理，如果那里有一个以上这种人的话。

“同上，I. i. 标题 LV. 卫戍司令，第 8 节——我们希望，各城市的卫戍司令，既然他们都得是深谙正教的神圣教义的人，应由可敬的主教们、教士们、著名人士、业主们和市政官员们来选择和任命。

至于他们的就职典礼可以委托拥有显赫权力的兼理军事的地方行政长官去主持，以他的威望通过其委任证书而使他们的就职显得更加隆重。”

我可以引举大量其他法规，你们会到处看到我提到过的这一事实：在罗马人的自治城市制度和中世纪的自治城市制度之间还介有一个城市—教会联合制度；教士们继古代自治城市官员之后，在近代自治城市成立之前，在城市事务中占着重要地位。

你们看到，基督教教会靠着它自己的组织，也靠着它对基督教人民的影响力和它对世俗事务的积极参与，取得了多么大的势力。因此，从这个时代起，教会有力地帮助了近代文明形成它的特色并促进了文明的发展。现在让我们把这个时候起它引进近代文明中来的各种因素汇总起来。

首先，一种精神势力，一种精神力量，一种完全依靠人的信念、道德信条和情操的力量，这时出现在一个物欲横流的社会中，带来了极大的好处。如果没有基督教教会，整个世界必将完全被物质力量所俘虏。教会单独发挥了一种道德力量。还不止于此：它支持了和传播了一种关于规则、一种高于一切人类规律的规律的思想。它为了拯救人类，提出了这个基本信念，即在一切人类法则之上存在着一条法则，这条法则随着不同的时间和习俗而有不同的名称，它有时称为理性、有时称为上帝的法则，但是它在任何地方和任何时候，只是名称不同的同一法则而已。

总之，随着教会的出现，产生了宗教势力与世俗势力分离这件大事。这个分离乃是信仰自由的根源。它所根据的惟一原则构成了最完善、最广泛的信仰自由的基础。世俗势力与宗教势力之分离所根据的是这个思想，即物质力量对灵魂、对信仰、对真理既无权利也无影响力。这思想来源于思想世界与行动世界之间、内心世界与外在事实世界之间的截然不同。欧洲为它受苦受难、进行了无数次斗争的这条信仰自由原则，这条很迟才占到支配地位、且在其进展中往往违反教士的意愿的原则，在欧洲文明的婴幼时期便这样以世俗势力与宗教势力分离的名义显示出来。正是基督教教会，由于它必须保卫自己、抵抗蛮族风尚的处境，不得不采纳并支持这个原则。

因此，一种精神势力的出现，对神的法规的维护，世俗势力与宗教势力之分离，是 5 世纪时基督教教会赐予欧洲世界的三大恩典。

可是，即使在那个时候，也并不是它的一切影响都是同样有益的。5 世纪时教会里出现了某些不健康的原则，在我们的文明的发展中起过很大的作用。因此，在这个时期，它的内部盛行着统治者与被统治者的隔离，统治者想独立于被统治者的企图，把法律强加于被统治者的企图，不经被统治者理性和意志的同意而控制其思想和生命的企图。此外，教会还力图使神权政治原则在社会中处于支配地位，以篡夺世俗权力、实行专制统治。而当它不能取得世俗的统治权、不能使神权政治原则占优势时，它便与世俗的诸侯们相勾结、并为了分享一杯羹而牺牲人民的自由去支持他们的绝对权力。

这些便是欧洲在 5 世纪时从教会和帝国得来的文明原则。就是在这种情况下，蛮族发现了罗马世界，并开始占领它。为了充分了解在我们文明的婴幼时期会合和混杂在一起的一切因素，留给我们去做的事只有对蛮族的研究了。

当我说到蛮族时，你们知道，我在这里，不是要讲他们的历史。讲故事并非我们目前的事。你们知道，这个时期，欧洲的征服者几乎完全属于同一个种族，除了某些斯拉夫族，例如阿拉尼人外，他们都是日耳曼人。我们也知道，他们几乎完全处于同样的文明阶段。诚然，在这方面，他们之间由于各不同部族与罗马世界的关系深浅程度不同，可能存在着某种不同。所以，毫无疑义，哥特人比较进步，他们的习俗和态度比法兰克人要温和些。但按一般观点并就其对我们造成的结果来考虑，则各蛮族人之间这种文明方面原有的不同是毫不重要的。

我们需要了解的是各族的一般社会状况。但在今天，这还是一个我们很难熟悉的课题。我们没有多大困难就能了解罗马的自治城市制度和基督教的教会，它们的影响一直持续到我们自己的时代。我们在无数风俗、制度、社会机构和实际事实中找到它们的足迹，我们有千百种方法认识和说明它们。但各蛮族的风俗习惯和社会状况已完全死亡了。我们不得不根据最早的历史文献或通过想象力的努力把它们写出来。

为了说明蛮族的真实性格，我们首先必须充分了解一种情操、一个事实：个人独立的快乐；在世事和人生的种种机遇中，生气勃勃地、自由地享受人生的那种快乐；有活动而无需劳作的那种快乐；对充满不可靠性、不平等性和危险的冒险事业的爱好。这些便是野蛮状态的主要的情操，也就是驱动这些人群的精神欲望。在今天，像我们这样被锁在一个如此有规律的社会里的人，是很难认识到这种情操对 4、5 世纪时的蛮族所产生过的力量。我认为，只有一部著作能充分体现这种强烈的蛮族精神,就是梯也里先生的《诺曼人征服英国史》。只有在这部书里,对处于蛮族社会边缘的人们的那些动机、癖性和冲动,才有所体会并以真正荷马式的真实性叙述出来。任何其他地方我们都没有如此清楚地看到过一种蛮族的天性、一种蛮族的生活。在库珀的关于美洲蛮人的传奇故事里也可以找到类似的描述,虽然我认为在水平方面,在朴实性和真实性方面都要逊色得多。在美洲蛮人的生活中,他们在树林中生活的相互关系和思想感情,在某种程度上使人想起古代日耳曼人的风俗习惯、生活方式。毫无疑问,这些图画有几分被理想化了,带有几分诗意。蛮族习俗和蛮族生活的黑暗面没有和盘托出给我们看。我说的不仅是这些习俗对社会状态所造成的祸害,而且还指蛮族人自己内心和个人情况的那些弊病。在这种对个人独立的热烈欲望中,有着某种比人们根据梯也里先生的著作所想到的更粗鄙、更卑俗的东西,有着他的故事不常能确切表达的一定程度的残忍和无情。虽然如此,如果我们从根本上看这问题,纵使掺杂着一些残忍、实利主义、迟钝和愚蠢的自私心,热爱独立总是一种可贵的和道德的情操。它是从一个人的道德天性中汲取它的力量的,它是感觉到自己是一个人的那种快乐,它是人格的自我感觉,是人在其自由发展中的自发精神。

这种情操是通过日耳曼蛮族而被引进欧洲文明中来的。它在罗马世界里,在基督教教会里,在几乎一切古代文明里,都是人们所不知道的。如果你在古代文明中看到有自由,那是政治上的自由,公民的自由。人不为自己的个人自由,而为他作为公民的自由而努力奋斗。他属于一个团体，他效忠于一个团体，他准备把自己奉献给一个团体。基督教教会也是如此：一种牢牢地附着于基督教教会、效忠于其教规的情操，一种希望扩大其权威的热烈愿望，或毋宁说，宗教的情操引起了人对自己、对自己的灵魂的一种反作用，一种要降低自己的自由和使自己服从自己的信仰的意志的内心努力。但是这种个人独立的情操，一种除满足自己以外没有任何其他动机的、不惜冒一切危险而表现的对自由的热爱，我再说一遍，这种情操，罗马社会和基督教社会都是不知道的。它正是由蛮族人带来并存入近代文明的摇篮里的。它在那里起了如此显著的一种作用，产生了如此有价值的一些成果，使人不能不把它看作近代文明的基本要素之一。

还有第二种事实，即我们为了它要同样感谢蛮族人的文明的第二要素：这就是军事依附制，即建立在个人之间、战士之间的无需损害个人的自由、甚至开始时无需超过某种程度地损害他们之间几乎完全平等的那种结合，然而它却创立了一种上下级的隶属关系，并产生了后来成为封建制度的那种贵族政治组织。这种关系的基础乃是人对人的依附，个人对个人的忠诚，这种依附和忠诚都没有外在的必要性，也没有社会一般原则所规定的义务。在古代共和国里，你看不到一个人自愿地依附于另一个人；他们都依附于社会。在蛮族人中，社会契约是在个人与个人之间形成的，起初是酋长与其伙伴的关系，当时的情况是他们同在一支在欧洲游荡的队伍中生活，后来这种关系成为封建主与封臣的关系。这个在近代文明史中起着如此重大作用的第二原则，即人对人的忠诚，是从蛮族人那里来到我们中间的。它是从他们的习俗和生活方式变成我们的习俗和生活方式的。

我问你们，开始时我说，近代文明，即使在它的初始时期，就像我在关于它的概图中所描绘给你们看的那样多种多样、动荡而混乱的，我这样说说错了吗？我们现在已发现，在罗马帝国覆亡时就有了几乎所有在我们文明的逐渐进展中联合起来的因素，这难道不确实吗？我们已发现，在那个时候，有三个完全不同的社会：自治城市社会，这是罗马帝国最后的遗物，基督教社会和蛮族社会。我们发现，这些组织形式迥然不同的社会是建立在完全不同的原则上，用完全不同的情操鼓舞人们的。我们发现渴求最绝对的独立与渴求最完全的屈从并行不悖，军事庇护与教会的控制并驾齐驱，宗教势力和世俗势力无所不在，教会的教规、罗马人高明的立法、蛮族人的几乎未记诸文字的习俗，到处都是各种不同的种族、语言、社会状况、生活方式、思想观念和印象的混合或毋宁说是共存。如此说来，我认为我们已有充分的证据，证明我将我们的文明介绍给你们时所根据的那总的性质是符合实际的。

毫无疑义，这种混乱、这种分歧、这种斗争使我们付出了很大的代价。这些都是欧洲进步缓慢和欧洲深受其害的种种大风大浪和苦难的原因。虽然如此，我认为我们无需悔恨。对人民和个人来说，最完全和多种多样的发展，在各方面都几乎是无限的发展机会，仅仅这一点就足以补偿为了获得参与的权利而付出的代价。总的来看，这个如此动荡、如此辛苦、如此激烈的状况比其他文明表现的单纯性带来了多得多的益处。人类因此而得到的多于它所遭受的损害。

我们现在认识了罗马帝国覆亡时世界所处状况的总面貌。我们认识了那些不同的因素，它们在动荡中结合起来产生了欧洲文明。今后它们将在我们眼前向前进展、发挥作用。在下一讲中，我将展示它们的演变，它们在我们惯常称之为野蛮时代，亦即还存在着入侵的混乱状态时，产生了什么结果。

第　三　讲

本讲的目的——各种各样的制度都自命为正统的——什么是政治上的正统？5世纪时各种政治制度的并存——人、财产和制度状况的变化无常——这有两个原因，一个是物质上的，即持续不断的入侵；另一个是精神上的，即蛮族人所特有的、对个人利益的自私心——文明的根源是秩序的必要性，对罗马帝国的回忆，基督教教会和蛮族人——蛮族人、城市、西班牙教会、查理曼和阿尔弗雷德的组织社会的尝试——日耳曼和阿拉伯人停止入侵——封建制度开始

先生们，我已将欧洲文明的诸成分讲授给你们，追溯到罗马帝国覆亡时它的婴幼时期。我已努力使你们预先稍稍了解一下它们的差异、它们的不断的斗争，并向你们指出它们中没有一个能成功地统治我们的社会，或者至少统治得如此完全以致奴役或逐出其他成分。我们已经看到，这是欧洲文明的显著的特性。我们现在要来讲它初期的、即习惯上称作野蛮时期的历史。

我们对这个时期初初一看，有一件事似乎与我们刚说过的话相反，使我们不能不感到吃惊。当你考察某些为人们所赞同的关于近代欧洲的古代渊源的说法时，你会看到，我们文明的各种不同因素，君主政治的、神权政治的、贵族政治的和民主政治的原则，都说欧洲社会原来是属于他们的，只是由于敌对原则的篡夺他们才

丧失了独占的统治权。研究一下关于这个题目的一切著作和言论，你们就会知道，这些描述或说明我们初期情况的学说都认为不是这种就是那种因素在欧洲文明中独占优势。

于是，有一个封建主义政治家学派，其中最著名的是布兰维里耶先生，他说，罗马帝国覆亡后，拥有一切权力和权利的是后来成为贵族的征服民族。还说，社会是它的领地；国王们和人民夺取了它的领地；贵族政治组织是欧洲的原始的真实的形式。

除了这个学派之外，你们可以看到君主政体派，例如杜博长老，他们说的正相反，说欧洲社会属于王族。他们说，日耳曼国王们继承了罗马皇帝们的一切权利；他们甚至是被古代民族，包括高卢人，自己请进来的，说只有他们的统治是合法的；贵族们获得的一切仅仅是从君主们那里掠夺来的。

站出来的第三派是自由主义政论家，即共和主义者、民主主义者或者其他你喜欢的称呼。请教马布利长老吧。按他说，从 5 世纪时起，社会的治理移交给了自由的制度、自由民的团体、严格意义上的人民；贵族和国王们破坏了原始的自由而敛取财富；诚然，原始的自由在他们打击下沉没了，但在他们之前当政的是它。

在所有这些君主政体派、贵族政体派和平民政体派的主张之外，还兴起了教会的神权政治派的主张。教会断言，凭着它的传教使命，凭着它的神圣的头衔，社会应该属于它，只有它有权治理社会，只有它是欧洲世界的正统主宰，由于它的辛劳，人民才归附文明和真理。

那么，看看我们所处的地位！我们以为我们已经说明，欧洲文明的各种因素中没有一个曾在欧洲文明史中垄断过统治地位，那些因素经常处于靠拢、合并、战斗和妥协的状态。然而，我们刚跨出第一步就遇到了直接相反的意见，认为即使在其婴幼时期，在野蛮的欧洲的内部，单独控制社会的就是它们之中的某一个因素。我们文明的各种不同的原则，不仅在一个国家里，而且在欧洲的所有国家里，在稍为不同的形式下，在不同的时期里，都提出过这些不可调和的主张。刚才加以描绘的那些历史学派，我们在任何地方都会遇到。

这是一个重要的事实——其所以重要不在其本身，而是因为它显示了我们历史中其他一些显著的事实。从关于欧洲文明最初时期独占统治权这一问题的一些最对立的主张的同时出现这一现象上，可以看出两个事实。第一个事实是政治上正统的原则或观念，这一观念在欧洲文明史中起着重大的作用。第二个事实是野蛮时代的欧洲，即我们现在讨论的这个时代的欧洲的真正的特殊的性质。

我将根据我刚才描绘的这些原始主张的斗争来逐个推论这两个事实。

欧洲文明的各种不同因素，神权政治、君主政治、贵族政治和平民政治，当它们希望成为首先控制欧洲社会的因素时，究竟想得到什么？它们岂不是在自称是惟一的正统吗？政治上的正统性显然是建立在源远流长这一概念上的一种权利，人们都喜欢把时间方面的优先作为这个权利的根源，作为权力的正统性的证据。我请你们注意，这种自卖自夸并不是任何一种制度所独有的，并不是我们文明的任何一个成分所独有的，它到处都有。在近代，我们习惯于认为正统思想仅仅存在于一种制度里，即君主政治制度里。

在这方面我们搞错了。它在一切制度、一切成分里都可以发现。你们已经看到，我们文明的一切成分都同样希望利用它。如果我们研究到后面的欧洲史，我们就将看到各种极不相同的社会形式和政府都同样有着它们的正统性。意大利的和瑞士的贵族政体和民主政体，圣马力诺共和国以及欧洲最大的一些君主国都自称并被看作是正统的。前者像后者一样把他们自称正统的权利建立在它们制度的古老性上，建立在他们政治制度的历史的优先和悠久上。

如果你的目光离开欧洲而注意到其他时代和其他国家，你到处会遇到这种政治上的正统观念。你会看到，它在任何地方都依附在政府的某个部分、某个机构、某种形式或准则上。没有一个国家、没有一个时候、没有某一部分社会制度、某一部分国家权力不把这种源远流长的正统性归诸自己，或者说，在它身上的这种正统性没有不为人所承认的。

这个原则是什么呢？它的成分是什么呢？它是怎样进入欧洲文明中来的呢？

在一切权力的起源上，我说的一切是指没有任何区别的一切，我们遇到了武力。我的意见并不是说一切权力都是这种力量建立起来的，也不是说，如果它们开始时除了武力之外没有其他必要条件的话，它们也会被建立起来。其他条件显然是必需的，权力的建立都是某种社会的权宜之计的结果，是社会状况、生活方式和舆论影响的结果。但不可避免地看到武力沾染了世上一切权力的起源，不论它们的性质和形式如何。

然而没有人对这种起源说什么话。一切权力，不管它们是什么,都拒不接受这种起源,没有一个承认自己是武力造成的结果。一种不可压制的本能警告一些政府说,武力不能创立权利,并说,如果武力是它们的根源的话,它们的权利永远不可能是巩固的。因此,这就是为什么,当我们回顾古代社会看到各种不同的制度和权力都是暴力的牺牲品时,它们都大声说"我存在于所有这一切之前。我是凭着其他资格在此之前存在的。在你遇到我时看到的这种暴力和斗争状况之前,社会就属于我了。我是正统的,但其他人争夺和占有了我的权利。"

单单这个事实就证明武力观念并不是政治正统性的基础,而它是建立在一个完全不同的基础上。所有这些制度如此正式地否定武力究竟表示什么呢?它们是在宣布说,存在着另一种正统性,它是其他一切正统性的确实的基础,即理性、正义和公理的正统性,而这是它们希望与之联结的那个根源。就是因为它们希望不被认为是武力的产物,所以他们才自称,他们凭着古老的历史获得了一个不同的资格。因此,政治正统性的第一个特征乃是否认物质力量是权力的根源,而把政治上的正统与一种道德观念、一种精神力量,即公理、正义和理性联系在一起。这是政治正统原则所由产生的基本要素。它借助于古老性和悠久性,以下面这种方式产生:

在物质力量的主持下,一切政府和社会诞生之后,时间在进展。它改变了武力的作用,它纠正它们,它用这个事实纠正它们,即:社会是持久的,它是由人组成的。人本身具有某些关于秩序、正义和理性的观念,还有某种希望要将它们推广,引进到他们的生活环境中去。他不断地致力于这一工作,如果他身处的社会状况延续下去,他的努力总会有某种效果。人将理性、道德和正统性引进到他所生活的世界中去。

除了人的作用之外,还有一条不可能误认的属于天意的法则,它类似统治物质世界的法则。根据这一法则,某种秩序、理性和正义是社会的持续所必不可少的。单单从社会的持续这一事实出发,我们可以作出结论说,这个社会并不是完全荒谬的、无理性的、罪恶的,那惟一能给社会以生命的理性、真理和正义的并没有完全被剥夺。此外,如果社会发展起来,变得更有生气、更有力量,如果社会的状况日益为更多的人所接受,这是因为它通过时间的作用积聚了更多的理性、正义和公理,因为环境会一步一步地调整自己以符合真正的正统性。

政治上的正统观念就这样渗入了世界,又从世界渗入了人心。它的基础和根源,至少在某一程度上,是道义上的正统、正义、理性和真理,加上时间的认可,使人们相信理性已渗入了事实,真正的正统性已被引进外部世界。在我们即将研究的时代里,我们将看到武力和谬误正笼罩在年幼的王权政治、贵族政治、民主政治和教会本身之上,我们将到处看到,武力和谬误在时间的作用下逐渐改造自己,使得公理和真理取代了它们在文明中的地位。公理和真理的被纳入社会状态中来,逐渐发展成为政治正统的观念。这种正统观念就这样在近代文明中确立起来。

因此,当人们试图将这个观念抬出来作为绝对权力的旗帜时,它已被扭曲而背离了它的真正的根源。它绝不是绝对权力的旗帜,它只是以公理和正义的名义才进入和扎根于世界的。它并不是排外性的,它并不特别属于某一个人,但在公理得以伸张的任何地方，它会迅速地增长。政治正统性既附着于自由上，也附着于权力上，既附着于个人权利上，也附着于公共职能据以发挥的种种形式上。在我们的道路上，我们将在一些最对立的制度中遇到它：在封建制度中，在佛兰德人和日耳曼人的自治城市中，在意大利各共和国中，同样也在君主国中。它是遍及近代文明中各种不同成分的一种性质。我们在着手研究欧洲文明史时必须彻底了解它。

在我开始时说到的、在各种同时提出的主张中明白地显示出来的第二个事实是所谓的野蛮时期的真实特性。欧洲文明的所有因素这时都自称已控制了欧洲，因此我们说，它们中任何一个都没有取得主要地位。如果一个社会形式在世界上取得了主要地位，人们是不难认出它的，到 10 世纪时，我们将毫不犹豫地承认封建制度的主导地位，17 世纪时我们将毫不犹豫地肯定君主政体制度占主导地位。如果我们注意到佛兰德人的各自治城市和意大利的各共和国，我们将立刻宣布民主政治原则占绝对统治地位。如果社会里真的存在着什么占统治地位的原则，它是不可能被认错的。

在欧洲文明中都占有一份的不同制度之间的争吵因此证明，它们全都并存着，没有一个占主导地位而使社会冠以自己的形式和名称。

这就是野蛮时代的特性。它是各种成分的混沌状态、各种制度的幼年时期，一场普遍的骚乱，甚至其中的斗争也不是持久不息或有规则可循的。通过对这个时期社会状况各个方面的考察，我可以向你们指出，在任何地方都不能发现一个事实或原则单独接近于普遍或确立的状态。我将只谈两个基本问题：个人的状况和体制的状况。这就将足以描绘出整个社会了。

在这个时期，我们遇到四个阶级的人——1. 自由人，即那些不依靠任何上司、任何庇护人的人或能完全自由地拥有自己的财产、安排自己的生活、对任何其他人都没有契约义务的人。2. leudes，fideles，anstrustions 等，他们起初通过伙伴与首领关系而承担义务，后来通过封臣与封建主的关系，在接受一片土地的赠与后对另一个人承担服务的契约。3. 获得了自由的奴隶。4. 奴隶。

但这些不同的阶级是固定的吗？人们如果一旦被围在他们的边界之内，就长期留在那里了吗？各不同阶级之间的关系有没有什么规律，是不是永久不变的？你们常常看到自由人脱离自己的地位而去为某一个人服务，从他那里得到一些礼物而成为 leudes 阶级，你们还看到另一些人沦落为奴隶阶级。在别处，人们又看到 leudes 们竭力摆脱他们的庇护人而再次成为独立者、重新进入自由人阶级。你们到处看到一个运动，看到人们不断地从一个阶级转入另一个阶级。在各阶级之间的关系上普遍地存在着不稳定性。没有一个人长期停留在自己的地位上，没有一个地位是长期不变的。

地产的情况也是如此。你们知道，这些地产是有区别的，一种叫做保有地或完全自由地，另一种叫封地或是附带对上级履行某些义务的土地。你们知道，为了在后一类地产上建立一个良好的有明确规定的制度，人们曾作何种尝试。据说，封地的授予最初是有一定的年限的，后来改为终身的，最后封地成为世袭的了。一个失败的尝试！所有这几种不同使用权的土地都毫无秩序地同时存在着。我们在同一时间里看到有一定期限的封地、终身的封地和世袭的封地。的确，同一块土地可以在若干年内经历所有这些不同的状况。土地的状况丝毫不比个人的状况更稳定。人们在各方面都感到游牧生活转变为定居生活的困难，个人关系转变为人和财产的双重关系或转变为不动产之间关系。在转变的过程中，一切都是乱糟糟的、带有地方性的和不正常的。

在各种体制中，我们也看到这种不稳定性、这种混沌状态。三种政体制度并存着：王权政体制度；贵族政体制度，或是人和土地相互依附的制度；以及自由政体制度，亦即共同讨论问题的自由人的议会制度。这些体制任何一种都不能控制社会，任何一种都不比其他的更占优势。自由政体制度存在着，但应该参加议会的人却很少出席议会。领主管辖权的行使也不更正常。王权原是三种政体中最简单、最容易确定的，但也没有固定性。国王一部分由选举产生，一部分是世袭的。有时儿子继承父亲；有时由家族选举产生；有时就选一个远房亲戚或是一个外地人。在任何一种体制中你都找不到任何固定的东西。一切体制也像一切社会情况那样，在一起存在着，混淆不清而且不断地变化着。

在各个国家里也到处是这种动荡状况：建立起来了，又被推翻；联合起来了，又分裂。它们没有边界，没有政府，没有分得清楚的人民；只有普遍混乱的情况、原则、事实、种族和语言。这就是野蛮的欧洲。

这个奇特的时期起讫在何时？它的起源是很明显的，它开始于罗马帝国的覆亡。但它是什么时候结束的呢？为了解答这个问题，我们必须知道，这种社会状况应归因于什么，这种野蛮状态的原因是什么。

我想我能看出两个主要的原因，一个是物质上的原因，它从外面产生，在重大事件的过程中产生。另一个是精神上的原因，它从内部、从人的本身产生。

物质上的原因是连续不断的入侵。我们切不可以为蛮族的入侵已在5世纪停止了。我们切不可认为，由于罗马的覆亡，我们将立刻看到建立在它的废墟上的一些蛮族王国，或是入侵的运动已经结束。这个运动在帝国覆亡后还延续了很长时间。这一点的证据是很明显的。

看看法兰克人国王们，甚至第一批国王们，他们不断叫喊要在莱茵河彼岸作战。克洛泰尔、达戈贝尔不断地进行深入日耳曼的远征，攻击占据莱茵河右岸的图林根人、丹麦人和萨克逊人。为什么呢？因为这些民族想越过莱茵河来分享帝国的战利品。已定居在高卢的法兰克人（主要是东部或奥斯特拉西亚的法兰克人）为何大约就在这同一时间大举入侵意大利呢？他们攻打瑞士，越过阿尔卑斯山，进入意大利。为什么呢？因为他们在东北方受到新移民的压力。他们的远征并非纯粹是为劫掠而进行的侵略，而是必然的事，因为他们在自己的居留地受到骚扰，不得不到别处去寻找出路。一个新的日耳曼部族出现在舞台上并在意大利建立了伦巴第人的王国。在高卢，发生了法兰克人的王朝更迭，加洛林王朝继承了墨洛温王朝。现在大家公认，这种王朝的更替，说句实话，乃是法兰克人对高卢的一次新入侵，乃是东法兰克人替代西法兰克人的一次民族迁徙。这个更替已经完成，现在第二个民族成了统治者。查理曼对萨克逊人开始做墨洛温王朝曾对图林根人做过的事；他不断地进行反对莱茵河彼岸各民族的战争。谁策动了这些战争？奥博德里人、威尔兹人、索拉布人、波希米亚人、挤压日耳曼

民族的整个斯拉夫民族，并从 6 世纪到 9 世纪一直在逼迫日耳曼人向西推进。来自东北方向的入侵运动继续不停并决定着重大的事件。

在南方，出现了一个同样性质的运动，出现了信奉回教的阿拉伯人。当日耳曼人和斯拉夫人沿着莱茵河和多瑙河坚决地向前推进时，阿拉伯人对整个地中海沿岸开始了他们的远征和征服。

阿拉伯人的入侵有一特点，即征服和传教两种精神合在一起的。入侵是为了征服一片领土同时改变人的信仰。这个运动与日耳曼人的运动大不相同。在基督教世界里，宗教势力与世俗势力是截然分开的。宣传宗教的愿望和征服别人的愿望并不共存于同一个人身上。皈依基督教的日耳曼人仍保存他们的习俗、思想感情和爱好，尘世的欲望和兴趣继续支配他们，他们成为基督徒但并不是传教士。阿拉伯人则相反，他们既是征服者同时又是传教士。在他们那里，刀剑与箴言的力量在同一个人手里捏着。后来，这一特点决定了穆斯林文明的不幸转折。似乎是这个文明所固有的残暴性格就是从宗教势力与世俗势力的结合、从精神权力与物质权力的混淆中产生出来的。我以为这就是这个文明在任何地方都陷于停滞状态的原因。但这一事实最初并没有显露出来，反而给阿拉伯入侵增添了很大的力量。阿拉伯的入侵具有道义的气概和理想，因而立刻就取得了辉煌而伟大的成果，而这正是日耳曼入侵所缺乏的。它显示出了远为充沛的精力和热忱，并远不相同地影响了人们的心灵。

这就是 5 到 9 世纪欧洲的状况：在南方受到回教徒的压力，在北方受到日耳曼人和斯拉夫人的压力，在双重入侵下，人们除了继

续让欧洲内部处于不断的混乱中外，几乎不可能作出任何反应。居民不断地更替，一批逼走另一批。无法确立任何固定性的事物，于是在各个方面重新开始了流浪生活。毫无疑义，在这一点上，在不同的国家里是有某些不同的。在日耳曼，混乱要比欧洲的其他地方更大一些，因为日耳曼是这个运动的中心。法国比意大利更加动荡不宁。但是在任何地方社会都无法安定下来或调整自己。野蛮状态仍然由于产生它的这个原因而在各方面继续着。

关于从事态发展中出现的物质原因就谈这么多。我现在就要来谈精神上的原因，它从人的内心状况中产生出来，而且是同样强有力的。

不论外界事态如何，组成世界的毕竟是人本身。世界是随着人在道德和知识方面的思想、感情、性情而在相应程度上调节和进展的。社会的可见的状态取决于人的内心状态。

为了使人类能建立一个多少能持久而有规律的社会，必须具备什么呢？显然，他们必须有适合那个社会、顾及社会的各种需要和它的种种关系的思想。此外，这些思想必须是那个社会的大部分成员所共有的。最后，他们应能对自己的意志和行动实行某种控制。

十分明显，如果人们没有任何其他思想而只想到自己的存在，如果他们知识的视野仅限于他们自己，如果他们沉湎于自己的汹涌的情欲和意念，如果他们中间没有一些共同的观念和思想感情作为他们结合的核心，那么，我说，十分明显，他们中间不可能有社会，而每一个人对自己可能参加的团体来说，都是一个骚乱和瓦解的根源。

任何地方，如果个性已几乎独霸了统治地位，任何地方，人除了自己以外不想到其他人，他的思想不能扩展到自己以外，除了自己的情欲以外他不服从任何东西，那么对他来说，社会（我指的是稍稍广大、稍有永久性的社会）几乎是不可能存在的。可是，在我们现在讲到的这个时期，欧洲征服者的精神状态便是如此。我在上一讲中说过，我们深深感谢日耳曼人对个人自由和人的独立人格的热爱。但是在极端野蛮和无知的状态中，这种感情就会变成极其残酷、极其不顾社会的自私自利。从5世纪到8世纪，日耳曼人的情况就达到了这一点。他们只关心他们自己的利益、自己的爱好、自己的意欲。他们怎能甘于接受哪怕是近似的社会性状态呢？人们曾试图说服他们进入社会来，他们自己也试过，但由于某种欠思考的行动、某种激情的勃发、某种才智的缺乏，他们又立刻放弃了这个企图。社会的确也常在努力组织自己，但经常由于人的行动，由于缺乏那种社会赖以存在的精神状态，这种努力都失败了。

这些便是野蛮状态的两个决定性的原因。只要这两个原因继续存在，野蛮状态就会持续下去。让我们看看，它们如何并在何时终于结束的。

欧洲力图从这种状况中挣脱出来。即使他由于自己的过错，已陷入了这样一种状况，人的天性也不愿意继续耽在这种状况中。不管他是多么粗野、多么无知，多么专心于自己的利益、自己的情欲，他的内心总有一个呼声、一种本能告诉他说，他是要往高处走的，他有另一些力量、另一种命运。在混乱之际，对秩序和进步的爱心缠住他使他感到苦恼。甚至在最残酷的自私心的控制下，对正义、预见和发展的需要也在煽动他。他自己觉得已不得不改革这物质世界、这社会和他自己。他努力去做，虽然他不了解驱策他的欲望的本质是什么。蛮族人渴求文明，虽然完全不具备这种能力，不但如此，当他们知晓了文明的法则时立刻就恨上它了。

此外，还有大量罗马文明的残骸。帝国的名称、对那伟大而光荣的社会留下的回忆，还在激荡着人们的记忆，特别是各城市元老院元老、主教、教士和一切在罗马世界里有老根儿的人的记忆。

在蛮族人之间，或者祖先是蛮族的人之间，许多人曾目睹当日帝国的辉煌。他们曾在帝国军队中打过仗，效过力。

罗马文明的形象和名称对他们有着深刻的影响，他们怀有想模仿、再现、保存它的某些东西的愿望。这是驱策他们摆脱我描述过的那种野蛮状态的另一个原因。

还有每个人都会想到的第三个原因，我指的是基督教教会。教会是一个有规则地组织起来的社会，它有它的原则、它的法规、它的戒律，还抱着一种想扩展其势力、征服其征服者的愿望。在这个时期的基督教教徒和基督教教士中，有些人曾思考过一切道德上和政治上的问题，他们对一切问题都有坚定的意见、热烈的感情和一种想宣传它们并使它们产生影响的愿望。从来没有任何社会团体像 5 世纪到 10 世纪之间的基督教教会那样作出过这样的努力来影响周围世界，使自己的形象深入人心。当我们研究其具体历史时，我们将看到它所做的一切。在每一个问题上它都在攻击野蛮状态，以便制服它把它引入文明。

最后，文明还有第四个原因，这个原因是不可能恰如其分地领会的，但它并不因此而稍减其真实性，这个原因就是伟人的出现。

谁也说不好，一个伟人为什么在某一个时代出现，他对世界的发展作出了什么贡献。这是上帝的秘密。但这一事实并不因此而稍减其可靠性。有些人看到了无政府状态和社会停滞的景象深感震动和嫌恶，精神上受到很大的打击，就像看到了一件不应该存在的事情似的，并怀着一种想改变它的不可克制的愿望，想赋予他们所面临的世界以某种稍有普遍性、规律性和永久性的法规。这是一种可怕的、且往往是暴虐的力量，伴随着由于人类的弱点而犯下的千百种罪行和错误。虽然如此，那是一种光荣而有益的力量，因为它是以人的手给予人类一个有力的推动、一个巨大的进步。

这些不同的原因和力量，在 5 世纪至 9 世纪之间导致了各种促使欧洲社会从野蛮状态中解脱出来的尝试。

第一种尝试虽然成效极微，但必不可忽略，因为它是蛮族人自己发动的。这一尝试就是制定蛮族法典。几乎一切蛮族法规都是在 6 世纪至 8 世纪之间写出来的。在此之前，它们都不是成文法。蛮族人在罗马帝国的废墟上定居下来之前完全由习俗管理。我们可以计算一下这些成文的法典，它们有勃艮第人的、萨利克和里普利亚的法兰克人的、西哥特人的、伦巴第人的、萨克逊人的、弗里西亚人的、巴伐利亚人的、阿勒曼人的等等。这显然是文明的一个开端，是使社会处于普遍的和有规则的原则之下的一种努力。这一尝试的成就不可能很大：它写的是一个不再存在的社会的法规，是关于蛮族人在罗马领土上定居下来之前的社会状况、关于他们由流浪生活转变为定居生活、由游牧战士的生活状况转变为产业业主的生活状况的法规。诚然，我们到处看到某些关于蛮族已征服的土地、关于他们与这个地区原居民之间的关系的法规条款，但他们大部分法规的基础是古代的生活方式，古代日耳曼人的生活状况。它们不适用于新社会，因此在其发展中仅占微不足道的地位。

与此同时，在意大利和南高卢进行了另一种尝试。罗马社会在这里并没有像在其他地方那样完全死亡，各个城市里还留着一点秩序和生命。例如，如果我们注意一下东哥特人在意大利、在狄奥多里克治下的王国，我们就会看到，即使在一个蛮族国王和野蛮民族的统治下，自治城市制度可以说是一边喘气、一边影响着事态发展的一般进程。罗马社会对哥特人发生了作用，并在某种程度上使他们有点像罗马人。在南部高卢就可以看到这种事情。6 世纪初，图卢兹的西哥特国王阿拉里克，下令把罗马法规收集起来，并用《法规汇编》这个名称为他的罗马臣民出版了一部法典。

在西班牙，试图复兴文明的是另一种力量——即教会的力量。代替古老的日耳曼议会的是在西班牙占优势的托莱多议会。虽然著名的世俗人士也出席这个议会，但占支配地位的是主教们。看看西哥特人的法律，你就会知道，它并不是一部蛮族法典，它显然是由当时的哲人即教士们编成的。它里面有大量的一般概念和理论，这些理论是与蛮族的生活方式完全格格不入的。因此，你就知道，蛮族人的法规是个人的法规——也就是说，这种法规只适用于同种族的人。罗马法规管罗马人，法兰克法规管法兰克人，每一个民族有自己的法规，虽然他们联合在同一个政府之下并居住在同一块领土上。这就叫做个人法规，与此相反的就是通用于全领土的不动产法规。西哥特人的法规并不是个人的法规，而是通用于全领土上的。西班牙的全部居民，西哥特人和罗马人，都服从这同一法规。继续你的研究，你还会发现更显著的哲学的痕迹。在蛮族人中间，人按照他们相对的地位都有一个确定的价值。人们并不认为蛮族人、罗马人、自由人、封臣等等的价格是相同的，他们有一份他们生命的价目表。但在西哥特人的法律中，规定着按法律的观点人都有同等的价值这条原则。看一下诉讼程序制度，你会发现，证人提出的证据和对问题的合理调查，有如在文明社会中可能进行的那种调查，已代替了证明被告无罪的誓言或解决争端的决斗。我们可以从中看出在托莱多议会中占优势并有力地影响了这个国家的政治的教士们的工作。

因此，在西班牙，直到阿拉伯人大举入侵，试图复兴文明的是神权政治的原则。

在法国，这种努力由一个不同的力量来做，它来自伟大人物，尤其是查理曼。考察一下他的统治时期的各个方面，你就会知道，他的主要的思想是想教化他的人民。首先，让我们研究一下他进行的几次战争。他是经常在战场上的，从南方到东北，从埃布罗河到易卜河或威悉河。你会相信这些战争纯粹是任性的远征，完全出于征服别人的欲望吗？绝对不是。我的意思并不是说，他所做的一切事情完全可以得到解释，或者他的计划中使用了许多外交手腕或战略技巧。但他服从一个重要的必要性——一种想制止野蛮状态的强烈的愿望。在他的整个统治时期他从事于制止双重的入侵，南方的回教徒的入侵和北方的日耳曼人和斯拉夫人的入侵。这是查理曼统治时期军事活动的性质，他对萨克逊人的远征没有其他原因和其他目的。

如果你的注意力从他的战争转到他的内部统治上来，你会在那里遇到一个同样性质的事实——试图将秩序和统一引进他所控制的一切国家的行政管理工作中来。我不想使用王国这个词,也不想使用国家这个词,因为这些词语传达了一个过于正规的概念,并使人想到与查理曼所控制的社会毫不协调的那些思想。但是,他作为一片大领土的主人,看到一切事物都是不协调的、无政府状态的、粗野的,一定感到愤慨而希望改变它们的丑恶状况。起先,他派出钦差大臣到领土各地去视察情况,进行改革或向他报告情况。后来他利用代表大会的方法来进行工作,这种会议召开得比他的先人有规则得多。他要求国内一切重要人物都出席这些大会。这些大会既不是自由的大会,也不完全像我们所熟悉那种商讨问题的大会,它纯粹是查理曼的一种手段,用以了解一切真相,并将某种秩序与和谐引入他的骚乱的人民中去。

不管你用什么观点考察查理曼的统治时期,你总能从中看到这种特性,即向野蛮状态开战,亦即教化的精神。这种精神就表现在他急于要设立学校、爱好有学问的人和袒护教会势力上,也表现在他认为应该做的一切关于整个社会或个人的事情上。

稍后,在英国,国王阿尔弗雷德也作了这种尝试。

这样,从 5 世纪到 9 世纪,我指给你们看的要求终止野蛮状态的种种不同的理由都在欧洲的这一部分或另一部分发挥作用。

但没有一个成功的。查理曼未能建立他的大帝国和他希望建立的行政管理制度。在西班牙,在确立神权政治原则方面也没有取得较多的成就。在意大利和南高卢,虽然罗马文明常试图东山再起,但直到后来,在 10 世纪将终了时才真正重新得到一些活力。直到那时,一切想终止野蛮状态的努力都证明是失败的。它们把人想得比实际更进步;它们全都以种种方式来谋求一种社会的发展，其规模和正规性不符合当时权力的分配和人的智力状况。虽然如此，它们也并不是完全无用的。在10世纪初，无论是查理曼的大帝国还是托莱多的光荣的议会，都不再有人谈起，但野蛮状态也同样达到了它的最后时刻——两项伟大的成就已大功告成。

Ⅰ．北方和南方的入侵活动已被制止。查理曼帝国解体后建立在莱茵河右岸的那些国家成了阻挡继续西进的部族的有力屏障。诺曼人无可置辩地证明了这一点：在这个时期以前，除登上了英国土地的那些部族而外，海上入侵的活动并不是很重要的，要到9世纪时，它才成为经常的普遍的活动。那是因为从陆上入侵已变得非常困难，社会在这方面已获得了更加固定而可靠的边境。那部分赶不回去的流动人口不得不转到海上去过他们的漂泊生活。不管诺曼人的远征在西方做了什么样的坏事，它们比起陆上的入侵来远不是致命的，它们对刚刚诞生的社会的骚扰远不是普遍的。

在南方也出现了这种情况。阿拉伯人当时驻扎在西班牙，战事还在他们与基督教徒之间继续，但已不再引起居民的迁移。萨拉森人的部队仍不时骚扰地中海沿岸，但回教徒的大进军显然已经停止。

Ⅱ．在这个时期，我们看到，流浪生活在整个欧洲内部停止下来，各族移民都已居有定所。财产成为固定的。人与人之间的关系不再听从暴力和命运的摆布而天天变动。人的内心和精神状况开始变化，他的思想感情也像他的生活一样获得了固定性。他一心想的是他所居住的地方，他在那里缔结的种种关系，他要传给他的孩子的那些领地，他那有一日将称作他的城堡的住宅和将成为一个村庄的那块隶农和奴隶的简陋聚居地。到处都是一些小社团、小国家,照着当地人的思想和智慧建立起来的。这些社团之间逐渐采用了蛮族习俗中已有其萌芽的一种不消灭个人独立性的联盟条约。一方面,每个大人物都和自己的家族和奴仆单独居住在自己的领地上;另一方面,在这些散布在大地上的好战的土地所有者中间渐渐建立起了某种服务和权利的等级制度。这是什么呢?是从野蛮状态内部明确兴起的封建制度。在近代文明的各个成分中,首先占优势的当然是日耳曼的成分。它占有力量的优势,它征服了欧洲。欧洲将从它那里接受它的最初的社会形式和社会组织。事情果然如此。封建主义、它的性质和它在欧洲文明史中所起的作用,将是我下一讲的主题。在这胜利的封建制度的内部,我们将在每一步上遇到我们文明的另一些因素——王权,教会,自治城市社团。我们将毫不困难地预见到它们命定不会被封建形式所淹没,但它们会被吸收进去,而同时不断与之斗争并等待胜利降临到它们各自的头上。

第　四　讲

本讲的目的——事实和理论之间的必要结合——乡村对城市的优势——一个小封建社会的组织——封建制度对封地所有者的性格和对家族观念的影响——人民对封建制度的憎恨——教士不能为农奴做什么事——不可能有规则地组织封建制度：1. 没有强有力的当局；2. 没有公众的权力；3. 联盟制度的困难——封建主义中固有的"反抗有理"的思想——封建制度的有利于个人的发展而不利于社会秩序的影响

先生们，我们已经研究了罗马帝国覆亡后近代史最初一个时期即野蛮时期的欧洲的状况。我们已经知道，在这个时期的末尾和10世纪初，显露头角并控制了欧洲社会的第一种制度是封建制度。我们已经知道，封建制度是野蛮状态的第一个产物。因此，现在必然成为我们研究的对象的是封建制度。

我认为已无需提醒你们说，我们现在要考虑的，严格说来，并不是一些事件的历史。向你们叙述封建制度的命运并不是我要做的事。我们忙着去研究的是文明的历史。这就是我们要在掩藏它的一切外界事实下面寻找的一般的和隐藏的事实。

因此，各种重大事件、社会危机和社会所经历的各种情况，使我们感到兴趣的仅仅在于它们与文明的发展的种种关系。我们询问它们的仅仅是，在哪一些方面它们反对它或促进了它，它们给了它什么，它们拒绝给它什么。我们准备仅仅根据这个观点来考察封建制度。

在这几讲的开头，我们给文明的本质下了定义，我们试图研究它的种种因素。我们看到它一方面在于人的，个别的人的和全体人类的发展，另一方面，在于它的外界条件的发展和社会的发展。任何时候，我们面临一件重大的事、一种制度或世界的某一普遍情况时，我们就要询问它这个双重的问题，它对人的发展做了什么有利的事或不利的事，对社会的发展做了什么有利的事或不利的事？

你们早已了解，在我们研究的过程中，我们不可能不在路上遇到关于道德哲学的一些最重要的问题。如果我们希望知道哪一件大事或哪一种制度有助于人或社会的发展，我们就绝对需要熟悉社会和人的实质，必须知道哪些发展是错误的和不合理的，能引人走上邪路而不是使人改善的，能促使倒退而不是促使前进的。

我们不该回避这件必需做的事。不仅因为我们将因此而损伤和降低我们的思想和事实，而且世界的实际情况会使我们不得不欣然接受哲学与历史的这种不可避免的结合。这恰恰是我们时代的一个特征，也许是一个基本的特征。我们必须考虑使科学与现实，理论与实践，道理与事实一起进展。直到我们的时代，这两种力量一直是分别存在着的。世人已习惯于看到科学与实践遵循不同的道路，互不承认，或者至少没有汇合过。而当理论和一般概念想要同重大事件相结合并影响世人时，它们也仅仅以宗教狂热这个形式并依靠狂热者的力量取得些成就。直到现在，对人类社会的驾驭和对人类事务的指导，一直由两种势力分担着：一方面是信徒，即持有一般概念和原则的人、宗教狂热者；另一方面是不理解一切理性原则的人们，他们完全按照周围的情况行事，他们是实干者、自由思想者，像 17 世纪称呼他们的那样。现在，这种事态正在终止。宗教狂热者和自由思想者都将不再有控制力。现在为了治理和说服人们，必须熟悉一般人的思想和情况，必须知道如何尊重原则和事实，重视美德和必要性，防止宗教狂热者的骄傲，防止自由思想者的盲目轻视一切。人类思想和社会状况的发展已引导我们达到了这一点：一方面，获得了提高和自由的人类思想能更好地了解事物之间的种种关系，知道如何眼观四面，将事物的各种结合善加利用；另一方面，社会已完善到能与真理相比的程度，人们可以将种种事实与原则相并列，虽然这些事实还有重大的不完善之处，却不至于通过比较引起不可克服的沮丧或厌恶的心情。因此，我将服从自然趋势和我们时代的需要并考虑到方便与否，不断地从情况的考察转到思想的考察，从事实的说明转到理论的研究。也许在人心的实际意向中，甚至还存在着赞成这种方法的另一种理由。从过去某个时候起，在我们中间出现了一种实际的观点、对待人类事务的实证观点，对这一观点的爱好，可以说是情有独钟了。我们曾经是一般性思想和理论的专制统治的俘虏，它们在某些方面已使我们付出了如此大的代价，以致它们在某种程度上已不为我们所信任。我们更喜爱回到事实、特殊情况和理论的应用。不应对此感到遗憾，这是一种新的进展和向知识和真理跨出的一大步。但是我们必须永远防备不要怀有偏见，不要因这种偏见而昏了头脑。让我们不要忘记只有真理才有权主宰世界；种种事实，除了可以说明真理并日益同化于真理之外，没有任何价值。我们国家的文明具有这个特性，即它从来不缺乏知识上的伟大性；它在思想方面一直是很富裕的。思想的力量在法国社会里一直是很强大的，也许比任何其他社会更加强大。我们必不可丧失这个高贵的恩典；我们必不可落到描述其他社会时所说的那种近乎低下庸俗的状态中去。才智和学术理论在今天的法国必须至少占有它们一向占有的地位。

因此，我们决不可避开一般的和哲学的问题。只要是事实引导我们去的地方，我们将毫不迟疑、毫无难色地迎接它们，但我们不可为了探索它们而四处漫游。在讨论封建制度以及它与欧洲文明史的关系时，我们会有不止一次的机会引用事实。

在10世纪时，封建制度是必要的、惟一可能的社会状态，一个有力的证据就是它已被普遍地建立起来。任何地方野蛮状态一停止，一切事物就采取了封建的形式。开始时，人们只把它看作是混乱状态的胜利。一切统一性、一切普遍的文明都消失了。人们在各方面都看到社会在解体，代替它的是一些小范围的、情况不明的、零散而不相关联的社会在建立起来。在当时的人看来，这好像是一切都化为乌有，成了普遍的无政府状态。当时的诗人和历史编写者都认为世界的末日到了。虽然如此，它是一个新的、真实的社会即封建社会的开端，是先前状况的惟一可能的后果，它是如此必要、如此不可避免、如此真实，以致一切事物都投入其中而采取了它的形式。与这个制度最无关系的一些成分，即教会、自治城市制度和王权等都不得不使自己与它相适应。教会渐渐成为封建主和封臣，各城市都有领主和封臣；国王以封建主的形式装扮自己。一切东西都以采邑的形式授予，不但土地，而且某些权利，例如森林里伐木的权利或是打鱼的权利也是如此。教会还施行洗礼，以

及妇女分娩后的感恩礼拜，所得的收入以采邑的形式给予额外的赏赐。水和钱也不例外。正像社会的各种普遍性因素都纳入了封建系统一样，最小的细节和普通生活中最琐碎的事也都成为封建制度的一部分。

鉴于封建形式这样控制了一切事物，我们起初不禁认为封建制度的基本的和主要的原则已到处占优势。但这是一种误解。与封建制度不相类似的社会的成分和机构在借用封建的形式时并不抛弃它们自己的本性和特殊原则。封建的教会实际上仍受到神权政治原则的激励和控制。它不停地有时与王家权力、有时与教皇、有时与人民共同努力来破坏这个制度，虽然它可以说是穿着这个制度的制服的。王族和各自治城市的情形也是如此。实际上，君主政治的原则仍在王族中占主导地位，民主政治的原则仍在各自治城市中占优势。欧洲社会的这些不同成分，虽然穿着封建的制服，一直在努力摆脱与其真实本质无关的一种形式而采取符合其特殊的生命原则的形式。

指出了封建形式的普遍存在之后，就极需提防从此作出结论说，封建原则已普遍存在，还需提防一看到封建制度的外貌，就以漫不经心的态度来研究封建制度。为了彻底知道和了解这个制度，为了阐明和判断它对近代文明的影响，我们必须在形式和原则和谐一致的地方考察它，必须在世俗的封地所有者的等级制度中、在欧洲领土征服者的社团中研究它。那里才真正存在着封建社会。我们现在就要深入研究那边的情况。

我刚才谈到了精神问题的重要性，谈到了必须不回避它们。但有一种完全不同的考虑已普遍地被过于忽视。我指的是社会的物质状况，是被一个新事实、一场革命、一种新的社会状态引进人类生活方式中来的物质方面的变化。我们没有一贯充分地考虑这些事物，我们没有一贯充分地调查被这些世界大危机引进人的物质生活中来的变化。这些变化对整个社会的影响大于一般的认识。谁不知道人们已经对气候的影响作过多少研究，谁不知道孟德斯鸠对之多么重视。如果我们看看气候对人的直接影响，也许它并不像人们以为的那样广泛吧。无论如何，它是非常不清楚而不易察觉的。但是气候的间接影响，例如由于下列事实而造成的间接影响：人在温暖的地方都住在露天，而在寒冷的地方就将自己关在屋子里；在一种情况下他们以一种方式摄取营养，在另一种情况下他们就以另一种方式摄取营养。这些都是非常重要的事实，都是纯粹由于物质生活的不同而对文明产生有力作用的事实。一切大革命常在社会状况方面导致这种变化，而这些都是非常需要加以考虑的。

封建制度的确立产生了一个显然十分重要的变化，它改变了人口在地面上的分布。直到那时为止，土地的主人、有主权的居民一齐居住在人数或多或少的人群中间，不论是定居在城市里还是成群结队地在各地漫游。但是，由于封建制度，这些人各自孤立地生活在自己的住宅里，相隔很远。你们立刻会看出，这个变化对文明的性质和进程将发生多么大的影响。居社会优势的成分、社会的管理突然从城市转到乡间；私有财产渐渐变得比公共财产更为重要；私人生活比公众生活更为重要。这些便是封建社会胜利的最初的和纯粹是物质方面影响。我们越深入考察它，这一事实的结果将愈益展现在我们的眼前。

现在让我们研究一下这个社会的本身，并看看它在文明史中起了什么作用。首先让我们就其最简单、最原始和最基本的单位来研究它。让我们来考察一下一个居住在他的领地里的封地所有者，让我们看看所有那些组成这个围绕着他的小社会的人变成什么样的。

他定居在一块孤立的高地上，并设法使这高地安全而强固。他在那里建筑了他称为他的城堡的房屋。他和谁住在一起？和他的妻子和孩子们；可能还有些自由人，他们没有成为业主，而依附于他并继续和他住在一起，在他的饭桌上吃饭。这些便是这个城堡内部的居民。在它的周围和脚下，有一小群隶农和农奴集合在一起，他们耕种这个封地所有者的领地。在这下层居民区的中心，教会建立了一座教堂，并派来一个教士。在封建制度的初期，这个教士一般同时是城堡牧师又是乡村里的牧师。不久这两个角色就分开了，乡村有它自己的牧师，他就住在教堂的旁边。这就是初步的封建社会，可以说是封建的分子。我们首先要考察的就是这个单位。我们要问它我们应向一切事实提问的这个双重问题：它产生了什么结果而有利于(1)人本身的发展(2)社会的发展？

我们完全有理由向我刚才描绘的这个小社会问这个双重问题，并相信它的回答，因为它是整个封建社会的模型和忠实的肖像。封建领主，他的领地上的人民和牧师，这就是大规模和小规模的封建制度，这时我们已从中排除了王族和城市这两个截然不同且不相干的因素。

在考察这个小社会时使我们大为吃惊的第一件事是，封地所有者在他自己和他周围的人的心目中必然具有惊人的重要性。关于独立人格、关于个人自由的思想感情在蛮族生活中占着统治地位。但在这里完全不同。这里受到重视的已不再仅仅是人的自由、战士的自由，而是封地所有者的重要性、家族族长的重要性和主人的重要性。从这种情况中必然产生出一种非常崇高的印象、一种十分奇特而且非常不同于我们在其他文明的经历中所曾遇到的一种崇高性。我将提出关于这事的证据。我从古代世界中取一种贵族身份为例，如罗马贵族。他像封建领主一样是一个家族之长，又是主人和上司。此外，他还是宗教长官，即他家族内部的教长。他作为一个宗教长官的重要性是从外部产生的，并不是纯粹属于他个人的重要性。他是从上帝那里得到它的，他是上帝的代表，宗教教义的解释者。此外，这位罗马贵族还是在这块地方一起生活的一个社团的成员，元老院的一个成员；这又是从外部、从他的社团落到他身上的一种重要性，一种受之于人的重要性、一种借助于人的重要性。古代贵族的伟大性，由于其与宗教和政治的角色相联，是属于其处境、属于整个社团而不是属于个人的。封地所有者的重要性纯粹是个人的重要性；它并非来自任何别人。他的一切权利、一切权力都来自他本人。他并不是一个宗教长官，他不参加参议院，他的一切重要性都在于他这个人身上。他只属于他自己，并只代表他本人。这样一个处境对它的占有者必然产生多么大的影响呵！在他的灵魂里必然兴起了怎样一种个人高傲、怎样一种惊人的自负、怎样一种——让我们说——目空一切的态度呵！他自己的上面没有一个他仅作为其代表或解释者的上司；在他的旁边没有一个与他地位相等的人；没有任何对他有影响的强有力的一般法规；没有一种能影响其意志的外部法规。除了自己

力量的限度和出现的危险之外，他不知道还有什么能抑制他的力量。这就是这种处境对人的性格必然造成的道德结果。

我现在要讲第二个重大而不为人所注意的后果，即封建家庭的特殊风貌。

让我们浏览一下各种不同的家族制度。首先看一下族长制度，《圣经》和东方的种种记录已提供了它的模型。一个家族有众多人口；成为一个部落。酋长即族长是和他的孩子们、他的近亲和团结在他的周围的好几代人、他的所有亲戚、所有仆从共同生活在一个部落里的。他不但和他们全都生活在一起，而且和他有着同样的利害关系、从事于同样的工作、过着同样的生活。这不就是亚伯拉罕的、族长们的和仍在复制着族长制生活的阿拉伯部落酋长们的形象吗？

出现的另一种家族制度就是氏族，它是一个小社会，它的模型我们必须在苏格兰或爱尔兰寻找。欧洲人家族的大部分很可能都经历过这种制度。它已不再是族长制家族。在这里，在酋长的处境与其余人的处境之间有着很大的差异。他们并不过着相同的生活。大部分人从事耕种和服务，酋长是不劳动而专管战争的。但他们的血统相同；他们同属一姓。他们的亲属关系、古老的传统、同样的回忆、同样的感情，在氏族一切成员之间建立起了一种精神上的纽带、一种平等。

这是历史上呈现出来的家族社会的两种主要形式。但在这里，我们有封建家庭吗？显然没有。初初一看，封建家族似乎与氏族有某种关系，但是差异比相似要大得多。封地所有者与他四周的居民是完全没有关系的，他们不姓他的姓，他们与他没有血缘关系，也没有道义或历史的关系。它也不像族长制家族。封地所有者并不与他四周的那些人过同样的生活，也不从事同样的工作。他是一个游手好闲者和一个战士，而其他人都是劳动者。封建家族，其人数是不多的；它不是一个部落，它的人口仅限于严格意义上的家族，即他的妻子和孩子们。它不与其余居民一起生活而是将自己关在城堡里。居民和农奴并不是家族的组成部分。这个社会的成员们的血统是不相同的。他们的处境很不平等。五六个人处境优越又疏远社会中其余的人，这就是封建家族。当然它赋有一种特殊的性质。它是狭隘而集中的，并经常需要保卫自己，怀疑它的随从们，至少需要与他们隔离。在这样一种制度下，内部生活、家庭的生活方式肯定占主导地位。我认识到一个一家之主的野蛮的爱好，他将时间耗费在战争和狩猎上的习惯是发展家庭生活方式的一大障碍，但这是可以克服的。家长必然会经常回家，看到自己的妻子和孩子们，只有这些人是靠近他的，构成他的恒久的伴侣——只有他们会分享他的利害关系、他的命运。因此家庭生活必然会取得优势。证明这一点的证据是很多的。妇女的重要地位不就是在封建家庭内部发展起来的吗？在一切古代社会中，我说的不是根本没有家族观念的那些古代社会，而是例如在族长制生活中家族观念很强的那些古代社会里，妇女根本没有像她们在封建制度下的欧洲取得的那么重要的地位。这个变化、这个妇女地位方面的进步应归功于家庭生活方式在封建制度内的发展和必然优势。有人想把这个原因追溯到古代日耳曼人独特的生活方式，追溯到据说是在森林中对待妇女的一种全民族的尊重。日耳曼的爱国主义就凭塔西佗的一句话建立起来了，日耳曼生活方式

在两性关系方面的什么莫明其妙的优越性、什么原始的和不可磨灭的纯洁性。纯粹是幻想！关于类似古代日耳曼人的感情和习俗的、与塔西佗相似的话，在大批观察野蛮人或蛮族人的观察家的故事中都可以找到。其中没有任何原始的、也没有任何专门属于个别种族的东西。欧洲妇女之受到尊重是由于显著的社会地位的影响、由于家庭生活方式的发展和占优势，而家庭生活方式之占优势很早就已成为封建制度的一种基本特征。

第二个事实，即证明家庭生活的优势的另一个证据同样已成为封建家庭的特征：我指的是显然为家庭所重视的世袭观念，即世代相传绵延不绝的观念。世袭观念是家族观念中所固有的，不过任何地方都没有发展得像在封建制度下那样强大。这是家族赖以结合的财产的性质所造成的。封地不像其他财产，它经常要求其所有者保卫它、为它服务，履行附属于领地的种种义务，从而维持它在土地主人的大联合中的地位。由此产生了一种在封地实际所有者以及全系列未来所有者和封地本身之间的等同关系。

这种情况促使由于封建家庭的性质而形成的十分有力的家族关系更加巩固和密切。

我现在从领主的宅邸出来，下到它周围的小百姓中间。这里一切都有一种不同的面貌。人的天性如此美好、如此丰富，当一种社会情况持续了一段时间之后，在那些互相接近的人中间（不论在何种情况下接近），不可避免地会建立起某种道义关系，某种保护、照顾和情谊。封建制度下也有这种情形。毫无疑问，一段时间之后，在居民和封地所有者之间也会结成某种道义关系、某种友好的习惯。但发生这种情形不是由于主仆关系的缘故，而是突破了这种关系的阻碍。从封建制度本身考虑，这种情况是乖谬的。领主和居民之间在道义上没有共同之处。他们是他的领地的一部分，他们是他的财产。而在财产名下，包括着一切今天称为公权和私有财产权的权利、执法权、课税权、惩罚权以及处置权、售卖权等一切权利。即使人与人相处之间可能产生这一情形，但在领主老爷与其土地的耕种者之间是不存在权利、不存在保证、也没有社交可言的。

因此，我相信，在任何时代人们对封建制度、对它的回忆和它的名字都是万分痛恨的。人屈服于压迫人的专制政治并习以为常、而且还心甘情愿地接受它，这并不是一种没有例证的情况。神权政治和君主政治的专制，曾不止一次地得到屈从这种专制的人民的同意和几乎是情谊。但封建的专制始终是人们所反感而憎恶的。其原因是在神权政治和君主政治下，权力是凭着主人与其臣民的某些共同的语言来行使的。它是代表、是高于一切人类权力的另一种权力的主持者(牧师)；他以上帝的名义或某种一般概念的名义来说话和行动，而不以人自己的和人独自的名义来说话和行动。封建的专制就完全不同，它是个人对个人的控制权力，是一个人的任性的意志的统治。也许，这是人永远不能欣然接受的惟一的虐政，这一点是人的永恒的光荣。一旦他看出他的主人也仅仅是一个人，看出那个压迫他的意志纯粹是一个和他自己一样的凡人的意志，从这时起便感到愤慨而强压住怒火忍受这种桎梏。这就是封建权力的真实的特殊的性质，也是它永远激起人们憎恶的根源。

和它联合在一起的宗教成分不能减轻这个负担。我并不认为教士在我刚才描述的这个小社会中有多大势力，也不认为他在使下等居民与领主老爷的关系趋于合理方面取得很多成就。教会对欧洲文明发挥了很大的影响，但这是一般性行动的业绩，例如改变人的一般的习性。如果我们仔细研究这个小封建社会，我们就会看到，教士在居民与领主老爷之间，几乎没有发生什么影响，倒是他本人常常显得像一个农奴那样粗鲁而低三下四的，不能或无意去对抗领主老爷的傲慢态度。毫无疑义，他的职责是在下层居民中维持和发展精神生活，在这一点上他对这些居民来说是宝贵而有益的，他是在他们中间传播了一些安慰和生气。但我想，他在改善他们的命运方面能够做的和实际做的确实很少。

我已考察了封建社会的基本情况，我已将其必然的主要后果告诉你们，不论是对封地所有者本人的，还是对他的家族或是聚集在他周围的居民的。现在让我们从这个狭隘的圈子出发走向前去。封地的人口并不是单独地居住在这块土地上，还有一些与它有关系的类似的或不同的其他社会。封地居民所归属的这个大社会必然对文明发生了什么影响呢？

在回答这个问题之前，我要简单地说几句话：诚然，封地所有者和教士两者都属于一个总的社会，他们隔着一定的距离，有多种和频繁的关系。这跟村民、农奴不一样：每次为了称呼这个时期住在乡间的人，我们用了一个似乎暗指同一个社会的普通的字，例如人民(people)，我们并没有把真实情况表达出来。对这群人来说，是没有一个总的社会的，他们的存在纯粹是地区性的。除了他们居住的地区之外，居民们与任何事或任何人都没有任何关系。他们没有共同的命运，没有共同的国家，他们并不成为一个人民整体。当我们说到作为一个整体的封建联合体时，所涉及的仅仅是封地所有者。

让我们看看这个小封建社会和跟它关联的那个总的社会是什么关系，这些关系在关于文明的发展方面又必然导致什么结果。

你们已知道封地所有者之间相互关系的本质，已知道一方面是服务的义务，另一方面是保护的义务。我不想深入讨论这些义务的细节，只要你们对它们性质有一个一般的概念就够了。在封地所有者的心目中，必然有一些道德观念和感情、义务观念和情谊从这些义务中产生出来。十分明显，忠贞的原则、热诚奉献的原则、信守诺言的原则和一切与此有关的思想感情，由于封地所有者之间的种种关系而得到发展和支持。

这些义务、责任和思想感情力图转变成为权利和制度。谁都知道，封建制度希望用法律来确定封地所有者应向其封建主完成何种服务，他可望得到何种服务作为回报；在何种情况下，封臣负有义务在金钱或军事上帮助其封建主；封建主应以何种方式使其封臣同意提供某些并非仅仅由于他们持有封地而不得不提供的服务。人们试图将他们的一切权利置于一些制度的保证之下，这些制度的目的就在于保证这些权利得到尊重。于是就产生领主裁判权，以便封地所有者们审理他们之间的向其共同的封建主提出的司法案件。于是，一些稍有地位的领主也集合其封臣于一个议会里，以便和他们一起讨论那些需要他们同意或协作的有关问题。总之，那里有了一批政治的、司法的和军事的手段，人们曾尝试用它们来组织封建制度，将封地所有者之间的关系转变为权利和制度。

但这些权利和制度都是没有现实性、没有保证的。

如果有人被问到，一项保证、一项政治保证，其意义何在，他就觉察到它的基本特性是社会中经常存在着一种意志、一种权力准备，并能够将一条法律施加于某些意志和权力，使它们遵守共同的规则和尊重一般的权利。

只有两种政治保证制度是可能的：一种制度是，必须有一个高过其他一切的意志和权力，以致没有人能反抗它，而当它来干涉时大家都不得不立即服从它。另一种制度是，应当有一种公众的意志和权力，它是一致意见的结果，是某些特殊意志发展的结果，它一旦从它们中产生出来就能将自己施加于一切人，受到一切人同等的重视。

政治保证的两种可能的制度便是如此：一个人或一个团体的专制政治，或者是自由管理。当我们检查各种制度时我们发现一切制度不是归入这一项便是归入另一项。

然而在封建制度下，这一个或那一个都不存在，也不可能存在。

毫无疑义，封地所有者并非都是一样大的，有许多其力量大于别人，强大得足以压迫较弱者。但是从第一个封建主即国王起，没有一个人能把法律强加于其他人，让他们服从自己。请注意，任何权力和行动的常设手段都没有：没有常设的军队，没有常设的赋税，也没有常设的法庭。每次需要它们时，社会权力和社会机构必须设法把它们重新建立起来。不得不为每一次诉讼设立一个法庭，每次战事建立一支军队，每次筹款设置一项税收。每一件事都是偶然的、临时的和特殊的事。没有一种属于中央的、常设的、独立的政府的手段。显然,在这种制度下,任何人都不能将自己的意志强加于其他人,或是使一般权利被一切人所尊重。

另一方面,反抗很容易,正如压制很困难。封地所有者关在自己的城堡里,只需与为数不多的敌人打交道,很容易在情况相同的封臣中找到联合和援助的手段,所以保卫自己是极为容易的。

因此,我们看到第一种保证制度,也就是将保证置于最强的人的干预之下的那种制度,在封建制度下是不可能的。

另一种制度,即一个自由政府、一个公众的权力机构的那种制度也同样是不切实际的,决不可能在封建制度内部产生出来。其理由非常简单。如果我们在今天说到一种公众权力,说到我们称为主权国家所具有的那些权利即制定法律、课税和惩罚的权利,我们大家就会想到那些权利不属于任何个人,一个人没有权利自行惩罚其他人,没有权利把一种罪名、一条法律强加到其他人身上。这些权利只属于全社会,它们是用全社会的名义行使的。这些权利并不是社会自行持有的,而是从至高无上者(Highest)那里取得的。因此,当一个个人来到赋有这种权利的那些力量面前时,在他内心占统治地位的感觉是(也许他自己没有感觉到)他正处在一个公众的、合法的权力面前,这个权力拥有指挥他的使命,而他早已在内心服从它了。但在封建制度下,完全不是如此。封地所有者在自己的领地上赋有统治其领地居民的一切权利,这些权利是领地所固有的,是他的私有财产的一部分。在今天是公众的权利的东西,在那时是私有财产。现在是公众权力的东西,在那时是私人权力。当这位封地所有者作为一个业主以自己的名义对其领地上的全体居民行使了主权之后,出现在一个大会、一个在其封建主面

前举行的议会、一个人数不很多、一般由与他平等的或差不多的人组成的一个议会时，他并不随身带去公众权力的意见，也不带走公众权力的意见。因为这种意见是与他的一切生活，与他在自己的领地上惯行的事相冲突的。他在那种议会里看到的只是那些赋有和他同样权利的人、处于同样处境的人以及像他那样为自己个人意志行事的人。在政府的最高部门中，在我们称为的公共机关中，没有任何东西告诉他或强迫他承认我们自己对公众权力的认识中所固有的优越性和普遍性这种特性。如果这位封地所有者不满意大会的决定，他可以拒绝接受，也可以为反抗而诉诸武力。

在封建制度下，武力是权利的真实的和常用的保证，假若我们可以把武力称为一种保证的话。一切权利可以用武力这一永久的手段来使自己得到承认或服从。但封建制度的机构无法提供保证；而且人们普遍感觉到机构的无力而不再向它投诉。如果领主法院和封臣议会能够起作用的话，我们一定会在历史上更频繁地遇到它们，并能看到它们在发挥更多的活力。它们之罕见证明了它们的无效。

看到这一点，我们不必感到吃惊，它有一个比我描述的更有决定性而更深刻的原因。

在一切政治制度和政治保证制度中，联邦制度肯定是最难以建立和盛行的，因为这一制度的原理是将一切可以留在当地和当地社会的政治职能都留下，而从中仅仅取走为维持大社会所不可缺少的那部分，带到社会的中心去组成一个中央政府。联邦制度逻辑上是最简单的，但实际上是最复杂的。为了使它所允许存在的地方独立和地方自由的程度跟它所要求的和在某些情况下它所认为的一般秩序和服从的程度相协调，显然需要一种程度很高的文明。人的意志、个人的自由，在建立和维持这个制度时，必须比建立和维持任何其他制度时协调得多，因为它的强制手段远比其他制度为少。

因此，联邦制度是这样一种制度，它显然需要理性、道德和文化在采用这个制度的社会里得到极大的发展。然而，虽然如此，这是封建主义力图建立的制度。大封建制这个观念事实上就是联邦的观念。它建立在例如今天的联邦制美国的同一原则上。它的目的在于将那里可以留在各个领主手中的统治权和主权全部留下而仅仅在绝对必需的情况下才将尽量小的一部分权力交给封建主或是贵族大会。你们可以看出，要在愚昧无知和残暴的欲望中、总之在一种像封建制度下的人那样不完善的精神状态中建立这样一种制度是不可能的。统治的本质是与企图采用它的人的思想和生活方式相冲突的。看到这种组织政府的努力未能成功谁会吃惊呢？

我们已首先就其最简单和基本的成分，然后就其整体考察了封建社会。我们已经在这两个方面考察了封建社会必然会做的事和它对文明进程的影响。我想我们已经达到了以下的双重的结果：

第一，封建制度对个人内心的发展产生了很大的而且总的来说有益的影响。它在人的头脑中唤起了种种思想观念、生气勃勃的感情、精神上的需要、性格和激情的良好发展。

第二，根据社会的观点，它既不可能建立法律秩序也不可能确立政治的保证，而这些是欧洲社会的复兴所必不可少的，因为社会已由于野蛮状态而彻底解体以致不可能有一个比较正常、比较广泛的形式。但是，本身就极坏的封建形式既不能调整自己也不能发展自己。封建制度输入欧洲社会中的惟一的政治权利是反抗的权利——我说的并不是合法的反抗，这在如此落后的一个社会里是不可能有位置的。社会的发展完全在于一方面用公众的权力来代替个人的意志，另一方面用合法的反抗来代替个人的反抗。社会秩序的宏伟自的和主要的完善就在于此。这对个人自由已留下了很大的活动范围，因此，当个人自由做出越轨行为时，必须要它承担责任时，就只能诉诸公众的理性，来决定采用何种法律手续限制此人的自由。这些便是法律秩序和合法反抗的制度。你们不难看出，在封建制度下是不存在这些东西的。封建制度所支持和实施的反抗权利是个人反抗的权利——这是一种可怕的反社会的权利，因为它诉诸武力和战争，而这两者都是毁灭社会本身的事。但虽然如此，这一权利仍然不能从人的内心取消掉，因为取消它就是接受奴役。关于反抗的权利的思想已在罗马社会的羞辱中消亡而不能从它的残骸中重新产生；我认为它决不能更自然地来自基督教社会的原则。我们应归功于封建制度，是它将这种思想感情重新引进了欧洲的生活方式中来。使它变得永远无用而不起作用，这是文明引以自夸的事，而不断地公开承认它、保卫它，这是封建制度引以自夸的事。

如果我没有弄错的话，这便是就其本身、就其一般性因素而不考虑历史的发展来考察封建社会所得出的结果。如果我们转而去研究种种事实和历史，我们将会看到那些意料中的事已经发生，封建制度完成了适于它做的事。它的命运是和它的本性相一致的。可以举出一些大事来证明我根据这个制度的本质作出的种种猜测和推断。

浏览一下10世纪到13世纪之间封建制度的一般历史，就不可能看不到它在感情、性格和思想的发展方面所产生的伟大而有益的影响。我们不可能深入研究这个时期的历史而不遇到产生于封建习俗内部的许许多多可贵的感情、伟大的行动、人性的卓越表现。诚然，骑士制度与封建制度并不相似——虽然如此，但它是封建制度的产物，这种崇高、慷慨、忠贞的理想是从封建制度中产生出来的。它给它的门第增添了不少光彩。

请看看另一方面：欧洲人想象力的最初的勃发，诗歌和文学的最初的尝试，欧洲在其脱离野蛮状态后最初尝到的智能方面的享受，所有这些都是在封建制度的庇荫下、在它的翅翼下，在封建城堡内部产生出来的。这种人性的发展需要心灵和生活的搏动，还需要有闲暇时间以及在普通人的辛苦、悲惨、粗陋而艰难的生活中难逢的千百种条件。在法国、在英国、在德国，对欧洲最初的文学的回忆，最初的才智的享受是与封建时代联系着的。

另一方面，如果我们就封建制的社会影响这个问题请教历史，它的回答总会与我们的猜测相一致。历史将回答说，封建制度一向反对建立一般秩序也反对扩大一般自由。根据任何观点来考察社会的发展，你总会觉得封建制度起着障碍的作用。因此，从封建制最早存在时起，有两种力量一直是发展秩序和自由的宏伟的推动力量——一方面是君主的力量，另一方面是人民的力量。王族和人民一直在不断攻击它，和它斗争。在不同的时代，人们试图调整它并从中创造出一个多少是合法的、政令统一的国家：在英国，征服者威廉和他的儿子们作了这种尝试；在法国，有圣·路易；在德国，有许多皇帝作了这种尝试。一切尝试、一切努力都失败了。封建社会的本质是跟秩序和合法性相敌对的。在近代，有些知识界人士企图重现封建制度这一种社会制度。他们希望在那里发现一个有法可循的、有规律的、进步中的国家，他们将它看作一个黄金时代。但是要求他们指出这黄金时代的具体时间或具体地点时，他们就办不到了。这是一个没有日期的乌托邦，一出我们在过去时代里找不到舞台、也找不到演员的戏剧。这个错误的原因是不难发现的。它同样能说明那些一提到封建制度就骂的人所犯的错误。这一派和另一派都没有费心去考察封建制度的双重面貌，去区分一方面它对人的个人发展、对思想感情、性格、情欲的影响，另一方面它对社会状况的影响。一派不能相信一个拥有如此多的优美情操和美德、产生了一切文学、而各种习俗又具有某种高贵性的一个社会制度竟是像人们所说的那种邪恶和灾害。另一派则仅仅看到了封建制度对民众所做的错事，它对秩序和自由的建立设置的障碍，而不能相信那些优美的性格、伟大的美德和任何进步竟是它的成果。两派都不懂文明的这个双重要素，它们没有了解文明是由两种发展组成的，一种发展到时候可以不依靠另一种发展而产生，虽然，几个世纪之后，借助于种种情况，它们一定会互相呼应，再度重逢的。

现在说最后剩下的几句话。理论上的封建制度正是实际上的封建制度，理论上指出它很可能产生出来的东西，实际上已产生。个人生命中的个性和活力是罗马世界征服者的主要特征；个性的发展必然首先是他们为自己创立的社会制度的产物。人自己在进入一个社会制度时把自己的内心品质和道德品质也带进了这个社会,从而有力地影响了他的处境。这种处境又反作用于这些品质、加强和发展了这些品质。在日耳曼社会中个人占着重要地位,而日耳曼社会的产物封建社会也为了个人的发展施展它的影响。我们将在文明的不同因素中看到同样的事实:它们忠于它们的原则,按照它们最初进入时的方向推动并驱策这个世界向前进展。在我们下一讲中,5 至 12 世纪期间的教会及其对欧洲文明影响的历史将给我们提供关于这一事实的另一个惊人的例证。

第 五 讲

本讲的目的——宗教是结社的原动力——强迫并不是统治的本质——一个政府的合法理性的条件：1. 权力必须握在最杰出的人的手里；2. 被统治者的自由必须受到尊重——教会是一个社团，而不是一个特权阶级，因而符合这些条件中的第一个条件——关于其中存在的各种任命和选举的方法——它缺乏另一个条件，因为权威的不合法的扩大和武力的滥用——教会内部的思想活动和思想自由——教会与君主们的关系——宗教势力的独立被制定为一项原则——教会篡夺世俗权力的托词和努力

先生们，我们已经考察了封建制度的本质和影响，我们现在要研究的是 5 世纪至 12 世纪的基督教教会。我说，要研究的是教会，我早已强调了这一点，因为我要请你们注意的并不是原来意义的基督教，并不是作为一种宗教体系的基督教，而是作为一个教士团体的教会，而是基督教教士团体。

在 5 世纪时，这个团体几乎已经完全组成。这并不是说从那时以后，它就没有经历许多重要的变革，而是我们可以说，在那个时候，被看作一个社团，一个基督教民众的政府的教会已是一个完全独立的存在。

只需浏览一下就足以使我们知道，在教会的状况与 5 世纪时欧洲文明的另一些成分的状况之间存在着一个巨大的差异。我已

提到了自治城市制度和封建制度、王权和教会，并把它们作为我们的文明的基本因素。在 5 世纪时，自治城市制度只不过是罗马帝国的一块残骸，一个没有生命或没有一定形式的影子而已。封建制度还没有从混乱状态中产生出来。王权仅仅在名义上存在。近代社会的一切文明成分或者在衰败中，或者尚处在婴幼时期。只有教会，既年轻又完成了组建，只有它已具有确定的形式而又保存着早年的一切精力；只有它同时有活动和秩序、精力和规律，也就是得势的两大手段。请问你们，各种机构组织之所以能在社会上占有地位，不是一方面靠精神生活和内在活动，另一方面靠秩序和纪律吗？此外，教会曾讨论过与人类有关的一切大问题，它研究过一切关于人的本性的问题和人的命运的一切机会。因此，它对近代文明的影响是很大的，也许甚至比它的最激烈的对手或它的最热心的捍卫者所猜想的影响都要大些。他们忙于为它效劳或与它作斗争，而仅仅按论战的观点来看它，因此，我想，他们既不能公平地判断它，也不能就其全部广度来衡量它。

基督教教会在 5 世纪时作为一个独立的有组织的社会团体出现，介于一方面是世界的主宰，君王们、世俗势力的拥有者们，另一方面是人民这两者之间，起着它们之间的纽带的作用，同时影响着所有的人。

因此，为了完全了解它的作用，我们必须从三个方面来考察它：首先，我们必须就其本身来考察它，对它究竟是什么、对它的内部组织、对支配它的一些原则和它的本性作出一个估计；然后我们必须就其与世俗的最高统治者、国王们、领主们及其他人的关系加以考察；最后就其与人民的关系来考察它。而当我们从这三重考察中推断出关于基督教，关于它的一些原则、它的处境和它必然发挥的作用的全部情况时，我们就可以请历史来证实我们的主张。我们将看出5至12世纪时那些严格意义上的事实和大事件是否与我们通过研究教会的本性、研究它与世界的主人和人民两者的关系而得出的结果完全一致。

首先让我们来研究教会本身，研究它的内部状况和它的本性。

引起我们注意的第一个事实，也许是最重要的事实是它的存在本身，一个宗教政府的存在，一个教士团体的存在，一个教会组织的存在，一个教士阶层的存在，一个处于祭司地位的宗教的存在。

对许多有识之士来说，一个教士阶层，一个宗教政府，这些字眼本身已经决定了问题。他们认为一个宗教最后形成了一个教士团体，一个依法组成的教士团体，总之，一个被统治的宗教，总的来说必然弊大于利。在他们看来，宗教纯粹是人与上帝之间的一种个人关系，任何时候这种关系丧失了这个特性，任何时候一个外来的权威插进了个人与宗教信仰的对象即上帝之间，宗教就变坏，社会就处在危险之中。

我们决不可不对这个问题作一次考察。为了确定基督教教会产生了什么影响，我们必须知道，一个教会及其教士由于这个社团的本质所决定而应产生什么影响。为了评价这种影响，我们首先必须查明宗教实际上是否纯粹只涉及个人，它除了纯粹是每个人与上帝之间的关系之外是否不会引起某种别的东西，或者它是否必然会成为人与人之间的新关系的一个源泉，从此必然会产生出一个宗教社会和管理那个社会的一个政府。

如果我们将宗教归结为单纯的宗教感情，这种感情是非常真实的，虽然关于其对象有些暧昧、不明确，使我们除了说出它的名称之外，几乎无法说明其特色。它的对象有时是外面自然界、有时是灵魂最幽深处，今天是诗歌，明天是未来的奥秘，总之，它到处漫游，到处寻求以满足自己而没有固定的对象——如果我们将宗教归结为这种感情，则在我看来似乎十分明显，它应该纯粹是个人的事情。这样一种感情可以激起人与人之间的一种暂时的结合，它可以，甚至应该，在同情中找到乐趣，并以此滋养和加强自己。但由于它的波动的和不确定的性质，它不会成为常设的广泛的结社的一个原则，不会发展成为一个具备教义、礼仪和特殊形式的体系；总之，不会引发出一个宗教的社会和政府。

但是，要不是我奇怪地误解了，就是这种宗教感情并不能完全表现人的宗教天性。我认为，宗教是一个不同的东西，不仅仅是刚才说的那种感情而已。

关于人类天性和人类命运，有些问题，其答案是超乎这个世界之外的，因为这些问题所关联到的一类事情不属于这个可见的世界，并且它们总是顽固地折磨着坚定地要解决它们的人的灵魂。这些问题的答案，包含了这一答案的，或至少自以为如此的那些信仰、教条，这些乃是宗教的第一个目的和第一个根源。

有另一条路引导人们达到信奉宗教。对你们中已多少广泛地研究过哲学的人来说，我想，十分明显，道德是独立于宗教思想而存在的。道德上善与恶的区别，避恶而行善的义务，两者都是规律，它们像逻辑规律一样，是人在自己的本性中发现的，它们的原动力是人的自身的原则，正像它们的应用在人的实际生活中一样。

但是这些事实一经决定，道德的独立性一经承认，人类思想中就产生一个问题——道德是从哪里来的呢？它通往哪里？这个赖其自身而存在的行善义务是一个孤立的事实吗？既没有创造者，也没有目的的吗？它是否隐瞒了或毋宁说，它是否向人类启示了一个处在这个世界之外的命运？这是一个自发的和不可避免的问题，通过这个问题，道德必然会引导人类到达宗教之门，并向人类展示一个他没有从那里借取道德的领域。

因此，一方面在关于我们的天性问题中，另一方面在必须为道德找到准许的来源和目的这个必要性中，我们找到了宗教的可靠而丰富的源泉。它以非常不同于有些人所说的那种纯粹是一个工具的面貌出现于人们面前。它作为一个集合体出现——首先，作为人类在自己内心发现的种种问题所引发出来的一组教义；其次，作为符合于那些教义的、并给予自然道德以一种意义和一种准许的一组戒律；第三，作为对人类未来希望的诺言而出现在人们面前。这是真正构成宗教的东西，这是宗教的底蕴，而不是仅仅一种情感形式、一种想象力的飞跃和一种诗歌。

把宗教复原为它的真正要素和精髓之后，宗教就不再作为一种纯粹的个人的事而是作为人们结社的一种强大而有成果的原动力而出现。把它看作一个信仰和教条的体系：真理不只属于一个人，它是普遍的、绝对的，人们一定会共同去寻找它、并公开声明信仰它。把戒律看作和教义结合在一起的东西：一条对个人的强制性的法律就是一条对大家的有强制性的法律，必须传播它，必须将所有的人置于它的控制之下。宗教以它的信条和戒律的名义作出的诺言也是如此，必须广泛传播它们，要求一切的人都去收获它们的果实。于是你们看到宗教社会从宗教的一些基本因素中产生出来。它的产生，自然而必然，体现了强烈的社会感情、宣传思想和扩大社团的最迫切需要。有一个词语表达了这种感情和需要，即“招收信徒”(proselytism)。这个词首先应用于宗教信仰，实际上似乎几乎是专用于宗教信仰的。

宗教社会一旦诞生，就会有一定数量的人根据共同的信仰、法规和希望联合在一起，而社会必须有一个政府。如果没有一个政府，任何社会都不能生存一个星期、一个小时。就在社会成立的那个瞬间，甚至凭它的形成这个事实，它就要求有一个政府，用以宣布共同的真理、社会的契约，并宣传和支持在那真理中产生的箴言戒律。在宗教社会里像在任何其他社会里一样，需要有一个权力机构、一个政府，这个必要性已寓于社会的存在这个事实中。政府不但是必需的，而且会自然地自己形成。我不应花时间来说明政府一般如何在社会中产生和确立。我将仅仅说一说，当事物循着自己的自然规律进展，没有外力干预时，权力总是落到最能干、最卓越的能领导社会向着它的目的前进的那些人的手里。在军事征伐中，最勇敢的人获得权力。在一个社会团体里，探索或善于进取不正是它的目标吗？最能干的人将成为它的领袖。在一切事物中，当整个世界都循着自然的轨道前进时，人的天然的不平等性就会自由地表现出来，每个人就取得他所能占的地位。那么，在宗教方面，人们的才干、能力和力量并不比在其他方面更平等些。某一个人比任何其他人能更好地解释宗教教义并使人们普遍接受，另一个人有更多的威信说服人们遵守宗教戒律，第三个人善于支持和激起人们灵魂里的宗教感情和希望。这种才能和影响力方面的

不平等在世俗社会中能产生权力，在宗教社会中也同样能产生权力。传教士们也会像将军那样崛起并显露头角。这样，一方面宗教政府必然地从宗教社会的本性中产生出来，另一方面，宗教政府随着人类的才能和它们的不平等的分配所产生的效果而自然地发展自己。因此，宗教在人类中一产生，宗教社会就开始发展起来，而宗教社会一出现，它就产生了它的政府。

但现在产生了一种根本性的异议：在这种情况下，无需规定什么，也无需将什么强加于人；没有任何事情是强制性的。没有容纳政府的余地，因为人们需要的是无限制的自由。

有人说，政府之为政府完全或主要在于它发挥力量使其强制性的成分被人服从，我认为这是关于一般政府的一个非常粗野而褊狭的观念。

我离开宗教的观点而来谈谈世俗的政府。我请你们和我一起探索这个简单的事态发展进程。社会存在着：为它的利益和名义有某件事，不管什么事，需要去做；有一项法规需要制定，有一个措施需要采取，有一项决断需要宣布。要满足这些社会需要，肯定也有一种相宜的方式；制定一项好的法规，采取一个好措施，宣布一项好的决断。无论要做的是哪一件事，每一事都有一个必须知道的真理，这一真理定能决定问题的处理。

政府的第一项业务便是探索这个真理，发现什么是公正的、合理的和适合于社会的。一旦找到了，它就宣布这个真理。因此，它必须使人们的头脑里对下列两点有深刻的印象，即第一，政府必须得到自己为之行事的那些人的赞同；第二，它必须使他们相信它的合理性。在这一点上有什么强制性吗？肯定没有。现在假定，关于这事，不管是什么事，应起决定作用的真理已被发现，并加以宣布后，立刻被所有的人相信，所有人的意志都作出了决定，所有的人都承认政府是合理的并自发地服从它。这里仍然没有任何强制性，没有任何使用武力的余地。是否政府并不存在呢？是否在所有这一切中，都没有政府呢？十分明显，有政府，而且它完成了它的任务。只有发生了个人意志的反抗时，只有当政府所采取的意见和程序没有得到大家的赞同和自愿的服从时，才会发生强制行动。那时政府会使用武力使人们服从自己，这是人类的不完善性的必然结果。这种不完善性既存在于统治权力中，也存在于社会中。永远不会有任何方法可以完全避免它，世俗政府任何时候都会被迫而在某种程度上诉诸高压手段。但政府显然不是靠高压手段成立的。任何时候，只要能够不用它，它们就不用它，这对大家都十分有利。诚然，最高的、完美的政府是不用这种高压手段而只使用那些纯粹精神力量的方法，以理服人的方法。因此，政府愈不使高压手段，它就愈忠实于它的真正的本性，它就愈能完成它的使命。它并不因此而像庸俗见解所说的降低了或缩小了权力。它仅仅以另一种方式、以一种远为广泛而有力的方式行事。使用高压手段最多的政府，其所获成就还不及那些几乎完全不使用此种手段的政府。

赢得理解，博取人心，纯粹靠理智的方法行事，政府就不会降低自己的地位而只会扩展和提高自己的地位。因此，它能完成最多最大的事业。相反，如果它必须不断地使用武力，它就会限制和削弱自己的作用，而只能起很小的、而且是非常坏的作用。

因此，政府的精髓并不在于高压手段和使用武力，而首先在于有一套手段和权力，旨在发现适用于每种情况的真理，因为真理才有权统治社会，使人们的心都向它敞开并自愿地采纳它。因此，即使不再需要采取高压手段，甚至高压手段被完全禁止时，政府的必要性和它的实际存在还是完全可以想象的。

好了，这就是宗教社会的政府。毫无疑义，高压手段它是禁止使用的。毫无疑义，它使用武力是不合法的，不论其目的是什么，因为人类的良心是它的惟一领域。但它不会因此而减少它的存在，也不会减少完成我提到的一切行动。它必须发现能解决人类命运问题的是什么样的宗教教义，或者，如果早已存在着一套一般的教义并由此解决了那些问题，那它还须去发现和展示那套教义对每个具体情况产生的结果。它必须公布和维持那些符合于它的教义的戒律，它必须经常就这些戒律进行布道教导，以便当社会乖离它们时，可以使它回过头来。决不允许任何高压手段。这个政府的职责是检查、布道和讲授宗教的美德，并在需要时提出警告或谴责。你可以完全禁止高压手段而依然看到政府组织的一切重要问题在产生和要求解决。例如，是否需要一批宗教官员这个问题，或者是否可以信赖个人的宗教灵感这个问题（这问题在大多数宗教社团和贵格会教徒之间辩论过），将永远存在，也永远需要加以讨论。再例如，在大家同意需要有一批宗教官员之后，是否宁要一种在宗教官员之间实行平等和共同讨论的制度，而不要权力不等的教阶制度这个问题也永远不会停止，因为你已不允许一切教会官员，不论是谁，行使强制性权力。因此，我们应该做的，不是为了获得摧毁宗教政府的权利而解散宗教社会，我们必须承认宗教社会是自然地形成的，宗教政府也是自然地从宗教社会中产生出来

的，而需要解决的问题则是确定这个政府在何种条件下可以存在，以及它的基础、它的原则和它的合法性的条件是什么。对一个必然存在的宗教政府，正如对一切其他政府一样，这才是符合实际的调查研究。

评价宗教社会政府的合法性的条件同评价任何其他政府合法性的条件完全一样；它们可以归纳为两个：

第一个条件，权力必须时刻掌握在最优秀、最能干的人的手里，至少在人类的不完善性所容许的范围之内；应物色散布在社会上的真正优秀人才，请他们出来说明社会的规律并行使权力。第二个条件，合法组成的权力机构应尊重作为它行使权力的对象的人们的合法自由。一般政府，不论是宗教的还是世俗的政府，其价值全在于这两个条件，即一个形成和组织权力机构的良好制度和一个良好的自由保证制度。一切政府都应按此准则来判断其合法性。

因此，我们不应辱骂教会或基督教社会的政府及其存在，而应去了解它是如何组成的，它的原则是否符合一切良好政府的这两个基本条件。让我们按此双重观点来考察教会。

关于教会势力的形成和传递，有一个人们在谈到基督教教士时常常使用而我想抛弃的一个字，这个字就是 Caste[门阀]。这群教士官员往往被人称为门阀。环顾世界，任何一个已产生了门阀的国家，例如印度或埃及，你们可以看到，门阀在任何地方都是世袭的，同样的职位、同样的权力，由父亲传递给儿子。凡是没有继承权的地方都没有门阀而有社团。社团精神有其不便之处，但它与门阀的精神大不相同。门阀这个字不适用于基督教教会。教士的独身生活使基督教教会不能成为一个门阀。

你们已在某种范围内看到这个差异的结果。垄断是不可避免地附着于门阀的制度、附着于世袭这个事实上的。这是门阀这个词的定义造成的结果。如果同一职位和同一权力已在同一家族中成为世袭,那么,十分明显,种种特权必定归属此家族,谁也不能非其血统而取得它们。事实上,实际情况就是如此。任何地方、宗教政府落入了一个门阀手里,它就成为一个特权问题。除了属于这个门阀的各家族,他人谁也进不了这个政府。像这样的事在基督教教会里不会遇到,那里不但找不到此类事情,而且教会不断地支持一切的人平等参加她的一切职务和高位,不管他们的血统如何。教会的事业,特别从5世纪到12世纪,都是向大众开放的。教会从一切阶层,既从低级的也从高层的招募人员。在她的周围,一切势力都愿意在特权制度下过日子,只有她主张平等和竞争的原则,只有她要求一切具有合格的优越性的人去掌权。这是由于她是一个团体而不是一个门阀而必然造成的第一项伟大成果。

此外,在门阀里有一种固有的精神,即停滞不动的精神。这一断言无需任何证据。打开任何一部历史,你就可以看到,停滞不动的精神在一切社会里,不论是政治社会还是宗教社会,凡是门阀制度占统治地位的地方,都打有深刻的烙印。诚然,惧怕进步是在某一时代引进来的,而在某种意义上也引进了基督教教会,但我们不能说它在那里已占着统治地位;我们不能说基督教教会一直留在停滞不动的状态。在许多长的时期里,它一直处于活动和进步的状态。这有时候是外界反对势力的攻击所激起的,有时候是由于在内部受到改革和发展的愿望的驱使。整个说来,这个社会有一个不断改变和向前进展的、丰富多彩的历史。毫无疑义,一切人都可以平等地参加教会的职务和教会不断地按照平等的原则招募人员,这种做法大大有助于在其内部保持和激发它的生命和活动,以防止停滞不前的精神占了上风。

容许一切人士去掌权的教会如何能保证他们具有这种权利呢?她又如何能从社会中发现合格的优秀人士并请他们出来分担管理的工作呢?

有两种原则在教会里生效:第一种,由上级选拔下级——选择和任命;第二种,由下属人员选举上级人员——即原来意义上的选举,亦即我们今天所理解的这种事。

例如,牧师的任命,就是使一个人成为牧师的权力仅仅属于上级。选拔之权是由上级对下级行使的。因此,在某些圣职的委任方面,包括依附于封建特权上的那些圣职,任命者都是上级——国王、教皇或领主贵族。在其他情况中,实施的是原来意义上的选举的原则。主教们在很长时间中、甚至在我们这个时代中,仍然常由教士团体选举产生,有的甚至由会众干预其事。在修道院内部,修道院院长是由修道士选举的。在罗马,教皇是由红衣主教团选举的,而且有一个时期,甚至整个罗马的教士都参加选举。因此,你们看到这两种原则——由上级选拔下级和由下属人员选举上级——在教会里,特别在所研究的时代里,都已被承认和执行。通过这两种方法中的这一种或另一种,教会任命行使一部分教会权力的人员。

这两种原则不但是并存的,而且又因基本上不同,它们之间还有斗争。经过了许多个世纪和许多沧桑变化之后,由上级任命下级的做法在基督教教会中赢得了胜利。但从5世纪到12世纪，仍然盛行的大体上是另一种原则，即由下属人员选择上级。看到如此不相似的两种原则的并存也不必吃惊。注视一下一般社会、世事的自然态势以及权力在其中传递的方式，你们就会明白，这种传递的实施有时是依据这两个原则中的这一个，有时是依据其中的另一个。教会并不产生它们，她是在上帝对人世间事情的管理中发现它们的，就拿来用了。两个原则各有其真理和用途，它们的结合常是发现合法权力的最好方法。我认为，这两者之一，即由上级选拔下属这原则竟在教会中争得控制权是一大不幸。可是，第二个原则，虽然从未全面实行过，仍以各种名称取得了或多或少的成就，在各个时代里都曾被再次提出来，为了无论如何要表示一下抗议，也为了阻挠一下命令。

基督教教会在我们所研究的这个时代里，由于它尊重平等、尊重合格的优秀人士，取得了很大的势力。它是大众最欢迎、最易接近的社会团体，它向一切才能、一切人性中的崇高志向开放。它的势力大部分由此产生，远比它从它的财富或从它常常使用的不合法手段中取得的为多。

至于良好的政府的第二个条件，即对自由的重视，人们还有许多希望要教会做的。

两个坏原则在教会中相遇；一个是自认的并可以说编入了教会的教义之中；另一个被人类的弱点引入了教义之中，但并非是教义的一个合法后果。

第一个坏原则是否认个人理性的权利，声称在信条通过整个宗教社会传递下去的过程中，任何人都无权自行作出判断。制定这条原则容易，要它实际上通行却不易。一种信念不会进入人类的头脑，除非头脑允许它进入；它必须使自己成为可以接受的。不论它以何种形式出现，不论它使人想起了什么名称，理性会衡量它。如果信条流行了，这是由于理性接受了它。因此，不论它们以什么方式隐藏起来，个人的理性总会去检查人们企图强加于它的那些思想。诚然，理性可能改变，它可能在某种程度上自暴自弃，它可能被诱惑而误用了自己的才能，或者不充分发挥它有权使用的才能。这些实际上都是教会所承认的坏原则造成的后果。但是，至于这条原则的纯粹而完全的影响力，它从未、也从不可能充分实施。

第二个原则是教会擅取的强迫权——这一权利是违反宗教社会的本性、违反教会的本源和她的原始准则的——这一权利曾被许多最著名的神父们，圣·安布罗斯、圣奚拉里、圣·马丁等驳斥过，但仍然流行而且成为一个显要的事实。声称有权强迫人信仰（如果这两个词能并行不悖的话），或用体罚迫使人信仰，迫害异端，蔑视人类思想的合法自由，这是一种甚至在5世纪之前就已传入教会的错误。它使她付出了昂贵的代价。

因此，如果我们联系到她的成员的自由这方面来考察教会，我们就会看出，她在这一点上的原则比起当初建立教会权力时起主导作用的原则，显得不太合法，不太有益了。[①] 再也没有比逻辑更能歪曲历史的了：当人类的头脑停留在一种思想上时，它能从这种

① 然而，决不可认为一项坏原则就此从根本上破坏了一个机构组织，也不可认为它是教会内部一切弊端的原因。

思想引出千万种结果来，使它产生出可能产生的一切影响，并将它连同全部后果写进历史中去。但事情不是这样发生的；一切事件的演绎过程都不像在人类头脑中进行的那样迅速，一切事物中都有善与恶的混合，这种混合如此深刻而不可战胜，不论你深入何处，当你深入社会或灵魂的最隐蔽的因素中去，你会发现这两类存在的事实并行发展着、斗争着，但谁也消灭不了谁。人类的本性从来不趋向极端，不论是坏的还是好的，它不断地往返于两者之间。当它似乎要倒下去时，它却站了起来，而当它脚步似乎走得最稳时，它却委顿起来。我们将在这里看到我们把它说成是欧洲文明的基本特征的那种不一致、多样性和斗争的特性。还有另一个一般的事实也是教会政府所特有的，必须加以注意。

今天，当统治的观念出现在我们面前时，不论它是什么观念，我们知道，除了管理人的外部行动——人与人之间的世俗民间关系之外，已没有任何其他实行统治的借口。政府声称的职能仅止于此。关于人的思想、人的良心和严格意义上的道德，关于个人意见和私人生活方式，它们并不干预；这些都属于自由的范围。

基督教教会做的或希望做的事恰恰与此相反，她着手去控制自由、私人生活方式和个人的意见。她没有制定一套像我们的法律那样的法规，只规定哪些是道德上该受谴责而同时又对社会有危害的行动，只按照这些行动具有这种双重性的程度而加以惩罚。教会编制了一份在道德上该受谴责的一切行动的目录，加以罪恶之名而一概予以惩罚，其意图在于压制一切不道德行为。总之，教会的政府不像近代的政府那样只管外表的人，只管纯粹属于人与人之间的民间关系，而是管人的内心、思想和良心，也就是要管人的一切最秘密的、最自由的和反对强制的叛逆思想。因此，教会由于她的事业的本性和她建立政府所根据的某些原则，具有成为暴君和使用不合法力量的危险。但同时这力量遇到了一个它所不能消灭的阻力。人道的思想和自由，不管留给它们的活动余地是多么小，生气勃勃地反抗一切想压服它们的企图，时刻逼迫它们所忍受的专制制度让位。于是，在基督教教会内部就发生了这样的事。你们已经看到，异端遭放逐和禁止、心灵探索受谴责、个人理性被轻视和必须遵照权威的规定传授教义等等。然而，请你们指出一个社会来，在那里个人理性的发展比在教会里更大胆！什么是宗派和异端，如果它们不是个人意见的话？宗派和异端，教会里的一切反对派是教会里占主要地位的道德生活和道德活动的无可置辩的证据。这是一种暴风雨般的苦痛的生活，布满危险、错误、罪行，但却是高贵而强有力的生活，引起了思想和智力的最好发展。撇开反对派，仔细看一下教会政府本身。你们就会看到它是按照一种非常不同于它的某些原则所表明的方式组成和行事的。它不承认探索的权利并想剥夺个人理性的自由，然而它不断地诉诸理智，而自由是它的主要事实。它的机构制度和行动手段是什么呢？省级会议、全国性会议、教会全体会议、不断的书信往来、不断地发表书信、诫训和著作。从未有过一个政府把讨论和共同商议进行到如此规模的。我们简直以为，自己置身于希腊各哲学学派之中了。然而，这不光是在进行讨论或是寻求某个问题的真理而已，它涉及关于权威、采取措施、颁布法令等问题，一句话，一个政府的问题。在这个政府的内部，智力生活的力量已如此强大，使它成为主要的和普遍的事实，而其他一切力量不得不让步。普照四方的是理性

和自由的运用所放射的光芒。

我的用意绝不是说，我列举的那些坏原则仍存在于教会制度中而丝毫不起作用。它们在我们现在研究的这个时期里已经结出了太苦的苦果，并命定在较后的一个时期里结出更苦的苦果；但它们没有做尽它们有可能做的一切坏事，它们没有将生长在同一块地里的良好作物全都窒息死。就其本身、就其内部结构和本性而论，教会的情形便是如此。我现在要谈谈它与君主们、世俗权力的主人们的关系了。这是我约定要考察它的第二个方面。

当帝国败落时——教会在其中诞生、兴起，与之持有共同习惯和古老联系的古罗马制度和政府消亡了，教会面临的是那些在各地游荡或在自己的城堡里定居的蛮族国王和酋长，没有任何传统、任何信条或情感将教会和他们联结起来；这时教会的危险是很大的，她的恐惧也同样的大。

有一个主意在教会里渐渐占了支配地位：这就是占领新来者的心，转变他们的信仰。开始时，教会与蛮族人之间的关系几乎没有任何其他目的。为了影响蛮族人，必须诉诸他们的感官和想象力。因此，我们看到，这个时期在敬神仪式的次数、隆重程度和多样化方面有过一场大辩论。历史文献证明，这是教会影响蛮族人的主要手段。她用富丽堂皇的景象转变他们的信仰，当他们定居下来并转变信仰后，当他们与教会之间有了某种关系后，她仍不停地为他们做许多危险的事。但蛮族人的横暴恣肆竟到如此程度，以致用来启发他们的一些新的信条和思想感情，对他们几乎没有产生什么影响。暴力重新占了上风，教会也像社会其余部分一样成了它的牺牲品。她为了保护自己，宣布了一条从前在帝国治下制定得比较含糊的同一原则——这就是教会权力与世俗权力的分离和相互独立。就是靠着这条原则，教会在与蛮族人的联系中得以自由自在地过日子。她主张，武力不能施行到信条、希望和宗教许诺的体系上；宗教世界和世俗世界是截然不同的。你们立刻可以看到这条原则所造成的有益结果。除了它给教会带来的世俗利益之外，它还有这种不可估量的效果，即在权利的基础上产生出了权力的分裂和互相分开控制权力。此外，在给予知识界整体的独立以全面的支持之际，教会也为知识界个人的独立——思想的独立，铺平了道路。教会说，宗教信条的体系决不能受武力的支配，每个个人都可以决定如何将教会的语言应用于自己的情况。这一自由探索的原则，个人思想自由的原则，完全与总的宗教权力独立于世俗权力的原则是一样的。

不幸的是，对自由的渴望很容易转变为对支配的贪欲。它就这样在教会内部发生了。由于野心和人的自尊自负的自然发展，教会不但企图使人们永远接受宗教权力的独立，还企图使人永远接受它对世俗权力的支配。但切不能认为，这个意图除了人类天性的弱点之外，就没有其他来源了。还有另一些很值得知道的深刻的来源。

当自由在知识界里处于支配地位时，当思想和人类的良心不受制于一个反对它们有权辩论和决定、或对它们使用武力的权力时，当没有可见的合法的宗教政府要求和行使支配意见的权利时，由宗教界统治世俗界的观念是不可能存在的。当前世界的现状几乎便是如此。但当存在着，像在10世纪时存在过的那样，存在着一个宗教界的政府时，当思想和良心受制于霸占着支配和约束它们的权利的法律、机构和权力时，总之，当宗教权力是合法的权力时，当它凭权利和力量实际上占领了人的理性和良心时，它当然会担当起对世俗世界的统治，它会说——“怎么样，我对人的最崇高而独立的内心、对他的思想他的内心意志和他的良心都有权利和影响力，难道我对他的外部的一切、物质的和一时的利益会没有权利！我是正义和真理的解释者，难道不允许我按照正义和真理管理世界事务吗?”凭着这种推理，宗教界肯定想篡夺世俗界的权力。从当时宗教界包罗了人类思想的每一个发展这个事实来看，这一点更加可以肯定。那时只有一种科学，那就是神学。只有一个宗教界，那就是神学界。所有其他科学、修辞学、算术学、甚至音乐，全都包括在神学之中。

因此，宗教势力发现自己处于一切人类思想活动的最前面，当然就霸占了对世界的管理权。同样有力地导向这个结果的第二个原因是世俗界的可怕的状况，即在世俗社会的政府中盛行的暴力和罪恶。

许多世纪以来，我们轻松地谈到世俗势力的权利，但在我们现在考察的那个时代，世俗势力纯粹是武力，即无法驾驭的土匪行径。教会呢，不管她的见解如何不完善，仍然关心着道德和正义，所以她无限优越于像这样的一个世俗政府。人民的呼声不断地在逼迫她取而代之。当一个教皇或主教们宣布说，某一个君主已经丧失其权利而他的臣民们已解除了他们向他效忠的誓言时，毫无疑义会遭受到各种辱骂，但在某些具体情况下常常是合法而有益的。一般而论，当自由使人类失望时，有责任来取代它的是宗教。10 世纪时，人民还无法保卫自己，用不上自己的权利来抵抗世俗的暴力,宗教便以上帝的名义进行干预。这是最有助于神权政治原则取得胜利的原因之一。

第三个我认为极难得有人谈到的原因是教会的头头们的处境的复杂性,他们在社会中出现的面貌的多样性。一方面,他们是高级神职人员,宗教界的成员和宗教势力的一部分,凭此头衔,他们是独立的;另一方面,他们是封臣,因此,他们受世俗封建契约的约束。这还不是原因的全部,他们除了是封臣之外,还是臣民;罗马皇帝与主教、教士之间的某部分古老的关系现在已转变为教士与蛮族君主之间的关系。由于一系列过于冗长而难以细说的原因,主教们在某种程度上已将蛮族君主们看作罗马皇帝的继承者,而将自己的一切特权归因于他们。因此,教士的头头们有三重身份:一种教士的身份,因此,他是一个独立的人;一种封建贵族的身份,有此身份就得尽某些义务并得到某些服务;最后,一种简单的臣民的身份,有此身份就得服从一个专制君主。现在请注意其结果。贪婪和野心都不亚于主教们的世俗君主们利用自己作为领主或君主的权力侵犯宗教的独立性,夺占牧师职务的委任权和主教提名权等等。主教们这方面,顽固地守住自己的宗教独立性,以逃避作为封臣或臣民的义务。因此,在任何一方面,都有一种几乎不可避免的倾向促使君主们去摧毁宗教的独立性,同时促使教会的头头们将宗教的独立性作为统治天下的一种手段。

其结果已在谁都知道的这些事实中显示出来:在关于神职授权的争夺中,在教士与帝国的斗争中显示出来。教会首脑们的各种不同情况和使他们和解的困难,是这一权力之争的不确定性和发生争论的根源。

最后，教会与君主们之间还有第三种关系，这种关系对教会是最不利的，也是最不幸的一种关系。她提出了共同行动的要求，以及取得约束和惩罚异端的权利，但她无法办到这一点。她没有可由她支配的物质力量；当她判决了一个异端分子时，她无法执行对他的判决。她能做什么呢？她求助于所谓的世俗权力的帮助。她借用世俗权力的武力作为共同行动的手段，从而使自己处于一种依附世俗权力的卑下处境。她由于采取了共同行动和迫害异端的坏原则而沦于可悲的困境。

还有一件留给我做的事就是使你们知道教会与人民的关系，在人民中间流行的是什么原则，它对一般文明造成了什么结果。以后，我将试图用历史、事实和 5 至 12 世纪教会命运的沧桑变化，来证实我们在这里根据它的机构制度和原则的性质得出的一些推论。

第　六　讲

本讲的目的——教会内部分为统治一方与被统治一方——世俗人士对教士的间接影响——教士是从社会上各种身份的人中招募而来——教会对公共秩序和立法的影响——悔罪制度——人类心智的发展完全是神学的发展——教会通常列身于权势这一边——这是不足为奇的；宗教的目的就是控制人类的自由——从5世纪到12世纪教会的不同状态——第一，帝国的教会——第二，蛮族的教会；两种权力分离原则的发展；修道士会——第三，封建教会；试图健全组织；需要改革；格列高利七世——神权教会——探索精神的复兴；阿培拉尔——自治市镇运动——这两个事实之间没有联系

先生们，我们上次聚会时未能结束对5至12世纪教会状况的研究。前曾决定应从三个主要方面加以考察——首先，仅仅就它本身，就其内部组织，就其作为一个独特的、独立的社会团体；其次，就其与君主和世俗势力的关系；最后就其与人民的关系加以考察，——我们仅仅完成了这件工作的最初两部分。现在留给我们做的是使你们从教会与人民的关系方面认识教会。以后，我们将努力从这三种研究中得出一个5至12世纪教会对欧洲文明影响的一个总的概念。最后我们要通过对事实的检查、通过这个时期教会本身的历史证实我们的主张。你们不难理解，在谈到教会与人民的关系时，我不得不仅用一些非常一般性的词语。我不能详

细阐述教会的种种实际做法或教士和信徒之间的日常关系。我必须告诉你们的是教会的制度及其对基督教民众的行为所根据的主要原则及产生的重大作用。

在教会和人民之间的关系上，有代表性的事实和根本性的缺点（我们必须这样称呼它）是：1. 统治一方和被统治一方的分离；2. 被统治者在其政府中处于无权无势的地位；3. 基督教教士对信徒的独立不群状态。

这个弊病一定是人和社会的状况引起的，因为我们发现它在一很早的时期就已被传入基督教教会。教士与基督教人民的分离在我们现在研究的那个时期尚未达到极点。在某些场合，例如在选举主教时，至少在若干事例中，有基督教人民干预其政府的事。但这种干预逐渐减少，日益难得发生，从 2 世纪起开始显著地衰落了。教士趋于隔离和独立的这种倾向，在某种程度上就是教会本身从其婴幼时期起的历史。不能否认，从那时起产生了更多的各种弊病。这些弊病在这个时期而更多的在较晚的时期里，使教会付出了十分高昂的代价。但是我们不应完全将它们归因于这一点，也不应将这种脱离教众的倾向看作基督教教士所特有的。在宗教社会的本性中存在着一种强烈的倾向，要把统治者提高到远远高过被统治者的地位，并将某些独特的神圣的性质归诸前者。这是他们所负使命和他们在人民眼前出现的身份地位造成的结果，而这样一种结果在宗教社会中比在任何其他社会中更令人痛心。对被统治者存亡攸关的是什么呢？他们的理性、他们的良心、他们的未来命运，也就是说，是他们最亲近、最有个性和最自由的部分。在某种程度上，我们可设想，虽然巨大的弊病可能由此造

成，一个人还是可能将对自己物质利益和尘世命运的导向放弃给某一外在的权威。我们可以了解这位哲学家，当人们赶来对他说他家里着火了，他回答说，“去通知我的妻子，我不干预家务事。”但当事情发展到良心、思想和内心生活，发展到放弃自治而把自己交给一个外在的力量时，这真正是一种精神自杀和奴役，比对肉体和土地的奴役坏上百倍。可是这种弊病就是如此，它虽然像我即将指出的那样并没有全面流行，但已逐渐在基督教教会与其信徒的关系方面篡夺了教会。你们已经看到，对教士们自己来说和在教会内部，是没有任何自由的保障的。到了教会以外和在俗人中间，情况就更加恶劣了。而在教士中间至少有讨论、商议和个人才能的表现；在那里，争论的兴奋满足了自由的需要，而在教士和人民之间就完全没有这样的事。世俗人士是作为纯粹的旁观者而参加教会的管理的。因此，我们看到，在一个很早的时期里产生并流行了这样一种观念，即神学和宗教问题和宗教事务是教士们有特殊权益的领域，惟有教士有权不但决定而且完全参与其中；无论如何，世俗人士不可能有任何一种干预的权利。在我们研究的这个时期里，这种理论已完全得势。要征服它、要把宗教问题和科学拿回到公众领域里来，需要几个世纪的时间和几次可怕的革命。

那时，在原则上和事实上，教士和基督教人民的合法的分离在12世纪之前已几乎完成。

可是，我不希望你们认为，甚至在这个时期，基督教人民在其政府中已完全没有势力。合法的干预确实没有，但并不是势力也没有，这在任何政府中都几乎是不可能的，在一个建立在统治者与被统治者共同信仰上的政府中，尤其如此。凡是这种共同思想发展的地方，或是政府和人民方面都在开展一种类似的知识运动的地方，它们之间一定存在着一种联系，这种联系是组织方面的任何弊病所不能完全摧毁的。为了清楚地表明我的意思，我要从政界方面举一个接近我们时代的例子：在法国历史上，没有一个时代法国人民通过各种机构和制度对其政府发挥的合法的影响要少于路易十四和路易十五治下的17、18两个世纪。

谁都知道，在这个时期，国家在行使权力方面几乎一切官方的和直接的势力都已灭亡。然而毫无疑问，人民对政府的影响远远大于其他时代——例如那些时代，那时的三级会议是常常召开的，那时议会在政治上起着十分重要的作用，那时人民合法共享到的权力要大得多。

这是因为有一种法律无法禁止其运行的力量，这种力量必要时没有各种机构制度也照样能发挥其作用：它就是思想的力量，公众头脑的力量和舆论的力量。法国在17、18世纪时有一种舆论比任何其他时代的都强大得多。它虽然被剥夺了法定的手段以作用于政府，它能间接地通过支配思想而起作用，因为思想对统治者和被统治者同样是共同的，而统治者也感觉到不能不注意被统治者的意见。从5世纪到12世纪，在基督教教会内发生了类似的事。诚然，基督教人民缺乏合法的行动，但在宗教问题方面有一个强大的思想运动，这个运动使俗界人士与教士们结合起来，同时通过这个手段，人民对教士也发挥了影响。

在历史研究的一切情况中，必须把间接影响看得非常宝贵，它们比通常料想的有效得多，同时也有益得多。当然，人都希望他们的行动是迅速而显著的，希望分享行动的成就、权力和胜利的快乐，这并不总是可能的，甚至并非总是有用的。有些时候、有些处境中，只有间接的和看不见的影响是可取的和行得通的。我要从政界中举出另一个例子来。英国议会，特别在1641年，像处于同样危机中的其他许多议会一样，不止一次要求直接提名国王的主要官员、大臣和国事顾问等。它将这种政治上的直接行动看作一种巨大而宝贵的保证。它有时行使这种特权，但往往得到的成就不佳。人选既没有一致商定，事务也没有管理好。但是今天的英国怎么样了呢？决定政府的组成和国王的大臣的提名不都出自议会的影响吗？当然是的，但那是一种间接的笼统的影响，而不是特殊的干预。英国长时期来追求的目的达到了，但用了一种不同的方法，而首先试用的方法从未起过有益的作用。

这事有一个原因，请容许我就此原因多说几句。直接行动要求那些受托的参与者具有非同一般的见识、理智和审慎，因为他们要的是立竿见影的成效，就必须有把握不会不击中目标。与此相反，间接的影响必须通过一些障碍，在经受了约束和纠正它们的考验之后才能发生作用。它们在获得成功之前，必然要经过讨论，要受到反对和控制。它们的胜利来得非常慢而且在某种程度上是有条件的胜利。因此，如果人们的头脑不够灵敏、不够成熟、不能保证他们的直接行动万无一失的话，那么间接的影响，虽然往往是不够的，但仍然是可取的。因此，基督教人民虽只在一个我认为非常狭隘的范围内、非常不完善地影响了他们的政府，但他们仍然影响了它。

教会之与人民接近，还有另一个原因，这就是，基督教教士可以说是分散在社会各个阶层里的。不论何处都是这种情况：每当一个教会在没有其辖区人民参与的情况下建立起来时，其全部教士几乎是属于差不多同样处境的人；这并不是因为他们之间不存在大的不平等，而是因为，整个说来，教会政府属于那过着相同的生活、并从教堂深处管辖着处在其法律之下的教民的那个教士集团。基督教教会的组织与此有很大的差别。从封建城堡脚下的农奴的悲惨聚居区直到国王的王宫，每处都有一名教士，集团的成员之一。教士与各种身份地位的人都有联系。基督教教士这种互不相同的处境、这种参与各种命运的生活，一直是使教士与世俗人士团结在一起的一个重要原因。这个因素在大多数执掌权力的宗教教会中是从未有过的。此外，主教和教士的首领们，像你们看到的那样，也参加封建组织，他们既是教会结构的成员，同时又是世俗结构的成员。因此，同样的兴趣、习惯和生活方式已成为俗界和宗教界双方共同的东西。对那些上战场的主教和过俗人生活的教士曾有过许多怨言，当然是很有理由的。这确确实实是一大弊病。但这个弊病仍远没有别处的那种从不离开教会、生活完全和社会隔开的教士的那样严重。以某种方式牵连在世俗争执中的主教们远比那些完全不了解人民和人民的一切事务和生活方式的教士要有用得多。在这种关系下，教士与基督教人民之间建立起一种命运和处境上的平等，如果不是纠正，至少也减轻了统治者与被统治者分离这个弊害。

这种分离一旦被承认，同时其范围也被确定后，我们就要来研究基督教教会的管理方式和它如何对其指挥下的人民发生作用。一方面，它如何有助于人的发展，有助于人的内心的进展；另一方面，它如何有助于社会状况的改善。

至于个人的发展，正确地说，我认为，在我们考察的那个时代，教会对这件事并没有操多少心；它努力以较温和的思想感情启发世上有权势的人，使他们与弱者之间的关系更合乎正义。它在弱者间维护一种精神生活，一种比他们日常命运判给他们的更高尚的思想感情和希望。但我仍然认为教会在这个时期并没有为个人的发展和增加人的个人本性的价值做很多的事，至少没有在世俗人中间这样做。它所做的事仅限于宗教社会；它很关心教士团体的发展和教士个人的教育。它为他们建设了学校和可悲的社会状况所许可的一切机构设施。但它们都是专供教育教士用的教会学校，除此之外，教会只间接地、迟缓地对思想和生活方式的进展发生作用。毫无疑义，它通过它认为能为它服务的一切人开放的事业，激发了一般的思想活动；但这已是它在这个时期对世俗人的智力发展所做的一切了。

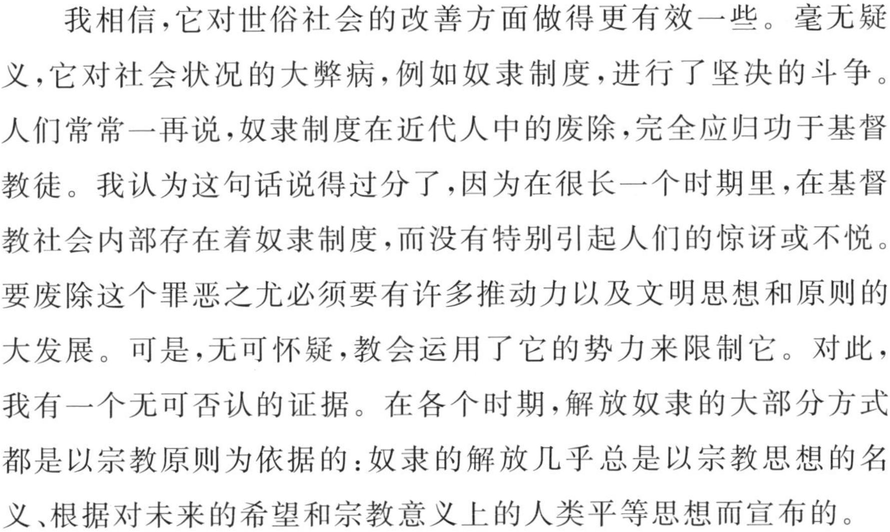

我相信，它对世俗社会的改善方面做得更有效一些。毫无疑义，它对社会状况的大弊病，例如奴隶制度，进行了坚决的斗争。人们常常一再说，奴隶制度在近代人中的废除，完全应归功于基督教徒。我认为这句话说得过分了，因为在很长一个时期里，在基督教社会内部存在着奴隶制度，而没有特别引起人们的惊讶或不悦。要废除这个罪恶之尤必须要有许多推动力以及文明思想和原则的大发展。可是，无可怀疑，教会运用了它的势力来限制它。对此，我有一个无可否认的证据。在各个时期，解放奴隶的大部分方式都是以宗教原则为依据的：奴隶的解放几乎总是以宗教思想的名义、根据对未来的希望和宗教意义上的人类平等思想而宣布的。

教会同样为禁止许多野蛮习俗和改善刑法和民法做了一些工

作。你们知道，当时这种法规是多么荒谬而可笑，虽然其中有些自由的原则。你们也知道有些考验是多么可笑，例如解决争端的决斗，甚至几个人的简单誓言，都被看作明了真相的惟一手段。教会力图用比较合理和正当的方法代替它们。我早已谈到过主要由托莱多会议发表的西哥特人的法律和其他蛮族法律之间的差异。将它们加以比较，就不能不看到教会在立法、司法和一切涉及对真理和人类命运的探索方面的思想的巨大优越性。这些思想无疑是从罗马的法规中借来的，但是如果教会没有保存和保护它们，如果教会没有加以传播，毫无疑义，这些思想早就会灭亡。例如，关于诉讼程序中使用誓言；打开西哥特人的法典，你们就可以看到它用得多么聪明：

“为了解案由，法官可先审问证人，而后检验呈辞，以便确切明悉真相，若无必要，则无须听取誓言。查明真相需要仔细检查双方呈辞，并不可事先使双方知道是否需要誓言，方能出其不意，获取真情。惟有在法官具备任何呈辞证据或其他有关真相的确凿证据时方可执行誓言。”(For. Jud. l. ii. tit. 21)

在刑事案件方面，惩罚与犯罪之间的关系是按照非常公正的哲学概念和道德概念决定的。人们可以在那里认出一个与暴力和欠考虑的蛮族作风斗争的开明立法者的业绩。《论杀人和处以死刑》这一章，同其他民族与此相应的法律比较起来，是一个非常值得注意的例子。在别的地方，看来构成罪行的是造成的伤害，而惩罚总是处以金钱性质的物质补偿。然而，在这里，罪行已归结为它的真正的道德因素，即意向。罪行的各种不同的层次：绝对的过失杀人罪，疏忽杀人罪，被激怒者杀人罪，有预谋的或是没有预谋的杀人罪，都有所区别和界定，几乎像我们法典中的一样正确，惩罚也恰如其分的不同。立法者的公正还不止于此。他试图，如果不是取消，至少想减少蛮族法律规定的人的法律价值的多样性。他惟一保持的区别是自由人与奴隶的区别。关于自由人，惩罚既不按照血统，也不按照死者的社会地位，而完全按照他在道义上应受的谴责的不同程度。关于奴隶，他虽然不敢剥夺主人的生杀之权，但至少企图加以限制，使受制于公开和正常的诉讼程序。这条法律的原文值得引录。

“如果没有一个犯罪的罪犯或从犯可以不受惩罚，那么我们更有充分理由对那些轻率和故意杀人的人判罪！因此，由于主人们往往出自狂妄将无辜的奴隶处死，理应将这种放肆行为完全根除，同时我们规定，一切人必须永远遵守本法律。任何主人或女主人不经公开审判均不得处死任何一个他们的男女奴隶或依靠他们的人。如果一个奴隶或其他仆人犯了死罪，则其主人或原告应立即通知犯罪当地的法官或伯爵或公爵。对这事进行调查后，如果罪行属实，应通过法官或其主人，对罪犯执行他应得的死刑判决。可是，如果法官不愿处死被告，则他应提出一份书面的死刑判决书，由罪犯主人自己决定杀死他或饶他一命。同时，如果这个奴隶胆大包天，在反抗其主人时竟用武器或石头打他或企图这样做，如果这个主人出于自卫，盛怒之下杀了这个奴隶，则主人不应受到杀人罪的惩罚，但必须经过可能在场的男女奴隶的证言或誓言和肇事者本人的誓言，证明这确是事实。任何人纯粹出于恶意亲手或借他人之手不经公开判决杀了他的奴隶，则应视为可耻，并取消其作证资格，应予以终身流放或悔罪处分。他的财产将按照法律规定

归他的最近的继承人所有。”(For. Jud. I vi. tit. v. 12.)

在教会的种种制度中有一个事实一般说来尚未得到充分注意,这就是悔罪制度。这个制度,由于它关于刑法的原则和应用方面完全符合近代哲学思想,今天研究时尤其令人感到惊奇。如果你们研究教会惩罚的本质和作为其主要惩罚方式的公开忏悔,你们就会看出,其主要目的是在罪犯的灵魂中激起悔罪之心,并通过示范使旁观者感到道德上的恐怖。还有另一个思想和它混合在一起,这就是赎罪的思想。我不知道,总的来说,是否可能使赎罪的观念和惩罚的观念分开,而在一切惩罚中,除激起罪犯的悔悟和以儆效尤的必要性之外,是否没有一种隐蔽而迫切的赎罪要求。但是,抛开这个问题不谈,十分明显,悔悟和儆戒是教会在其整套悔罪制度中提出的目的。这岂不也是真正明达的立法的目的吗?本世纪和上世纪最开明的法学家不也是以这些原则的名义提倡改革欧洲刑事法规的吗?打开他们的著作,例如边沁的著作,你们就将为其中提出的刑罚方法和教会使用的刑罚方法之间的一切相似之处感到惊异。他们的想法肯定不是从教会引进的,教会也不可能预见有一天最不敬神的哲学家们的方案会得益于她的榜样。最后一点,教会通过各种方法努力阻止社会中的暴力和不断的战争。谁都知道上帝的停战和无数类似的措施,教会就是通过这类措施反对使用武力并将更多的秩序和温和引入社会的。这些事实已非常著名,无须我来详细阐述。我必须告诉你们的关于教会与人民间的关系,其要点便是如此。我已从我宣布的三个方面来考察它,并已从其内部组织与其双重地位方面得到一种内向和外向的知识。现在留给我们做的事是根据我们的知识用归纳法和臆测去推

断它对欧洲文明的总的影响。如果我没有弄错的话，这项工作几乎已经完成，或是至少已经取得了长足的进展；因为只要说明了教会的主要事实和主要原则，也就展示和阐明了它的影响。在一定程度上，结果已经随着原因掠过你们的视线。如果我们还要总结一下的话，我想我们可以得出两个概括性论断。

第一，教会必然已对近代欧洲的道德界和知识界，对公众的思想感情和生活方式发挥了巨大的影响。

事实很明显，欧洲的道德和智力的发展基本上是神学的发展。回顾5世纪至12世纪的历史，支配和指导人类精神的是神学。一切思想都打上了神学的印记；哲学的、政治的和历史的问题全都根据神学的观点来考虑。教会在知识界里是万能的，甚至数学和自然科学都被认为是从属于教会的教义的。直到培根和笛卡儿，神学的精神在某种程度上一直被认为是流在欧洲世界血管里的血。英国的培根和法国的笛卡儿第一次使知识超越了神学的道路。

同样情况在文学的各部门也很显著；神学的风俗习惯、神学的思想感情和神学的语言，在每一步上表现出来。

整个说来，这种影响是有益的，它不但支持和丰富了欧洲的知识运动，而且它注入运动的这套教义和戒律也比古代世界所知道的远为高明。既有运动又有进步。

此外，教会的情况使人的心智在近代世界里的发展获得了前所未有的广阔天地和多样性。在东方，智能的运用完全是为了敬神；在希腊社会里，它完全是人本主义的。在东方，严格意义上的人性，即它的实际的天性和命运，消失了；在希腊社会里，占据整个舞台的是人本身、他的实际的情欲、思想感情和兴趣。在近代世界里，宗教精神是和一切事物混合在一起的，但它不排斥任何事物。近代的知识分子则同时有人性的印记和神性的印记。人的思想感情和兴趣在我们的文学中占着一个重要的地位。然而，人的敬神的性格，即他和另一个世界有联系的他的那部分生活，在每一步上都有所表现。因此，人的发展的两大源流，即人性和宗教，在同时流动，而且是滔滔巨流。虽然它混有许多弊病和暴虐行为，但从智育的观点来看，教会的影响更有助于发展而不是压抑，更有助于扩展而不是限制。

根据一种政治的观点，则是另一种情况了。毫无疑问，在使思想感情和举止习俗趋于温和，在遏止和破除无数蛮族习惯方面，教会有力地促进了社会状况的改善；但在政治秩序方面，关于政府与人民之间、权力与自由之间的关系方面，整个说来，我并不认为教会的影响是有益的。在这种关系下，教会总是以两种制度，即有时是神权政治制、有时是罗马帝国制，即宗教的和世俗的专制制度的解释者和保卫者的身份出现。看看她的一切机构设施和她的一切法规，看看她的教规和诉讼程序，你们总会看到神权政治或帝国是其主要原则。如果荏弱，教会就躲在皇帝绝对权力的庇荫下；如果强大，她就以她的精神力量的名义为她自己要求这种专制主义。我们切不可使自己的目光局限于个别事实或特殊的例子。毫无疑问，教会常常求助于人民的权利来反对君主们的恶劣统治，甚至常常赞成和煽动暴动，常常不顾君主的反对，支持人民的权利和利益。但当关于政治保证的问题已在权力与自由之间产生时，当问题涉及如何建立一套使自由真正不受权力侵犯的常设机构时，教会通常总是站在专制政府一边的。

我们看到这种情况时无须吃惊，也无须指责教士身负过多的人类弱点，也不要认为它是基督教教会特有的一种恶行。它有一种更深刻而有力的原因。一种宗教企图的是什么？它企图控制人的情欲和人的意志。一切宗教都是一种抑制、一种力量、一种控制。它以上帝的法律的名义来达到其征服人类天性的目的。因此，它主要关心的是人类的自由，反抗它的和它希望征服的也是人类的自由。这就是宗教的事业，这就是宗教的使命和它的希望。

诚然，虽然人类的自由是宗教所关心的事，虽然它们渴望改造人的意志，但它们除了通过人本身、通过人自己的意志以外，没有任何能对人起作用的道义方法。如果它们通过外在的方法，通过武力、通过诱惑、或任何与人的自由同意无关的方法对人施加作用，如果它们把人当作水和风，当作一种物质力量，它们是不能达到目的的，它们既不能触及也不能控制人类的意志。对宗教来说，要实现它们的企图，它们必须使自己成为自由本身所能接受的。宗教需要人的服从，但人的服从必须是自愿和自主的，并在他的服从的内心中保存自己的自由。这是要求宗教解决的双重问题。

正是这个问题常常被宗教所忽视。它们将自由看作一种障碍，不看作一种手段。它们也忘却了它们与之打交道的力量的本质，而将人类的灵魂当作一种物质力量来对待。随着这个错误认识，它们几乎总是站到反对人类自由的权势和专制主义一边，将人类自由只看作一个对手，费更多的精力来降服它而不是获取它。如果宗教利用好的行动手段，如果它们没有被一种自然的但却是误导的意图所迷住，它们就会知道，必须保证自由，以便用合乎道义的方法调节它；宗教除通过道德的手段外，不可以也不应该有所行动;它们就会在致力于控制人的意志时尊重人的意志。可是它们常常忘掉这一点,结果宗教力量蒙受了像自由一样多的损失。

我不再进一步考察教会对欧洲文明的影响的一般结果,我已经将它总结为这种双重结果。这个影响对社会和精神世界是巨大而有益的,但对政治来说,它不是一种有益的,而是一种不幸的影响。现在我们必须用事实来证实我们的主张,用历史来证实我们只是从教士社会的本质和处境中推演出来的结论。让我们看看,5至12世纪基督教教会的命运如何,以及我已告诉你们的那些原则和我引出的结果,是否真的像我描述的那样发展的。

你们要小心,不要认为这些原则和结果是在同一时期里出现的,并带有如同我的叙述中所具有的那种明确性。在考察相隔好几个世纪的往事时,忘却了精神演变是一个历史过程,忘却了(奇特的忘却!)历史基本上是连续性的,这是一个大错误,也是一个很普通的错误。拿一个人的生活,克伦威尔的、古斯塔夫·阿道夫的或黎世留的生活为例。他开始他的事业,他活动而得到进展;他施影响于重大事件,又反过来受到这些大事件的影响,他达到了目的。于是我们就认识他了,但仅从其整体上认识他,就好像他作为一件劳作的产品刚从上帝的作坊里出来似的。但他并不是一开始就是他后来变成的这个样子的。在他生活的任何一个单独的时期里,他还不是完整的、完工的作品,他是逐渐形成的。人的形成总是包括躯体和精神两个方面,他们天天在变化,他们的生命不断地修改其自身,1650年的克伦威尔并不是1640年的克伦威尔。始终存在着一个个性的基础,贯彻始终的是同一个人,但是他的思想感情和意志发生了多么大的变化呵!他失去了什么,又获得了什么呀！我们看一个人的生命中的无论哪一段，它不会是我们所看到的生命终了时的那个样子。可是，就在这一点上，大多数史学家犯了错误，因为他们关于人已有一个先入为主的完整观念，于是，在其生涯的整个过程中，都如此看他。对他们来说，1628 年进入议会的和三十年后死于白厅的是同一个克伦威尔。关于种种制度设施及其总的影响，他们不断地犯这同样的错误。我们要提防它。我已将教会的一切原则与其后果的发展讲给你们听，但要注意，就历史来说，这图景是不正确的。一切都是部分的，一部分连着一部分的，散布在空间和时间中。我们在叙述事实时决不要以为会看到事实的一致性，那种迅速而有系统的联系。我们将在这里看到一条原则跳出来，而在另一处另一条原则跳出来，全都是不完全的、不相等的和分散的。我们必须来到近代，来到过程的末尾，才能看到整个结果。我现在要把教会在 5 至 12 世纪经历过的各种状况告诉你们。我们不可能把我已告诉你们的结论的事实证明全部收集到，但我们将看到足够的证明使我们认定结论是合理的。

教会在 5 世纪出现时最初的环境是堂堂的帝国，它是罗马帝国的教会。那时罗马帝国正在衰落，而教会则自认为已处于其事业的顶峰，已取得了胜利。诚然，她已完全击败异教。就任大祭司这一异教最高职位的最后一个皇帝是格拉提安皇帝，他死于 14 世纪末尾。格拉提安像奥古斯都和提比略那样被称为罗马大祭司。教会同样自认为已结束其与基督教异端，尤其是与当时主要异端阿里乌斯派的斗争。狄奥多西皇帝在将近 14 世纪末制定了一部反对异教的完备而严厉的法规。于是教会取得了对它的两个最可怕的敌人的控制和胜利。就在这个时候，她看出罗马帝国已无力

帮助她，同时发现自己面临着别的异教徒、异端和蛮族人：哥特人、旺达尔人、勃艮第人和法兰克人。帝国的覆亡影响极大。不难想象那时教会心中必然保持着的对帝国的强烈依恋之情。因此我们看到她紧紧抓住帝国留下的自治城市制度和专制权力。当她改变了蛮族人的宗教信仰后，她就试图使帝国复苏。她向蛮族国王进言，恳求他们变成罗马皇帝，掌握原属于皇帝的一切权利，并与教会建立她原与罗马皇帝保持的那种关系。这就是 5 至 6 世纪时主教们所做的工作和教会的一般情况。

这个企图是不能成功的，蛮族人没有办法重建罗马社会。像世俗世界一样，教会本身也沦于野蛮状态。这是她的第二个状态。我们将 8 世纪时教士编年史家的著作与以前各时期的著作作一比较就可以看出这个巨大的差别。罗马文明的一切残骸、甚至语言都不见了。一切事物仿佛都投入了蛮族人的习俗中。一方面，蛮族人进入了教士阶层成为牧师和主教；另一方面，主教们开始过一种颇有蛮风的生活，虽然不离开自己的主教辖区，但领导着一帮人横行乡里、抢劫和作战，就像克洛维的伙伴们所做的那样。你们会在图尔的格列高利的书中看到他曾提及若干主教，其中包括过着这样生活的沙龙努斯和萨吉塔里斯。

两个重要事实说明了野蛮教会内部的情况。第一个事实是宗教势力与世俗势力的分离，这个原则就是在这个时期产生的。没有比这更自然的事了。教会既未能恢复罗马帝国的绝对权力，并分享一脔，便不得不在独立中寻求安全。她必须在各方面保卫自己，因为她不断地受到威胁。每一个主教和牧师眼看着他的野蛮邻人不断干预教会的事务，篡夺她的财富、土地和权力。她惟一的防卫手段是说这样一句话:“宗教界与世俗界是完全分开的,你们没有权利干预她的事务。”这条原则首先成为教会反对野蛮作风的防卫武器。

属于这个时期的第二个重要事实是修道士阶层在西方的发展。众所周知,6 世纪初,圣·本尼狄克特在西方修道士中间成立了他的修道会,那时修道士的人数是微不足道的,但从这时起就大量增加了。在这个时期,修道士并不是教士团体的成员,他们仍被看作俗人。毫无疑义,人们往往在他们中间寻求教士甚至主教的人选,但要到 5 世纪末和 6 世纪初,修道士才大体上被看作教士的一部分。于是我们看到教士和主教成了修道士,并认为他们这样做是宗教生活的一个新的发展。欧洲的修道会就这样一下子得到了一个大发展。修道士远比世俗教士合乎蛮族人的心意。他们的人数之多,犹如他们生活的奇特一样惊人。在蛮族人的想象中,世俗教士、主教或一般的教士都是十分普通的人,因为他们常常看到他们、虐待他们、甚至抢劫他们。可是袭击一座修道院则是一件严重得多的事,那边有那么多的圣徒集结在一处圣地上。在野蛮时代,修道院是教会的避难所,正像教堂是俗人的避难所一样。虔敬的人们在那里避难,正像他们在东方托庇于第比德人之间以逃避尘世的生活和君士坦丁堡的诱惑。

这就是属于野蛮时代的教会史的两大事实:一方面是宗教势力与世俗势力分离原则的发展;另一方面是西方修道院制度的发展。

在野蛮时代即将结束的时候,查理曼作了一次恢复罗马帝国的新尝试。这个尝试又失败了,而查理曼的帝国也倾覆了;但教会从其同盟者那里得到的好处仍留在教会手里。罗马教廷发现自己稳居基督教的首位。

在查理曼去世前后，混乱开始了。教会也像世俗社会那样跌入了混乱。这是它的第三种状态。由于查理曼帝国的分崩离析，宗教界发生了几乎与俗界同样的事情。一切统一性都消失了，一切都变成地方性的、局部性的和个人的了。于是教士在他们的处境中开始了一场前所未有的斗争。这是封地所有者的思想感情和利益与教士的思想感情和利益之间的斗争。教会的首脑们处在两者之间，而双方都想压倒对方。教会势力不再是那么强大、那么普遍了，个人的利益日趋重要，向往独立的愿望和封地生活的习俗松弛了教会森严的等级关系。于是在教会内部有人企图消除这种松弛的影响。他们企图通过联合的制度和地区性集会和商议来组织一些全国性的教会。就在这个时代，在封建制度下，我们看到了为数最多的会议、集会和教士大会，有的是地方性的、有的是全国性的。尤其在法国，这种旨在统一的尝试似乎以最大的热情进行着。兰斯的大主教辛克马尔也许可以看作这种思想的代表。他经常关心组织法国的教会；他寻求并实施能使封建教会渐趋统一的协调和联合的方法。我们看到辛克马尔一方面主张教会对世俗权力的独立，另一方面主张教会对罗马教廷的独立。他知道教皇希望进入法国并以革除教籍威胁主教们，他便说，Si excommunicaturus venerit，excommunicatus abibit（要开除教籍，就开除好了），但这种组织封建教会的尝试所得到的成就并不比组织帝国教会的尝试所得到的成就更好些。没有办法在这种教会里树立统一性。教会的分化日益加剧。每个主教、高级神职人员、教士和修道院院长日

益孤立于自己的主教辖区或修道院之内。由于同样的原因,混乱也日甚一日。这正是买卖圣职这个最大的弊害和任意开革圣职之风盛行而教士生活最最放荡的时期。这种混乱大大地震惊了人民和教士中较好的部分。于是我们看到,在一个很早的时期,教会里出现了某种改革的精神,希望找到能号召所有这些成分并迫使他们服从法规的某种权威。都灵主教克劳德、利昂大主教阿戈巴尔德在他们的辖区里发动了这种性质的某种尝试,但他们都未能完成这样一件工作。在整个教会内只有一种力量能适合这项工作,这个力量就是罗马教廷。因此,不久它就得势了。教会便在11世纪中转入了它的第四种状态,即神权政治的或修道院式的教会。这个新型的教会的创立者(就一个人的创立的能力而言)是格列高利七世。

我们习惯于将格列高利说成是一个愿意使一切事物停止不动、一个反对才智发展和社会进步、一个竭力要把世界维持在停滞和倒退的体制中的人。再也没有任何事情比这更错误的了。格列高利是一个像查理曼和彼得大帝那样的在专制主义方案上进行改革的改革者。他在宗教界里的地位犹如法国的查理曼和俄国的彼得大帝在世俗社会里的一样。他希望改革教会,并通过教会改革社会,从而引进更多的道德、更多的正义和更多的法律——他希望通过教廷达到这一点,并使教廷也有所获益。

同时,他努力使世俗社会受制于教会,使教会受制于罗马教廷,其目的是改革和发展而不是停滞和倒退。于是在修道院内部产生了这种企图和类似的运动,对秩序、纪律和严格的道德的渴望热烈地显示出来。就在这个时期,罗伯特·德·莫莱姆在锡托引进了一种严格的秩序。这正是圣·诺贝尔时期，教士俸禄改革时期，克吕尼改革时期和圣·贝尔纳大改革时期。修道院普遍地处于骚动之中；老修道士们为自己辩护，说这是一种有害的事，并说他们的自由已处于危险之中，人人都须遵守当时的习俗，不可能回归到原始的教会去，并将一切改革者看作疯子、梦想家和暴君。打开奥尔德里克·维塔尔的诺曼底历史，你们将不断地遇到这种诉苦。

因此，看来一切都趋向于有利于教会、有利于它的统一和权力。正当罗马教廷企图控制全世界时，正当修道院按照道德观点进行改革时，某些虽然孤立但很有势力的人为人类理性提出要求说，它有权要求被视为人内部的某种东西，它有权干预人的想法。他们大部分并不抨击一般承认的教义也不抨击宗教信条；他们仅仅说理性有权考验它们，光凭权威方面说了算是不够的。约翰·埃里金纳、洛色林和阿倍拉尔都是解释者，通过他们，理性再次要求她的遗产。这些都是自由运动最初的创始人，而这个运动是同希尔德布兰德和圣·贝尔纳的改革运动联系在一起的。当我们寻找这个运动的主要性质时，我们发现它并不是一种意见的改变或是一种对公众信仰的反叛——它完全是为理性要求思考的权利。阿倍拉尔在他的《神学导论》中告诉我们说，他的学生们要求他，“讲授能使理性确信的哲学论述，他们恳求他教导他们不要去背诵他教给他们的话而要理解它，因为任何事物如果不理解那就无法相信，而宣讲那些讲解者和听讲者都不懂的事是荒谬而可笑的。研究哲学的目的是什么呢，如果不是引导到对万物之源上帝的研究上去？我们出于什么目的，允许信徒们阅读那些论述非犹太人的时代和书籍的著作的呢，如果不是为了培养信徒们理解圣经和

保卫圣经的必要能力的话？按此观点，那就特别需要帮助信徒获得理性的全部力量，以便在那些与基督教信仰有关的困难而复杂的问题上，防止敌人的狡辩在我们纯洁的信仰中掺假。”

教会很快就感觉到了这个争取自由和复兴探索精神的首次发难事关重大。她虽然正忙于改革自己，但警惕性仍毫不稍减。她立刻向这些新的改革者宣战，感到他们的方法对她的威胁更甚于他们的教义。

这就是11世纪末、12世纪初，即教会处于神权政治或修道院式状态的那个时候发生的大事。在这个时期里，教士和自由思想者之间第一次掀起了一场斗争。阿倍拉尔与圣·贝尔纳的争吵，苏瓦松会议和桑斯会议（阿倍拉尔在这两次会议上受到谴责）仅仅是近代文明中居十分重要地位的这一事实的表现而已，这就是12世纪，即我们现在即将离开它的这个时期的教会的主要情况。

在这同一时期，产生了一个不同性质的运动，即授予自治城镇以自治权的运动。粗野的和无知的生活方式中竟有如此奇怪的矛盾！如果有人对以极大热情赢得了自由的公民们说，有人为人类理性争权、为自由探索争权——都是些被教会看作异端的人，他们会立刻拿起石头砸死他们或用火烧死他们。阿倍拉尔和他的朋友们曾不止一次地遇到这种危险。另一方面，那些为人类理性争权的作家们却将自治城镇居民争取自治权的努力说成是一种可憎的、混乱和倾覆社会的行为。在哲学运动和城镇自治运动之间、政治上的解放和理性的解放之间，似乎就要开战了。实现这两大势力的和解，使它们懂得它们有共同的利益，还需要花好几个世纪的时间。12世纪时，它们之间还毫无共同之处。

第七讲

本讲的目的——12 世纪与 15 世纪市镇状况之比较——两个问题——1. 市镇如何取得自治权——5 至 10 世纪之间的市镇状况——它们的衰落和复兴——地区社会造反——自治特许证——市镇自治的社会和精神效果——2. 自治市镇的内政管理——市民大会——行政官员——高度和低度自治——欧洲诸国自治市镇状况之差别

先生们，我们已将文明的两大因素，封建制度和教会的历史导入了 12 世纪。现在我们还必须把基本因素中的第三个，即自治市镇，追踪到 12 世纪，讨论也只限于讨论其他两个因素时所定下的范围。

我们会发现我们在市镇问题上的处境与在教会及封建制度上的不尽相同。从 5 世纪到 12 世纪期间，封建制度和教会的发展几乎已经完全成型，虽然以后还会有些新的发展。我们看到了它们的诞生、增长和成熟，而自治市镇情况并非如此，它们刚刚在历史上占有一席之地。倒也不是以前它们没有可供研究的历史，也不是在此以前它们存在的踪迹历时不久，而是只有到了 11 世纪，它们才在世界大舞台上崭露头角，而且是作为现代文明中的一个重要因素登场的。所以，在 5 世纪至 12 世纪期间，我们见到了封建制度和教会的起因以及由此产生和发展的后果，我们用归纳和猜测的方法推论出某些原则和结果时，总是能从事实的探讨中找到证明。但是在自治市镇方面，就没有这种方便了。我们现在只是处在它的诞生时刻。我所要说的关于自治市镇的存在所产生的后果以及它对欧洲文明进程所起的影响，在某种程度上是说在它们发生之前了。我无法引用同时代的已知事实作为佐证，要在以后的时期，即 12 至 15 世纪内，我们才会看到自治市镇的发展和这一制度的成果，并看到历史证实了我们的推断。我之所以对这一不同的处境说了这么多话，是因为我预料你们会反对我将向你们提供的是一幅不完整不成熟的图画。我愿意设想一个 12 世纪的自治市民突然出现在 1789 年，法国开始骇人的复兴这一时刻。有人给他一本那种震撼人心的小册子阅读(假设他是识字的)，譬如说是西耶斯先生写的那一本，题为《第三等级是什么?》。他的眼光落在小册子的基本论点上，那句话是"第三等级就是除去了贵族和教士的法兰西国家"。我问你们，这样一句话会在这个人头脑中产生什么效果？你们认为他会懂吗？不会的，他不懂法兰西国家是什么意思，因为这几个字不代表他所知道的事实，他的时代没有这一事实。假设他懂这句话，假设他清楚理解这句话是把统治权归属于居全社会之上的第三等级，那么他一定会觉得这是疯话，是邪言恶语，与他所有的经历、所有的想法和情感格格不入。

现在，请这位惊魂未定的市民随你走去。领他去到当时法国的一个自治市，到兰斯、博韦、拉昂或努瓦永。这时他会感到另一种惊讶。他进入城内，见不到堡垒，见不到掩护墙，也见不到民兵，没有防御工事，一切都向初来者暴露无遗。这位市民对该自治市的安全感到疑虑，他会认为这城市薄弱，无保障。他继续深入城中，询问情况，城市如何管理？居民又是些什么人？人们告诉他，城墙外住着一个有权势的人，可以不经他们同意随心所欲向他们征税，可以召集他们的民兵，送去打仗，而不必问他们同意与否。他向他们问起行政长官、市长、参议员等。他听到的回答是，这些官员都不是由市民提名产生的。他认识到城市的事务都不由城市内部决定而由国王派来的人，一个行政长官决定，他一人独揽大权，在远处发号施令。此外，他们会告诉他，居民们没有集会的权利来共同商议与他们有关的事情，教堂也从来没有敲响过召集他们去公共会场的钟声。这位 12 世纪的市民一定会感到大惑不解了。一开始，他见到一个社会阶层，第三等级，自诩如此辉煌和重要，使他目瞪口呆；而现在他又发现市民们在自己的家园中竟然处于被奴役、软弱、无足轻重的地位，情况比起他自己的经历要糟糕得多了。从一个景象到另一个迥然不同的景象，从一个持有市民身份到一个完全无权的地位，怎么能让他理解、调和而不感到惊愕呢？

让我们这些 19 世纪的市民姑且回到 12 世纪去，把自己置身于与上述完全相应的情景中。每当我们察看某个国家的一般事务，它的状态、政府和整个社会，我们见不到市民，也提不到市民。他们不介入任何事务，毫无重要性。不仅在国家中不具重要性，若我们问及他们对自己的处境有何想法，他们是如何谈论这事的，他们心目中与法国政府的关系总的来说持什么立场，我们会发现他们在言谈中流露出异乎寻常的胆怯和谦卑。他们由来已久的主人，那些被迫交出自治权的领主们，对待他们，至少在使用的语言上，那种目中无人的态度使我们惶惑；但他们既不惊讶，也不恼怒。

让我们进入城市，看看那里是什么光景。景象有了变化。我们是在一个由武装市民防守的、有防御设施的地方。这里的市民自订税赋，自选行政长官，自行审判和惩罚，并召开大会商讨自己的事务。全体市民出席大会；他们为了自己的利益向他们的领主宣战；他们有民兵组织。总而言之，他们自我管理，自为主宰。这正是18世纪的法国使一个12世纪的市民感到深为惊讶的那种反差，只是角色换了一下。在12世纪，市民国家是一切，城市本身是不足道的；在18世纪，市民地位是不足道的，城市才是一切。

可以肯定，在12至18世纪之间，一定发生了许多事情——许多非同寻常的事，许多变革，才会在一个社会阶层的生活中造成如此巨大的变化。虽然发生了这样的变化，1789年的第三等级，从政治角度看，是12世纪自治市镇的后代和继承者，这一点是不容置疑的。这一个阶层的法兰西国民，如此目空一切，雄心勃勃，自视如此之高，要求主权的呼声如此响亮，不仅声称自己要复兴，要自我管理，还要管理、复兴全世界。无可置疑，他们基本上是12世纪中默默无闻却英勇地起来造反的自治市民的后继者，而这些造反者的惟一目的只是在国土的一个角落里找个安身之处，逃脱领主们隐蔽的暴政。

对这一转变的解释，十分肯定地说，在12世纪市镇的状况中是找不出来的。这个转变的完成和它的起因是在12世纪以后至18世纪之间发生的事态中出现的，我们只有在这段时间内才会见到转变的进程。虽然如此，第三等级的原型在它的历史中扮演了重要的角色。虽然我们不能从中窥见第三等级最后结局的秘密，我们至少可以发现它的萌芽，因为它最初的状态又一次出现在经过演变而成的状态中，其程度也许还要大于我们从表面现象中所能推测到的。对12世纪的市镇进行一番描述，即使并不全面，我认为也会使你们对我的论点深信不疑。

为了更好地了解它的状况，有必要从两个角度来考虑那时的市镇。有两大问题需要解决：第一，市镇获得自治权的问题——变革是如何进行的？原因是什么？——对市民的处境产生了什么效果？对整个社会，对其他阶层，对国家又产生了什么效果？第二个问题有关市镇的行政管理，获准自治的市镇内部是何种情况？市民之间的相互关系如何？何种原则、形式、习俗统治着这些市镇？

市镇对现代文明的全部影响来自两个源头：一方面是市民们的社会状况所发生的变化，另一方面是市镇内部的政府及社会情况所发生的变化。这种影响不具备事实，但应该归诸上述来源之一。因此，当我们将情况加以总结，既透彻了解市镇自治的经过，又了解市镇政府的情况，我们就掌握了它们历史的可谓两把钥匙。

最后，我要说几句话关于欧洲各地市镇情况的有所不同。我即将置于你们面前的事实并非可以不加区别地套在一切12世纪的市镇上，无论是意大利的、西班牙的、英国的或法国的。有些事实的确是大家共同的，但它们的差别也是巨大而关键的。这些差别我会顺便指出，在文明史稍后的时期中还会重遇，那时再加以较详细的探讨。

要了解市镇自治的经过，必须先对5世纪至11世纪的市镇状况有个印象，这段时间介于罗马帝国覆亡到市镇革命兴起之间。这里，我要重复说明，差别是很大的，欧洲各国市镇是大不相同的。但还是有适用于所有市镇的一般性事实，这就是我给自己划定的范围。当我脱离了这一限制,特别提出更多情况时,那是专指法国的市镇而言的,尤其是对罗纳河和卢瓦尔河以外的法国北部市镇而言的。这些市镇是我即将描述的图画中的突出景点。

罗马帝国覆亡之后,从5到10世纪期间的市镇状况既不是奴役也不是自由。前些天,我谈到如何描绘人和事的时候,曾提到其中包含的危险。同样的危险也富于人们如何遣词用字之中。当一个社会、一种语言已有很长的历史,它的字就有了完整、确定、精确的意义,某种法律上的、正式的意义。时间赋予每个字众多的意思,一说出这个字,这些意思就随之而来。然而这些意思产生的日期不同,因此不能应用到一切时代上去。譬如说,"奴役"和"自由"这两个字当今在我们脑海中唤起的意思要比在8、9、10世纪中更为精确、完整得多。假若我们说8世纪中的市镇是处于自由的状态中,我们就言过其实了。今天我们所赋予"自由"一词的意义在8世纪中是不实际存在的。假若我们说市镇是在奴役状态中,我们就会犯同样的错误,因为这个词的含义与当时市镇的事实完全是两码事。

我再说一遍,那时的市镇既非在奴役中,也不是自由的。它们遭受着荏弱带来的恶果,它们是强者施加暴力和不断劫掠的对象。然而,尽管遭到这一切可怕的动乱,尽管有贫穷和人口减少的问题,市镇还是保存了下来,还保持了一定的重要性。大部分市镇里有它的教士、主教。他们行使对当地人的权力和影响,成为当地人和征服者之间联系的纽带,从而使市镇保持某种独立性并得到宗教的庇护。此外,市镇里还遗留下许多残存的罗马体制。人们可以接触到这一时期的许多此类事实,收集在德·萨维尼、赫尔曼以及德·莱札迪耶女士的文稿中，如经常召开的长老院和参议员会议。他们也提到民众大会和市政长官。民间事务如遗嘱、转让和其他老百姓生活中的行为，像罗马城市里一样，由行政长官在市政府里审批后成为合法。诸如此类遗留下来的城市活动和自由的确逐渐消失了。野蛮行为、混乱的局面和不断的灾祸加速了城市人口的减少。土地的领主定居农村以及农业生活的日益重要是市镇衰败的新的原因。连主教们一旦进入了封建制度的结构，也不如以往那样重视他们在城市中的存在了。最后，封建制度全面胜利时，市镇虽然没有沦落到农奴般的奴役地位，却完全被捏在领主的手掌中，圈进了某个封邑之内，即使在蛮族入侵初期蛮俗最盛行的时候一息尚存的那点儿独立性也丧失无遗了。因此，从5世纪开始一直到封建组织全面完成，市镇的形势真是江河日下。

封建制度一旦彻底建立，人人各就各位，定居在自己的土地上，停止了流动的生活。这样过了一些时候，市镇又获得一点重要性，再次显出活力。你们都知道，人的活力跟土地的生机一个道理。活动才停止，生机已再次显露，萌发，而后欣欣向荣。只要人们瞥见秩序与和平的一丝光亮，就产生了希望，随着希望又工作起来。市镇也是这样。封建制度的大局甫定，采邑领主就有了新的需求，又想有所进取和改善。为了满足这需求，商业和工业重又在领地上的市镇里出现。财富和居民也回来了，缓慢地，不错，但究竟回来了。促成这一情况的诸因素中有一个，我认为，不太为人注意，这就是教堂的庇护权。在市镇获得它们的自治地位之前，在它们的力量和防御工事足以向国内遭难的人提供避难所之前，舍教会外别无其他可供安全保障的时候，教堂的庇护权就足以把许多不幸的逃亡者吸引到市镇来。他们栖身于教堂内或附近，这些寻求安全的人中不仅有下等阶层，如农奴和农民，还不乏有地位的人士、有钱的亡命者。当代的历史记录充满了此类事例。可以读到一些有权有势的人受到比他权势更大的邻人、甚至国王的追捕，只得放弃领地，带着能带的一切来到市镇藏身，托庇于教会的保护，成了市镇公民。诸如此类的逃亡者，我认为，对市镇的演进是不无影响的。他们带来了钱财以及比当地人优越的人口因素。此外，谁不知道，任何联盟结社成立之初，人们就会趋之若鹜，这是为了求得更多的安全，也是由于人们永不舍弃的社交需要。

由于以上这些缘故，在封建政治上了一点轨道之后，市镇的力量就有所恢复了。然而，它们的安全保障并未与它们的力量同步恢复。流动不定的生活确实早已结束，可是这种生活对这些征服者、这些新的土地所有者来说，是满足他们习性所好的主要手段。以前，他们想要劫掠的时候，他们就出征，跑到远方去找新财富、新领地。等到这一次次征伐几乎大功告成，必须舍弃这种东征西伐的生涯时，他们贪得无厌的、暴戾尚武的欲求却没有结束。于是，他们不再远出劫掠，而就在家门口进行。每当附有市镇领地的领主一时贪心大发，他的暴虐就施加到市民身上。这就是市民对商业安全毫无保障而怨声载道的时期。商人们外出经商回来，不可能平平静静地进入市镇。大道和通往家乡的路上不断有领主和他的手下人拦路打劫。勤劳工作刚刚重新开始，也正是安全最没有保障的时候。一个人的生计就这样被横加干扰，期望中的成果被洗劫一空，没有什么比这更使人恼火的了。要是他是在一种刻板和单调的生活中受到这样的骚扰，或者被抢去的不是他勤劳的成

果，也未曾在他心中激起过希望的快乐，他也不会感到如此烦恼和愤慨的。有这样一条原理：一个人或一群民众在他们走向幸福的过程中，对不公正待遇和强暴行为的反抗要比在其他情况下强烈得多。

这就是10世纪市镇的情况：它们的力量、重要性、财富多了起来，需要保卫的利益也多了。同时也更有必要来保卫它们，因为这力量、利益、财富都成了领主们垂涎的对象。危险和邪恶与对抗它们的手段同时在增长。同时，封建制度为所有在这一制度下生活的人提供了持续对抗的榜样。它从不促使人想起一个只凭它的干预就能够治理和平息一切的有条不紊的政府。相反地，它提供的是个人意志拒绝屈从的一幕幕的场面。大部分封邑领主对他们的上级，小贵族对大贵族，都采取这种立场。所以，当市镇受到折磨和压迫时，当它们有新的重大利益需要维护时，它们眼前出现的是一次次造反的教训。封建制度为人类做了一件好事：不断向他们展示个人意志的充分发挥。这一教训影响很大。尽管市镇势单力薄，与它们的领主的条件之间存在极大悬殊，它们还是揭竿而起，纷纷起来造反。

很难对这件事确定一个日期。一般都说市镇平民的自治开始于11世纪。但是，在一切重大事件中，成功到来之前，不知已作出多少不幸和鲜为人知的努力！上天为了实现它的意图而不惜付出大量勇气、美德和牺牲，一句话，付出了人本身。在无数次没有记录的努力之后，在许多高尚的心灵感到灰心丧气、大势已去之后，事业的胜利就在此时到来了。平民造反无疑就是这样的过程。在8、9、10世纪间无疑有过多次反抗的尝试和争取自治的运动，都失败了，也没有在人们的记忆中留下任何光荣或成功的业绩。然而，事实上，这些尝试影响到以后的事态发展。它们激活和保持了自由的精神，为11世纪的大造反铺平了道路。

我特意用造反这个词。11世纪平民自治是真正的造反的结果，是真正的战争，是市镇居民向他们的领主的宣战。在这类历史故事中最先出现的行动总是市民们随手操起一件家伙当武器，开始暴动；驱逐领主派来横征暴敛的手下人；或者这是一次攻打城堡的行动。这是此种战争的特征。如果造反失败了，征服者还做什么？他就下令拆毁市民在市镇和住宅周围建筑的工事。当初，市民们缔结联盟，发誓患难相助，共举大事，接着各自在家中修起了工事。有的市镇，它们的名字今天已不为人所知，例如尼维诺瓦的小镇韦兹莱，与领主展开了持久而猛烈的斗争。韦兹莱寺院的方丈（领主）赢得了胜利。他立即下令拆毁市民房屋的防御工事，不少被拆毁的房屋主人的名字还保留了下来。

让我们走进这些先辈的住宅，去看看它们的建筑模式和这种模式所表示的生活方式：一切都是为了战争，一切都含有战争的性质。

据我们所知，这是一所12世纪市民的住宅。一般都有三层，每层一间房。底层是公用的，家人用餐的地方。第二层，为了安全的缘故，离地面很高，是市民和妻子居住的房间。房屋两边的角上各有塔楼一座，一般为方形，这又是战争的标志，防御的手段。第三层有一间房，用途不详，也许是为孩子和家中其他人用的。在这上面往往设有一个小小高台，显然是供瞭望之用。整个建筑暗示着战争，这就是这场产生平民自治的运动的明显性质和名称。

战争延续了一段时间后，不论交战双方是谁，总会导向和平。平民与对手缔结的和平条约就是自治特许证。市镇的自治特许证也就是平民与领主的和约。

造反是普遍的。我所谓普遍，不是说全国市民之间有什么同盟或联合，远非如此。各地平民的处境几乎是同样的，他们都是同一种危险的受害者，遭到同一灾害的侵扰。一旦掌握了几乎相同的抵抗和防御手段后，他们就差不多在同一时期使用起这些手段来了。榜样的作用也是有的，一两个市镇的成功可能传染开来。自治特许证的模式也如出一辙。例如，努瓦永的自治证成了博韦和圣昆廷等等市镇的自治证的模式。不过，我对榜样是否有一般认为那么大的影响是有怀疑的。那时代，通讯艰难而稀少，道听途说的消息模糊不清，一听而过。所以，可能性更大的是，造反是相同形势下的产物，是普遍而自发的运动。所谓普遍，即是几乎所有地方都在发生。然而，运动不是达成一致意见后采取的协调行动，而都是特殊的和地方性的。每个市镇为了自己的利益向领主发难，一切都限于当地的范围内发生。

斗争的成败起伏，变化很大。不仅双方互有胜负，而且在和约达成后，双方已宣誓恪守自治条件之后，还要遭到破坏和回避。国王在斗争中起了重大作用。这一点在讨论君主问题时再详细谈。国王对市镇自治运动的影响有时受人赞扬，也许过分了一点，有时评价过低，而还有时候被否定了。我在此只限于说明国王对此事常常加以干预，有时应市镇的要求，有时应领主的要求。他往往扮演相反的角色，时而遵从一个原则办事，时而另一个。他的意向、谋略和行为变化多端。不过，总的来说，他做了不少事，而且功大于过。

尽管经过这么多起伏，协议时遭破坏，市镇自治在 12 世纪还是大功告成了。整个欧洲，尤其在法国，经过了整个世纪的普遍造反后，或多或少都享受到了自治。自治权已经确立，这是普遍的事实。

现在我们来看看这一重大事实的直接后果是什么，它对市民在整个社会中的情况引起什么变化。

首先，从市民与总的国家管理——即我们今天所谓的政权——之间的关系来看，没有什么变化，至少一开始是如此。市民并不较以往有更多的参与，一切只限于封邑之内的市镇当地而已。

然而，有一个情况使以上的断言要有所修改，即国王与市民之间从此开始建立起一种联系。有时候，市民曾向国王求援以反对领主，或在承诺和宣誓恪守自治权的过程中，要求国王加以保证。也有时候，领主请求国王就他们与市民的争端作出裁决。无论在这众多的对抗中，国王应哪一方的要求，国王都干预了争执。从此以后，在国王与市民之间就产生了一种经常性的关系，有时甚至可以说是亲密的关系。通过这种关系，市民接近了政权的中心，于是与国家治理总的方面挂上了钩。

虽然一切变革只限于当地，自治权的实施创立了一个广泛的新阶级。各地市民之间不存在联盟，因此作为阶级来说，他们不具有普遍和公开的性质。但是全国充满了这样处于同一境遇的人，他们有共同的利益，同样的生活习俗，在他们之间不可避免会逐渐建立起一种联系和一致性，于是就产生了“中产阶级”。中产阶级，这一大阶级的形成，正是市民地方自治的必然产物。

切勿把当时的这一阶级想成它后来变成的那样。不仅它的处境后来有所改变,它的成分也完全不同了。在 12 世纪,这个阶级几乎完全由商人、小店主、在市镇里居住的土地或房产小业主所组成。三百年后,中产阶级的行列包括律师、医生、各种学有专长的人和当地的行政官员。中产阶级是逐渐形成的,作为一个总的名称,历史记载没有提到它的嬗变和多样性。每当提及中产阶级,似乎人们认为它的成分在各不同时代都是一样的,真是大谬不然。我们正应该从它在不同的历史时代发生的成分变化中探索它的动向的奥秘。当它的成分还不包括官员和文人,还没有演变为 16 世纪的资产阶级时,他在国家内就不具有那种重要性和作用。为了要了解它的命运和力量的变迁,必须去观察它内部产生的新职业,新道德立场和新知识状态。我重复一下,在 12 世纪,它是由那些做完买卖回归城里的小商人和城里定居的小片土地和房产的业主们所构成。我们在这些人中见到欧洲市民阶级的最初因素。

平民自治的第三重大后果是阶级间的斗争。由这一斗争构成的生活现实充满现代历史中。现代欧洲就是从社会各阶级的斗争中诞生的。我曾提到,同样的斗争在世界其他地方导致极不同的后果。例如在亚洲,某一个阶级获得了全面胜利,种姓的统治制度就继承了阶级的制度,社会也就陷入了停滞。感谢上帝,这一切未曾在欧洲发生。斗争没有成为停滞的原因,而却成了进步的起源。各主要阶级之间相互斗争和让步的交替进行的必要性、相异的利益和追求、有征服之心而无独霸之力等等因素交织在一起,产生了欧洲文明发展中最强劲和丰富的动力。阶级之间的斗争不断,相互憎恶,它们的处境、利益和习俗的迥异在它们之间造成敌对意气；然而，这些阶级在逐渐接近，达成谅解而相互同化。每个欧洲国家都见到某种普及全体的精神，一种在利益、思想和感情方面的一致性在国家内部深处诞生和发展。例如 17 和 18 世纪的法国，各阶级在社会和精神上的隔阂依然很深，但是融合的过程正在推进。那时候存在的不是一个排他性的阶级，而是一个名副其实的法兰西民族。它包含了全部民众，大家都受到一种共同情感的鼓舞，属于一个共同的社会存在，总之，深深打上了民族性的烙印。由此可见，从多样性、敌意和战争中产生了现代欧洲的民族统一性，在当今是多么显著，而且在日益发展和净化，放出更耀眼的光辉。

以上就是我们目前在讨论的变革所产生的外部的、明显的、社会性的效果。让我们再来考察它在人的精神方面的效果，它在市民的内心引起什么变化，市民的精神状态在新形势下必然会是什么样的。

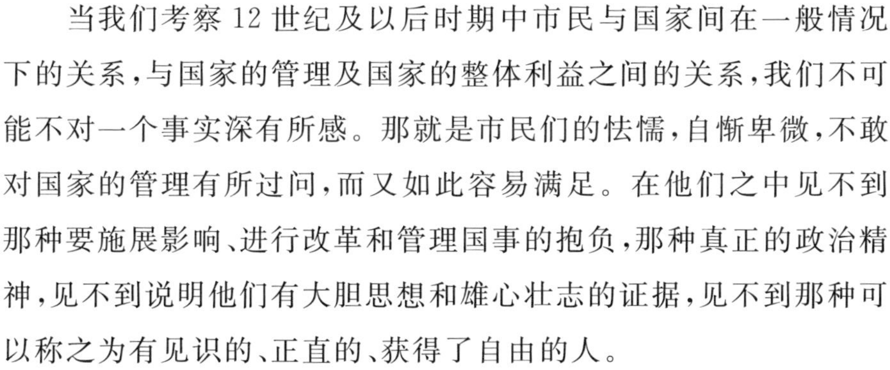

当我们考察 12 世纪及以后时期中市民与国家间在一般情况下的关系，与国家的管理及国家的整体利益之间的关系，我们不可能不对一个事实深有所感。那就是市民们的怯懦，自惭卑微，不敢对国家的管理有所过问，而又如此容易满足。在他们之中见不到那种要施展影响、进行改革和管理国事的抱负，那种真正的政治精神，见不到说明他们有大胆思想和雄心壮志的证据，见不到那种可以称之为有见识的、正直的、获得了自由的人。

在政治领域里，雄心壮志和坚定思想有两个来源，二者必居其一。要么是具有肩负重任，能在广阔领域内发挥其影响大众命运的力量的自负气概，要么是一种个人完全独立的感觉，享有自由的信心，不以他人意志为转移而自己掌握命运的信念。具备这两个条件之一，才会产生大胆的思想，凌云的壮志，扩展活动范围、立伟大功业的愿望。

这两个条件一个也没有出现在市民阶级的状态中。正如你们刚了解到的，这些市民只是对他们自己才是重要的，超越了他们市镇的范围，或对国家整体来说，他们是无足轻重的。他们没有多大的个人独立感。他们得胜，赢得了自治，却无补于事。一个城镇市民，若与住在附近的、刚被他们降服的低级领主相比，其自卑感并不稍逊。他没有封地所有者从独立中获得的那种趾高气扬的心情。他所得的那份自由不属于他自己，是他与其他人联合共有，只是一种困难重重、朝不保夕的解危之计。这就是为什么在12世纪的市民，甚至他们的后代的生活中，表现出如此深刻的性格烙印：即使行动坚决，依然保持沉默寡言、怯懦怕事、畏葸不前、言语谦逊的性格。他们不热衷于轰轰烈烈的事业，即使为形势所迫不得不有所行动，仍要感到惴惴不安。他们不喜欢担负责任，觉得自己越出了行动范围，只愿固守本分。所以，他们处世讲究的是适可而止。人们在欧洲，尤其在法国的历史过程中，可以看到中产阶级受到推崇、重视、称赞，甚至尊敬，但很少被人畏惧。它从未使它的对手感到它是一股强大和高傲的力量，真正的政治力量。对现代中产阶级的这种弱点倒也无需惊讶，其主要成因，正如我刚向你们展示的，就在于它发生之初取得自治权的有关情况中。不受社会条件束缚的雄心壮志，政治思想的开阔和坚定，参与国事的愿望，对人之为人的伟大及其可能发挥的力量之伟大有充分认识，这样的情操和气质完完全全是现代的，是现代文明的产物，是以辉煌和强

大的普及性为特征的现代文明的产物。普及性必然确保公众在国家的治理方面发挥影响和重要性，而这正是我们的先辈市民所缺少的。

从另一方面说，在狭窄的舞台上展开的争取当地利益的斗争中，市民们在一定程度上获得并显示了后人也未能超过的精力、忠诚、坚韧和耐心。这一事业是如此艰难，危险如此之大，无比的勇气是必不可少的。现今的人们对12、13世纪市民生活的了解很不真实。你们都读过沃尔特·司各脱的一部小说叫《昆廷·杜沃德》，描写列日市的一个市长。作者把他写成喜剧式的典型市民，胖胖的，懒懒的，既无经验，也无胆量，只知道舒舒服服过日子。实际上，那时的市民总是胸前穿着铠甲，手中握着长矛，他们的生活和他们与之交战的领主一样激烈，一样艰苦。就在这层出不穷的危险中，在与实际生活的困难的斗争中，他们培养了那种刚健和顽强的气质。到了现代，这种气质在一定程度上已丧失在斯文的活动中了。

市镇自治所引起的这些社会和精神效果在12世纪还没有充分发育，只有在以后的几个世纪中才清楚显露。然而，可以肯定，种子已经播下，就播在市镇的原始状态中、在获取自治权的方式中以及市民从此在社会占有的地位中。所以，我把这些情况单独向你们说明是正确的做法。现在，我们来调查一下12世纪市镇内部的情况，看看它是如何管理的，市民之间的关系遵循哪些原则，有些什么主要事实。

你们还记得我在讲述罗马帝国遗留给现代社会的城市制度时，提到罗马帝国是许多城市的大联合体。它们曾是同罗马本身一样的主权城市。其中每一个城市原先都享有同罗马一样的生活方式,都是独立的小共和国,可以自主决定战争与和平,按照自己认为的合适方式管理自己。随着它们与罗马合并程度的增加,那些构成主权的权利——决定战争或和平的权利、立法权、征税权等等——脱离了各城市而集中于罗马。终于,只剩下惟一的主权城市罗马来统治许多过普通百姓生活的城市。城市制度改变了性质,它不再是一个政治机构和主权系统,而成了一个行政管理的方式。

这是罗马帝国统治下完成的一大变革。城邦制度变成了一种行政方式,沦为城市管理当地事务和当地公民权益的机构。这就是罗马帝国覆灭时市政体制的境况。在蛮族占领的混乱时期,一切事实都混乱不堪。主权行使和行政管理的归属混淆不清。它们之间的区别不再讲究,一切事务只能随需要来定。每个地方或有一个君主,或有一个行政长官,视情况而定。当市镇起来造反,为了保障安全,把主权收归手中。这样做,并不是为了实行某一政治理论,也并非为了保持自己的尊严,而只是为了取得抵抗他们的造反对象即领主的手段。他们获取了征集民兵的权利、征税以抵军费的权利、拥立自己的领袖及行政官的权利,总而言之,自我管理的权利。这样,被罗马征服者废除了自由权又重新进入城市,这就是城市自治的政治含意。

这并不就是说有了完整的主权。总还有某些主权属于外人。有时候,领主保留了委派城市行政长官的权利,城市自选的行政官成为他的助理。有时候,领主有权获得某些税收,有的领主还有权得到进贡。有时候,城市的外部主权掌握在国王手中。

城市本身进入了封建制度的结构中后，自己会拥有附庸，成了领主。凭着这个头衔，它取得了一部分属于最高领主的主权。它从封建地位中所得的权利与它造反而得的权利就分不清了。它的主权就是这双重名义所赋予的。

以下是我们从贫乏的文史资料中所能看到的，在市镇内部，至少在早期，是如何进行政府管理的。全体居民组成全市大会。所有参加城市宣誓的人(凡是居住在城墙内的人都必须参加)由钟声召集到大会场址。大会选出行政长官。行政署的人数和组织形式不尽相同。一旦选出行政长官，大会就解散。管理工作几乎全由行政长官们自行处置，多少是独断的。长官除了负责举行新的选举或民众暴动以外(那时代负责任的主要方式)，别无其他责任。

可以看出，自治市的内部组织归结为两个简单部分：居民大会和一个几乎掌秉专权的政府，负有造反和暴动的责任。主要由于生活习俗的缘故，不可能建立一个真正能保证秩序和持久的正规政府。市镇人口中大部分处于无知、残暴、凶狠的状态，难以管理。经过一个短时期，市镇内部几乎同以前市民受领主管辖的关系一样得不到安全保障。然而，很快市镇内形成了一批高层市民，其原因不难理解。当时的思想观念和社会关系的状况导致了一些工业的兴起和合法组成的企业。特权制度于是引进了城市，造成极大的不平等。不久，各地都出现了一批有钱而重要的市民及为数众多的劳动人口。这些劳动者虽属于下层，对市镇事务具有重大影响力。于是，市镇分裂为上层资产阶级和易于沾染恶习劣行的百姓。上层阶级夹在两面受挤的困境中，一面要管理下层民众，一面要对付前领主企图重建权威的不断威胁。这是全欧洲，不仅法国，一直到16世纪存在的局面。这也许是使得大多数国家，尤其法国的自治市镇无法发挥在换一个情况下可以发挥的重要政治影响的主要障碍。市镇内部两大主要力量之间争斗不停：在下层民众中有一种盲目的、放肆的、凶猛的民主精神；因此而引起上层人士的反应是畏首畏尾，过于迁就的态度，无论对国王、前领主，或在市镇内部重建和平秩序方面莫不如此。这些因素都必然会抑制市镇，使它不能在整个国家内发挥重大影响。

上述的这些后果在12世纪是看不到的，然而我们还是可以从造反的性质，从它开始的形式和市镇人口中的各种因素的情况中预见到。

要是我没有看错的话，这些就是市镇自治和内部管理的一般后果所具有的主要特点。我必须提醒你们，这些事实既非像我叙述的那样一律如此，也并非遍及各地。欧洲各城市的历史有很大差别，例如在意大利和法国南部，罗马式的城市制度占优势，没有北部存在的那种多样化和不平等，而且由于罗马的传统犹在或民众的素质较高，城市的组织也好得多。在北部，封建制度笼罩社会生活，一切都服从于反对领主的斗争。南部的城市更多致力于内部的组织、改善和进步，它们一心想成为独立的共和国。北部的城市显露出的不足越来越多，最终也得不到健全的发展。我们若是再去看看德国、西班牙和英国的市镇，会发现其他一些差别，我这里就不详细谈了，随着文明史的进展，我还会有所评说。在初始阶段，一切都以同一面貌呈现，在随后的发展中才显出它们的差别。然后就开始了新的发展，刺激社会迈向自由的高度的统一，迈向人类尽一切努力和希望达到的辉煌目标。

第　八　讲

本讲的目的——纵观欧洲文明史——它的独特的基本的性质——此种性质开始出现的时代——12 世纪至 16 世纪欧洲状况——十字军运动的性质——它们的精神和社会原因——到 13 世纪末这些原因不复存在——十字军运动对文明的影响

先生们，我尚未向你们解释过我的课程的完整计划。我在一开始曾提出课程的目的，然后回顾了一下欧洲文明，而没有把它作为一个整体来考虑，没有同时向你们指明出发点、行程路线和港口，即起始、中程和终点。现在我们已经到达一个时代，在这时作一次全面观察，把我们研究的领域作一次总的描绘，已是十分必要。我们在此以前讲过的那些时代在某种程度上都能自己说明自己，或者有紧随和明显的结果提供解释。我们即将讲到的那些时代却不容易理解，甚至引不起浓厚的兴趣，除非把它们和它们最间接和遥远的后果连接起来考察。

在这样一个包含广泛的研究中，有时候我们会不愿意再向前探索，因为前面是一片茫茫和黑暗。我们想知道我们从哪里来的，到了什么地方，向何处去。这正是我们现在的感觉。我们正在接近的时代是不可理解的，它的重要性也无法体会，除非把它和现在联系起来。它的真实意义只有到后来才显露出来。

我们已掌握几乎全部欧洲文明的主要因素。我说几乎，因为到目前，我还没有向你们讲过君权。君权发展的关键时刻在12世纪，甚至13世纪中才到来，君权的体制到那时才真正建立起来并开始在现代社会中占有它的地位。所以在此以前没有讲到它，但它是我下一讲的题目。除此以外，我必须重复一下，我们已经浏览了欧洲文明中所有的重大因素：你们看到了封建贵族、教会和自治市镇的诞生；看到了与这些事实相应的体制；不仅体制，还有这些事实在人们头脑中唤起的思想和原则。因此，在讨论封建制度时，你们正置身于现代家庭的摇篮边，家庭生活的火炉旁，你们懂得了个人独立的强烈情感和它在我们文明中所占的地位。关于教会，你们看到了纯宗教社会的兴起，它与世俗社会的关系，神权政治的原则，宗教权力与世俗权力的分离，宗教迫害的起始，要求信仰自由的先声。市镇的兴起使你们看到了不同于封建制度和教会的另一种社会结合的原则，各社会阶级的差异，它们之间的斗争，现代市民最初的也是深刻的特征——胆小怕事和生气勃勃的精神共存，煽动蛊惑和遵守法制的精神并行。总而言之，一切有助于形成欧洲社会的因素，社会迄今的情况和它蕴藏的可能性都已呈现在你们眼前。

现在让我们去到现代欧洲的心脏部位，我不是指我们见到的经过了巨大变化的当今欧洲，而是17和18世纪的欧洲。我要问，你们能认出刚看到的那个12世纪的社会吗？多么奇妙的差别啊！我已经讲过了两个时代的城市间的差别，继而我试图使你们认识到18世纪的第三等级是多么不同于12世纪的市民阶级。我们若在封建制度和教会方面做同样的比较，我们也会感到同样大的变化。在路易十五的宫廷贵族与封建贵族之间，或在德贝尼斯红衣主教与絮热方丈的教会之间存在的差别不亚于 18 世纪的第三等级与 12 世纪的中产阶级之间的差别。在这两个时代之间，虽然各自都具备所有的社会因素，社会已完全改观了。

我愿意明白地确定这一改变具有的一般的和主要的性质。在 5 至 12 世纪之间，社会已具备我所描述过的一切。它拥有国王、世俗贵族、教士、市民、劳动平民、宗教和世俗的权力——一言以蔽之，组成国家和政府的一切必要因素。然而那时候既没有政府，也没有国家。在这个时期内，不存在相似于我们今天所认为的严格意义上的民族，或名副其实的政府。我们所遇到的仅是众多的独特的力量，各种特殊事实和地方性的制度，不具有广泛性和公共性，没有严格意义上的政策，没有真正的民族性。

反过来，看看 17 和 18 世纪的欧洲。我们可以在世界大舞台上到处见到两大角色，政府与人民。一个普及各地的政权施政于全国，而全国也对统管国家的政权施加影响。这就是社会，这就是历史。两大力量的关系，它们的联合或斗争，这就是历史所发现并叙述的内容。贵族、教士、市民，所有这些独特的阶级和力量现在都退居第二位，淹没在人民和他们的政府两大实体的影子里。

这就是使现代欧洲区别于原始欧洲的主要特征，也就是 13 世纪到 16 世纪内完成的变化。

这样说来，我们必须在 13 到 16 世纪，也就是我们的讨论即将进入的这时期内，去寻找这一变化的奥秘。这一时期突出的性质就在于它是原始欧洲转化为现代欧洲的过程，故而有它的历史重要性和吸引力。若不是从这一观点出发去仔细探索这个时期产生的一切，不仅我们不会理解它，而且会很快感到厌倦和烦恼。的确,若只看它本身,而不看它产生的结果,那么这个时期是毫无特色的,是一个混乱继续增长而我们不知其所以然的时期,一个好像无的之矢,徒劳而无功的时期。君王、贵族、教士、中产阶级等社会各阶级都在绕圈圈,既不前进,也不停顿。他们做了各种尝试,都不成功。他们企图重整政府,建立大众的自由权利,甚至进行宗教改革,可是鲜有成果,没有一件事做得圆满的。倘若人类注定的命运是动而不进,劳而无功的话,那么13至15世纪的时期是这一情况、这一历史的写照。

我只知道一本书记载了这一如实的写照:德巴朗特先生的《布戈涅公爵家史》。我说的还不是在民俗的描写或事实的细节中闪烁出的真实的光彩,而是那通篇的真实性,使全书成为这一时期的惟妙惟肖的写真,一面真诚的镜子,因为它同时记载了行动和单调两个方面。

把这一时期放到它与随后时期的关系中来考察,作为原始欧洲进入现代欧洲的过渡时期来看,那么这个时期就熠熠生辉,富有生气了。我们从中发现一种统一性、一个方向和一次进步。它的统一性和重要性就在于这一期间所完成的缓慢而不易觉察的演变。

欧洲文明的历史于是可以概括为三大时期:一,我称之为初创或形成阶段——本时期中,我们社会的各种因素从混乱中解脱、诞生,以它们的原始形式呈现,具有自己的活动原理;二,第二阶段是试验、探索时期,社会各因素互相靠拢、混合,犹如互相试探,而无力形成任何普遍的、正规的、持续的东西。这一状态,严格说,要到16世纪才终止;三,应该称为发展阶段,期间欧洲社会具有了一定的形式，遵循一个既定的方向，快速而普遍地向一个明确的目标前进。这一进程开始于16世纪，现在仍在继续中。

这就是我对欧洲文明作为一个整体的看法，也是我要提供给你们的看法。我们的讨论就要进入第二阶段。必须从中找出这一时期所造成的社会变革的重大转折点和决定性原因。

十字军运动是出现在我们面前的第一个重大事件，它揭开了这一时期的序幕。它始于11世纪，持续到12和13世纪。十分肯定，这是重大事件，因为自它结束以来，历史学家们从未停止研究这一课题。即使在阅读关于十字军运动的记述之前，大家已预知这是改变人们生活状态的事件之一，绝对需要加以研究才能理解历史事实的全过程。

十字军运动的第一个特征是它的广泛性；整个欧洲都参加了。这是第一次全欧性事件。十字军运动之前，欧洲从未被同一情感所激动，或为同一事业而行动；这是不成其为欧洲的欧洲。十字军展示了基督教欧洲。法国人是第一次十字军东征的先锋队。当然也有德国人、意大利人、西班牙人和英国人。再看看第二次、第三次十字军东征，所有基督教国家都参加了。这样的事前所未有。

不仅如此，正如十字军成了全欧事件，在各个国家内它就成了全国性事件。所有阶级都为同一种感受而鼓舞，听从同一个思想，为同一行动而舍生忘死。国王、贵族、教士、市民、农民都以同样兴趣加入十字军，展示了民族的精神团结——一个如同欧洲团结同样新奇的事实。

当这样的事件在一个民族的幼年期发生，那时人们的行动是自由和自发的，没有事先策划，没有政治企图或政治组合。人们从中看到了历史上所谓的英雄事件——这是民族的英雄时代。事实上，十字军运动构成了现代欧洲的英雄事件——这个运动既是从个人出发的，也是广泛参与的，是全国性的，然而不受规则约束的。

十字军的这一原始性质为一切文献所证实，一切事实所证明。谁是这些自发的十字军的首创者？是平民群众，他们在隐士彼得的领导下出发，没经过准备，没有向导，没有领袖，有一些不知名的骑士跟随而不是向导。他们穿越德国、希腊帝国，疏散并消亡在小亚细亚。

然后轮到上层阶级封建贵族对十字军事业热衷起来了。在戈德弗鲁瓦·德·布永的指挥下，贵族和他们的跟随者满怀热情出发了。他们穿过小亚细亚之后，一股突如其来的冷漠和疲倦心情揪住了十字军领袖们。他们不愿再往前走，于是合兵一起征服当地人，为自己建功立业。军队里的普通人起来反叛，他们要去耶路撒冷——解救耶路撒冷是十字军的宗旨，而不是去为雷蒙·德·图卢兹或博厄蒙德建立领地的。大众的、民族的和欧洲的冲动高于一切个人的愿望；领袖们的崇高地位不足以使士兵群众就范来为他们的利益卖命。后来，置身于第一次十字军之外的君主们也像民众一样陶醉于这个运动了。12 世纪的几次大规模东征是由国王们指挥的。

我一下子谈到了 13 世纪末。欧洲人还在谈论十字军运动，甚至热情宣扬。教皇们鼓励君主和民众，召开宗教会议，赞颂圣地。可是没有人去了；人们不再关心此事。欧洲精神和欧洲社会受到某种因素的侵入，因而中止了十字军东征。私人组织的远征还是有一些的。少数贵族和小股人马依旧向耶路撒冷进发，可是作为

广泛的运动，显然已停止。然而，继续组织十字军的必要性和便利并不见得已消失。回教徒在亚洲节节胜利。在耶路撒冷建立的基督教王国落入了他们手中，有必要去收复，而且现在较之十字军运动开始时，取胜的办法也多了。众多的基督教徒在小亚细亚、叙利亚和巴勒斯坦有了自己的地盘，依然很有势力，他们熟悉当地的交通工具和行动方法。然而，十字军的东山再起终归无望。很明显，社会的两大力量——一方面是君主，一方面是人民，不赞成它。

常有人说这是由于厌倦情绪——欧洲已经倦于进攻亚洲。我们必须对“厌倦”一词有共同的理解，这个词常用于相似的场合而用得如此的不确切。一代人是不可能对他们从未参加过的事情感到厌倦的，不可能对先辈的劳累感到厌倦的。13 世纪没有因为 12 世纪的十字军而感到疲劳，而是他们受到了另一个原因的影响。那就是思想、感情和社会情况发生了大改变，需求和欲望换了样了。他们想的和要的不是同样的事情了。正是这些政治和精神上的变化，而非厌倦，才能解释相继的几代人的不同行为。妄称他们厌倦其实是一个错误的比喻。

两大原因，一种是精神的，另一种是社会的，促使欧洲投身于十字军运动。精神原因是你们所知道的宗教感情和信仰的冲动。自 7 世纪以来，基督教一直在与伊斯兰教斗争。在严重的威胁之下，基督教在欧洲获得胜利，把回教徒遏制在西班牙，并在以后一直致力于把他们逐出境外。有人把十字军说成是一种偶然事件，出乎预见和前所未闻，仅仅由于耶路撒冷归来的朝圣者的叙述及隐士彼得的鼓吹而引起。绝非如此。十字军是四个世纪以来基督教与伊斯兰教的斗争的继续和高峰。有些人喜欢，不论适当与否，把历史事实强作比较和类比。我若认为这种做法有任何价值的话，我可以告诉你们，基督教在亚洲的遭遇和命运如伊斯兰教在欧洲的一模一样。耶路撒冷王国跟格勒纳达王国相互对应。可是此类相似之处并不重要。重要的事实是两个社会和宗教系统之间的斗争，而十字军是这一斗争中的一个转折点。这才是十字军的历史性特质，它是连接事实整体的一个环节。

另一个引起十字军运动的原因就是11世纪欧洲的社会状况。我曾特意解释为什么欧洲在5至11世纪间未能建立起任何具有普遍性的东西。我曾努力说明一切都是地方性的；国家、生活和思想都局限于狭窄的天地里。封建制度的盛行必然如此。经过一段时间，这样狭窄的天地不能使人满足，人的思想和活动都要求超越这种限制。游动的生活已成往事，但对这种生活所带来的刺激和惊险的爱好依然存在。人们奔向十字军犹如奔向一种更为开阔的多变化的新生活，其中既有对往昔自由的蛮族生活的回忆，也向人们开启了一个广阔前景的未来。

我相信这就是12世纪十字军运动的两个决定性原因。到13世纪末，那些原因都不复存在。人和社会发生了如此巨大的变化，以致促使欧洲攻打亚洲的精神冲动和社会需要已不再能感觉到。不知道你们中是否有许多人读过十字军战士所写的历史著作，或者有人想到把第一次十字军东征同时代的历史著述同12世纪和13世纪的作一番比较。例如，把参加第一次十字军东征的阿尔贝·戴克斯、修道士罗伯特、雷蒙·达吉尔作为一类与泰厄尔的威廉和詹姆士·德·维特里作为另一类著述,将两类加以比较就不可能不看到它们之间的差距。第一类是生动的记述者,富有想象力,热情地叙述了十字军的经历。可是他们也是头脑狭窄的人,对他们自己生活范围以外的一无所知,对科学一窍不通,充满了偏见,对周围的事情及自己叙述的事不能有所判断。相反地,只要翻开泰厄尔的威廉所写的十字军运动史,你会惊奇地发现一位近乎现代的历史学家,有一副开展的、宽阔的、自由的头脑,不多见的政治理解力,合理的见解和根据因果关系得出的判断。詹姆士·德·维特里则是另一种发展的例子。他是一名学者,不但关注与十字军有关的事,而且从事习俗、地理、民族学、自然史的记录。他观察和描写了整个地域。总之,第一次十字军的记述者和最后一次的历史学家之间存在巨大的间隔,说明经过了一次真正的思想革命。

这一革命尤其在他们对伊斯兰教徒的说法上表现出来。对第一类记述者来说,也就是对他们作为其代言人的第一批十字军战士来说,伊斯兰教徒只是痛恨的对象。很明显,他们对后者一无所知,除了以宗教敌对的观点来看待他们之外,对他们是一概不予重视,不予考虑的。我们从记述中看不出两方之间有任何社会关系存在的迹象,只有憎恨和讨伐,如此而已。泰厄尔的威廉、詹姆士·德·维特里和司库伯纳德对穆斯林的说法就不一样。可以感觉到,这些人虽然在跟他们打仗,却不把他们看成妖魔鬼怪,在某种程度上,还进入了他们的思想中去,似乎曾跟他们一起生活而产生了某种关系,建立了某种同情心。泰厄尔的威廉热烈颂扬了努尔丁,而司库伯纳德赞美了萨拉丁。他们甚至把穆斯林和基督徒在习俗和行为方面进行比较。他们利用穆斯林来讽刺基督徒，就像塔西佗描写日耳曼人的习俗来和罗马人作对比一样。可以看出两个时期间发生的变化是多么的大，当你发现后一个时期中人们以这种自由和公平的精神来对待基督徒的这些敌人，十字军征伐的对象，而这种态度一定会使第一次十字军参加者感到惊骇和愤怒的。

这就是十字军运动的第一个主要的后果：向思想自主，向更为开阔和自由的思想迈出了一大步。以宗教信仰的名义和影响发动的十字军运动，背离了宗教思想，我不愿说它们的合理影响，而是要说人的头脑中占有的排他性和专制垄断。这一完全预见不到的后果有许多原因。首先，显然是十字军战士亲眼目睹了新奇的、千姿百态的景象，就像一切旅行者那样。俗话说旅行开拓人的头脑，常常见识到异国异俗，听到不同想法，可以使思想开阔，摆脱偏见。这些叫做十字军的各国旅行者也正是如此。他们见到了众多的异域事物和他乡习俗，于是头脑开了窍，提高了境界。他们发现自己身旁还有两种文明，不仅与自己的不同，而且更为先进，一个是希腊文明，另一个是穆斯林文明。希腊社会虽然已经衰弱、变质，正在败落，对十字军来说，仍比他们自己的社会更为先进、优美和开明。穆斯林社会给他们留下的印象也属于同一性质。在这些古老的著述中，谈到十字军给穆斯林教徒留下的印象，令人惊讶。起初，他们被认为是蛮夷，是最无礼、最凶恶、最愚蠢的一类人，而十字军见到穆斯林的财富和雍容举止却十分欣赏。这最初的印象之后，双方之间常有来往。不仅在东方的基督徒与穆斯林之间有了

经常的联系，而且整个西方和东方成了相识，互相访问交往。不久前，一位备受欧洲人尊敬的法国学者，阿贝尔·雷米萨先生①发现了蒙古皇帝与基督教国王之间建立的关系。蒙古的外交使节前来法兰克国王宫廷，其中包括国王圣路易，商讨订立同盟，以便为了蒙古人和基督徒的共同利益重振十字军，夹攻土耳其人。不仅双方君主之间建立了外交和正式关系，两国民间也经常有各种交往。我在此引述阿贝尔·雷米萨的话：

“许多意大利、法国和佛兰芒的修道士受命前往大汗宫廷执行外交任务。蒙古显贵来到罗马、巴塞罗那、巴伦西亚、里昂、巴黎、伦敦、北安普顿。那不勒斯王国的一位方济各会修士成了北京的大主教。他的继任者是一位巴黎的神学教授。然而，还不知有多多少少鲜为人知的人随他们之后去往无人熟悉的地方，有的被掳去当奴隶，有的为利欲所驱，有的出于好奇心。一些名字还幸存下来。第一个来访匈牙利国王的是一位受鞑靼人派遣的英国人，他在本国犯了罪无处安身，来到亚洲流浪，最后在蒙古朝廷供职。一位佛兰芒鞋匠在鞑靼国腹地遇到一个来自梅斯名叫帕凯特的妇女，她是在匈牙利被带走的。还有一位巴黎金匠，他有个兄弟在巴黎大桥开设店铺的。还有一个老家在鲁昂附近的青年，他曾亲身经历贝尔格莱德的陷落，他在东方见到俄罗斯人、匈牙利人和佛兰芒人。一个名叫罗贝尔的唱诗班领唱人在东亚旅行过后回来终老于沙特尔的天主教堂。一个鞑靼人曾为国王美男子腓力的军队承

① Mémoires sur les Relations Politique des Princes Chrétiens avec les Empereurs Mongols. Deuxième Mémoire, pp. 154—157.

办供应头盔。普朗卡朋的约翰在盖约附近遇见一位俄罗斯绅士,名叫特墨,那时正在当一名翻译。许多布雷斯劳、波兰和奥地利商人跟随他去了鞑靼国。另有些人跟随他经过俄国回来,其中有热那亚人、比萨人和威尼斯人。有两个商人,当时正巧在布哈拉,跟随旭烈兀派遣的一个使者去见忽必烈。两人在中国和鞑靼周游,历时多年,带着大汗致教皇的信回来。后来两人带着其中一人的儿子,就是著名的马可·波罗,又回到大汗那里,最后辞别忽必烈朝廷回归威尼斯。此类的旅行在下一个世纪并不稍减,其中有英国医生约翰·曼德维尔爵士、弗留利的奥德立克、佩哥莱蒂、布德赛尔的威廉及其他多人。我们可以认为,那些写了游记保存下来的只占旅行者的极小部分,这一时期中能够做长途旅行的人多于能够写下见闻的人。不少旅行者客死他乡。另一些人回国后依旧默默无闻,然而头脑里充满了所见所闻,向家人讲述,当然会有些夸张,可是在荒诞的故事中仍留下了有用的记忆和结出硕果的传说。于是,在德国、意大利和法国,在寺院里,领主的城堡里,甚至社会最底层的民众间都撒下了不久必将萌芽的种子。所有这些名不见经传的旅行者带着他们本土的技艺远游异国,带回来了同样宝贵的知识。他们自己还不知道这种交换带来的利益超过了商业贸易。通过这些途径,不仅丝绸、瓷器和印度货物的贸易有了扩展和便利,开辟了新的商业路线,而且,更为重要的是,异域习俗、前所未闻的国家、稀奇的物产对着这些自罗马帝国覆亡后困守一隅的欧洲人汹涌袭来。他们开始认识到世界上最美的、人丁最兴旺的、文明最悠久的国家的价值。他们开始学习当地人的艺术、信仰和语言。在巴黎大学甚至有设立鞑靼语教席的一说。充满浪漫色彩的故事，经过讨论和调查后，变得更合理更丰富多彩，向四面八方传播。世界似乎在东边开着口，地理知识跨出了一大步。发现新事物的欲望给欧洲人的探险精神披上了新外衣。对自己所在的半球了解更多以后，另一个半球的存在不再是无稽之谈。哥伦布发现了新大陆，正是因为他想找到马可·波罗所说的‘捷潘格里’。”

你们从导致十字军运动的历史事实中了解到13和14世纪期间向欧洲人的心灵敞开着大门的广大新世界具有何等意义。毫无疑问，这是在这一事件结束时所见到的发展和心灵自由的最有力的原因之一。

还有一个原因值得考察。一直到十字军运动时期，罗马教廷作为教会的中枢，从来不与普通信徒直接联系，而要通过神职人员作为中介，无论是罗马教廷的特使、主教或全体教士。有一些普通教徒与罗马有直接联系，但总的来说，教廷只通过教士与教徒联系。在十字军时期，罗马成了大部分十字军出征和归国的必经之地。许多教众目睹了教廷的政策和生活方式，于是了解在宗教争议中私人利益起着多么大的作用。无疑的，这一了解在许多人的头脑中促成了前所未有的强硬态度。

在考察十字军运动末期人们总的思想状态时，尤其关于教会事务方面，有一个独特的事实不能不引人注意：宗教思想并无改变，没有被相反的或不同的思想所代替，然而人们的思想较以前已自由得多。宗教信仰已不再是思想活动的惟一领域，思想虽没有抛弃信仰，却开始疏远而另有所钟。因此，到13世纪末，决定发动十字军的精神原因，至少也是十字军运动最强大的原动力，已不复存在。欧洲的精神状态发生了深刻的变化。

社会状态也经历了相同的变迁。十字军运动在这方面的影响已有过大量调查研究,说明封建领主为了筹措加入十字军所需的资金,不得不把领地卖给国王,或把自治特许证卖给市镇。许多领主离家远征,从而丧失了大部分权势。我们可以不对细节详加讨论,而把十字军对社会状态的影响归纳为几个总的事实。

十字军运动大大减少了小封地、小领地、小领主的数量,而把权势集中到较少的人手中。只有随着十字军运动的开始,我们才见到大采邑和大的封建实体的形成和扩大。

法国有标明省、县、乡、教区范围的行政划分地图。可惜就是没有一张类似的采邑划分的地图,标出所有采邑的范围和它们之间关系的演变。假如有这样一张地图并利用它来比较法国在十字军运动以前和以后的状况,我们会发现有许多采邑消失了,而大、中采邑又增加了多少。这是十字军运动所造成的最重要的事实。

即使有的小领主保全了他们的领地,他们已不再像以前那样各自为政。大领主们成了中心,围绕着许多小领主。在十字军运动期间,小领主必须随从最富和最强的领主以便得到他的救援。他们跟他一起生活,荣辱与共,同闯险阻。十字军战士归国后,这种社交活动、靠近高级领主生活的习惯,保留下来成为固定的生活方式。因此,在十字军运动后,我们见到大采邑的扩大,同时也看到大领主的城堡宫廷里有了更多的扈从。这些人就是仍旧拥有小片领地而不再自我封闭的小领主。

大采邑的扩大以及社会中心的产生,以取代以前的分散局面,是十字军运动在封建制度内部造成的两个主要效果。

至于自由民方面，同一性质的效果也是明显的。十字军运动造就了大的自治市。小规模工商业不足以造就像意大利和佛兰德的那种自治市。只有大规模商业，海外贸易，尤其东方贸易才能做到，而十字军运动为海外贸易提供了最有力的推动作用。

总而言之，当我们观察十字军运动末期的社会状态，就会发现在此以前的那种各据一隅、各自为政的姑且称之为“普遍的地方性”的趋势已经中止，取而代之的是一个方向正相反的趋势，集中化的趋势。一切都在接近靠拢。小的实体被大的吸收，或簇拥在大实体周围。社会正朝着这一方向前进，取得它的一切进步。

现在你们明白了为什么在13世纪结尾和14世纪中，人民也好，君主也好，都不再热衷于十字军运动了。他们既无此需要，也无此欲望。当初他们出于宗教热情而投身于此，那时宗教思想统治着整个生活，而这种统治已失去活力。他们也曾想在十字军运动中找到一种更开阔、多样化的生活；现在他们就在欧洲可以找到，在社会关系的进展中找到。正是这个时期为国王们敞开了政治扩张的大门；既然在自家门口有可供征服的王国，何必还去亚洲寻求。腓力·奥古斯都参加十字军运动是不得已的，这也是自然不过的事，因为他要使自己成为法国的国王。人民方面也是如此，发财致富之路敞开在他们面前；他们抛弃了冒险活动而选择工作。对君主们来说，冒险活动的位置被政治策划占据了；对人民来说，被大规模的工作所代替。只有一个阶层仍然对冒险活动感兴趣，那就是封建贵族。他们既不必要考虑政治扩张，也不喜欢工作，仍保持旧有的情况和生活方式，因此他们继续奔赴十字军，企图重振旗鼓。

这些，依我看，就是十字军运动的重大和真实的后果：一方面，思想的开阔，头脑的自由；另一方面，生活的扩展，各种活动有了更大的施展领域。十字军运动带来了更大程度的个人自由和政治统一。它有助于人的独立和社会的集中。关于导致文明的工具——十字军运动直接从东方引进的，这一问题已有不少讨论。有人指出，引发欧洲文明在 14、15 世纪中的发展的一些重大发明——指南针、印刷术、火药——是东方早有的，可能是十字军战士从那里带回来的。这一点，在某种程度上是真实的，但是有些说法还是可商榷的。而不容商榷的是十字军运动对人的思想和社会所产生的总的影响。它使欧洲社会脱离了一条非常狭窄的小路而踏上康庄大道，它开始了一个把社会各因素转变成具有现代文明特性的政府和人们的过程。在这同时，大力促进这一过程的制度，君主制，发展起来了。它的历史，从现代国家的诞生一直到 13 世纪，将是我下一讲的主题。

第 九 讲

本讲的目的——君王在欧洲历史及世界历史上的重要地位——这一重要性的原因——研讨君王制度应着眼两个方面——第一，它的真实和永久的本质——它是最高管辖权的人格化——其限度范围——第二，它的灵活性和多样化——欧洲君王是各种君王形式的产物——关于蛮族君王——关于帝国君王——关于宗教君王——关于封建君王——关于现代君王及其真实性质

先生们，在上一讲里，我试图确定现代欧洲比起原始欧洲社会来有何主要的显著的特征。我认为我们发现了这一事实，即起初是多种多样的社会因素减少到了两个：一方面是政府，另一方面是人民。在现代欧洲，再也没有封建贵族、教士、国王、市民、农民作为历史的支配力量和主要角色，仅有两个重大角色占有了整个历史舞台，政府和国民。

如果这就是欧洲文明的结尾，那么这也应是我们研究的方向和目的。我们有必要了解这一辉煌的成果是如何发生、逐渐发展和加强的。我们的研究已进入一个可以对这一现象追本溯源的时代。正如你们都已知道，正是在 12 至 16 世纪之间，欧洲一直在缓慢而隐蔽地进行着活动，把我们的社会引到这个崭新的形式和发育完全的阶段。我们已研究过了我所认为的第一个明显而有力地把欧洲朝这一方向推进的重大事件，即十字军运动。

在同一时期中，几乎与十字军运动发动的同时，君王制开始了它的发展过程，这一过程对现代社会的形成以及政府与人民两大力量从社会诸因素的融合中脱颖而出，起到莫大的作用。

显而易见，君王在欧洲文明史中扮演了极重要的角色。这一点只要看一眼事实就足以使人确信无疑。至少在长时间内，君王与社会本身可以说一直在同步发展。

不仅如此，而且每当社会向着它的时代的、发育完全的特征迈进时，君王制也会有所扩展和昌盛。等到这一过程完成、欧洲各国中除了政府和公众之外不再存在或几乎没有其他重大或起决定作用的势力时，国王就成了政府。

这一事实已经发生，不仅在法国是明显的，而且也已在大部分欧洲国家发生，有的早一些，有的晚一些。同样的结果以不尽相同的形式出现在英国、西班牙和德国的社会史中。例如在英国，那是在都铎王朝时期，英国社会的那种古老的、独特的、地方性的成分衰败瓦解，让位于公众的权力系统，而这也正是君王势力最大的时期。德国、西班牙及其他欧洲大国莫不如此。

我们若把视线移出欧洲，转向世界其他地区，我们会注意到类似的事实。无论何地，我们都会见到君王占有重要位置，看来成了最普遍最恒久的制度。以前没有君王的地方，难以阻止其实行，而在早已存在的地方，则难以根除。自从远古时期，亚洲就在君王统治之下。美洲刚发现的时候，那里的国家都处在君主制的不同组合形式中。在非洲腹地，君王制是疆域稍大一点的国家通行的制度。君王不仅无处不在，而且能适应千差万别的情况，无论是文明社会或蛮夷时世，无论是在文治鼎盛的地方，如中国，或在战争及尚武精神统治的国度。君王制实行于等级森严、种姓制度盛行的社会，也实行于人人平等，不知永恒的法定阶级划分为何物的社会。有的君王暴虐无道，有的促进文明，甚至鼓励自由。君王就像一个可以安装在许多异样躯体上的头颅，不同种子结出的同样果实。

我们可以从这一事实中得出许多奇异而重要的结论。我只提出其中两个。这样的结果不可能仅仅是机遇、武力或篡夺的结果。作为一种制度的君王与每个人或人类社会之间不可能在本质上没有深刻和强劲的相似之处。无疑的，这一制度的起源离不开武力，在这一制度的进展中武力也起了重要作用。但是，我们所见到的这种结果，见到它多少世纪以来一直在发展、重现，而且在如此不同的环境中出现，我们不可能把它归因于武力。武力的确在人类事务中从未停止过它的巨大作用，但它不是原动力。有一种精神动力超越武力及其作用之上，在主宰人间万事。武力之于社会历史犹如身体之于一个人的历史。身体对人的生命固然重要，但它不是生命的原动力。生命在身体内流动，但它并不发源于身体。人类社会也是如此。不论武力产生什么作用，主宰社会、决定其命运的不是武力，而是思想和精神力量在非本质的武力掩盖下操纵着社会的进程。正是这一类的原因，而不是武力，造就了君王。

第二个事实，同样值得注意，是这一制度的灵活性。它具有适从多种不同情况的应变能力。让我们注意其中的反差：它的形式是独一无二的、恒久的、简单的；它不像其他制度有着种类繁多的组合，然而它应用于与它毫无共同之处的各种社会。显然，它必定具有兼容并蓄的巨大能量，而且联系着无论是人还是社会的许多因素和原理。

正是由于对君王制度缺乏全面的考虑，一方面没有深究它特殊的不变的原理，即不论它应用于何种情况，它仍保持的本性和实质；另一方面，没有充分估量它呈现的多种类型，即它与其他基本因素的结合。正是由于缺乏这种视野宽阔的双重观点来考虑君王制度，我们才会对世界历史有所不解，对它的性质和结果也往往有所曲解。

这就是我要同你们一起进行的工作，要准确地、全面地估量这个制度在现代欧洲所起的作用，不论这些作用来自它固有的独特的原理，或是它的变化形式。

毫无疑问，君王的力量，他的真实本质所在的道义力量，并不寓于一时称王的那个人的个人独有的意志之中。人民接受君王为一种体制，哲学家维护这种制度，并不等于他们有意或同意接受某个人的意志的统治。任何一个人基本上都是狭隘、武断、随心所欲、缺乏见识的。

君王虽然以个人意志的面目出现，却与个人意志迥然不同。它是人格化的绝对统治权，是人格化的共同意志。这一意志基本上是合理的、开明的、公正的、不偏不倚的、超越个人意志之上的，正是以这种名义，个人意志才取得统治的权利。这就是国民思想中君王的应有之义，也是他们依附君王的动机。

果真存在一种绝对统治权吗？一种有权统治人们的意志吗？十分肯定，人们相信有的，因为人们追求，一直在追求，说实在的，不能不追求把自己置于它的统治之下。你们可以设想一个由最低限度的人数组成的团体，我且不说是一个民族，这个团体有一个君王作为既成事实凌驾他们之上，君王的权利完全凭借他的武力，无理智、公正或真理可言。这一假设的君王会遭到人的本性的反对，因为人必需有他可以信奉的权利。人们所追求的正是这种至高的权威，也是惟一他们愿意服从的权力。什么是历史，若不是这一普遍性事实的演示？国民生活中大部分斗争又是为什么，若不是为了热情追求一种他们可以接受的绝对统治权？不仅是国民，哲学家们也相信它的存在，也没有停止过这种求索。各种政治哲学的学说是什么，若不是对绝对统治者的求索？它们所研究的若不是谁有权管理社会这一问题，又是别的什么？各种政治制度，神权制、君主制、贵族制或民主制，都自称找到了绝对统治权的归属，都许诺要把社会置于合法理的统治者管辖之下。我重复一下，这就是一切哲学家著书立说，一切国民努力的目标。

为什么他们不得不信奉绝对统治权呢？为什么他们不得不无休止地求索呢？让我们作一个简单的设想：有某件事需要去完成，某种影响需要去施加于整个社会或一些人或某个人身上，显然总要有一个行动规则，一个合法理的意志去遵从和运用。无论是深入观察社会生活中的微末小节，或是惊天动地的大事，你总会遇上一条需要证实的真理，或者一个有待于实现的公正合理的想法。这就是统治者，就是哲学家和国民所孜孜不倦企求的。

究竟到达何种程度，一种人世间的力量或一个人的意志可以恒久地大体上代表这一绝对统治权？这一设想超过了什么限度必然成为谬误和危险了呢？我们尤其对于以君主形象出现的人格化的绝对统治权应持什么看法？在什么情况下，什么限度内，这种人格化是可以允许的？这些都是重大的问题，在这里我不必讨论，但禁不住把它们一一指出来。我只想顺便说几句。

我认为，而且最一般的常识也承认，全部的永久的绝对统治权非一个人所能私有，把绝对统治权赋予任何个人从根本上说是错误和危险的。因此，有必要限制一切权力，不论其名义或形式如何；一切绝对权力，不论靠征服、继承或选举得来，从根本上说是不合法理的。人们对寻找绝对统治者的最佳途径意见不一，在地点和时间上也有分歧，但不论何地何时，合法理的权力行使者不可能是不受约束的统治权持有者。

确定了这一原则之后，同样可以肯定的是任何制度下的君王总是把自己说成是绝对统治者的化身。听神权制怎么说，它告诉你国王是上帝在人世间的形象，也就是说国王是至公、至真、至善的化身。向法理学家请教，他会说国王就是活生生的法律，也就是说国王是绝对统治者的化身，是公正法律的化身，因而有权治理社会。问纯粹君主制下的君主自己，他说君主是国家大局利益的化身。你发现，不论在何种结合情况下，君主总是把自己描绘成绝对统治者的代表和翻版，是能够独自合法地统治社会的。

我们无需对这一切感到惊奇。究竟绝对统治者的特征，来自其本质的特征是什么？首先，它是独一无二的，因为真理只有一个，正义只有一种，绝对统治者也只此一人，它是永恒的，始终如一的，因为真理永不改变。他是超越一切的，世界上的沧桑变迁与它无涉，他在世间的作用就好像一个旁观者和一个仲裁者。好了，正是君王，以最简单的形式，在表面上再现了看来是绝对统治权的忠实形象及其合理和天然的特征。翻开本杰明·康斯坦特先生的著作，可以看到他所描绘的君王。那是一种中立的调节的权力，超越一般的社会事件和斗争，只是在关键时刻才进行干预。这难道不是理想的统治者治理世间万事所持的态度吗？这一思想必然含有某种打动人心的成分，因为它很快从文字变成了事实。巴西的一位国君把这思想纳入宪法成为王权的基础，宪法规定国王是一种调节力量，超乎一切权势之上，是旁观者和仲裁者。

不论何种观点下的君主制度，若与理想中的绝对统治者比较，你会发现在表面上有极大的相似，因而能打动人心是自然而然的事。因此，每当人带着已有的偏向，思索或研究绝对统治者的本质和主要特征时，他的思想或想象力就会倾向君主制度。在宗教思想浓厚的时代，对上帝本质的思考会导向君王，而在法理学家左右社会的时代，从法律观点研究绝对统治者本质的习惯促使他们赞成君王是法律的化身这一信条。人们潜心思考绝对统治者的本质而无其他干扰因素破坏其效果的话，总是对显示其形象的君王产生好感和信任。

此外，有些时代特别有利于这种化身理论。群雄逐鹿，风云莫测的时代，或者出于无知、残忍、腐败，一些人私欲横流，社会沦为个人意志角逐的战场而不能自拔，因为社会缺乏一个自由结合而成的广泛的共同意志，这时候，人们会热烈希望出现一个平息天下的君王。任何一种具有绝对统治权特征之一的制度在这时出现，向社会提出安邦定国之计，社会就会群起支持，热诚拥护，就像逃亡者奔赴教堂寻求避难一样。这就是我们已经调查过的国家在混乱的初级阶段的情景。君王在这种孕育着生机的乱世可以说是适逢其时，因为社会正待形成，需要法度，而人心涣散，不知计从何出。也有别的时代，由于相反的原因，同样显示了君王制度的优点。为什么在共和国末期已濒于分崩离析边缘的罗马帝国以同一国名继续存活了 15 个世纪,虽然只是在长期痛苦中不断衰败下去。只有君王制度才能产生这样的效果,才能把一个眼看要毁于争权夺利的社会维持下来。帝国权力为挽救罗马世界的覆灭奋斗了 15 个世纪。

如此说来,惟独君王制度有时候才能延缓社会的解体,也惟有它有时候能加速社会的形成。这两种情况都是由于君王制度比起其他形式来更明确、更强大地代表并行使了绝对统治权。

无论从哪个观点出发,考察哪个时期的这一制度,你会承认它的主要特征,它的道义原则,它的真实和深层涵义就在于它是惟一有权统治社会的独一无二、高于一切、基本上合法理的意志的形象、化身和自诩的解释者。

现在让我们从第二个着眼点来看看君王制,也就是看看它的灵活性,它扮演的多种角色及其效果。我们必须说明这些特点的由来,从而确定它们的原因。

在这方面,我们有一个有利条件:我们可以立即进入历史,进入我们自己的历史。事有凑巧,现代欧洲的君王具有世界历史上一切君王曾有过的性质。若用一个算术术语来表达,那么欧洲君王就是一切种类君王的总和。我准备快速回顾一下从 5 世纪到 12 世纪的君王史,你们可以从中看到君王呈现的面貌是何等多种多样,也可以看到全部欧洲文明所具有的这种多样性、复杂性、矛盾性如何广泛地在各处出现。

在 5 世纪日耳曼民族大入侵时,有两种君王存在:蛮族君王和帝国君王,克洛维式的君王和君士坦丁式的君王。两者在原则和效果上都是大相径庭的。日耳曼国王由选举产生，虽然他们的选举方式与我们赋予这一概念的方式不同。他们的国王是军事领袖，他的权威必然被大部分同伴所乐于接受，他们服从他，认为他是他们之中最英勇能干的一个。选举是蛮族君王的真正来源，它的原始的和主要的特征。

当然不是说这一特征到了5世纪没有什么变动，或者没有掺入其他因素。各个部落没有首领已经有一段时间了，有些家族赢得了更多信任和重视，也有更多财富。因此，遗产继承已经开始实行，首领就从这些家族中产生。这是结合到选举原则中去的第一个不同原则。

另一个因素也已经掺入蛮族的君王制，那就是宗教因素。我们发现有一些蛮族（例如哥特人）的君王家族是他们的神祇的后代，或者是他们奉为神灵的英雄人物（例如奥丁）的后代。这就是荷马史诗中的国王的情况，他们作为神或半神的子孙而受到类似宗教性的崇敬，虽然他的权力还是有限的。

这就是5世纪的蛮族君王制的情况。虽然已经有了些变化和改动，不过基本上还保持初始的原则。

接着我要举出罗马的帝国君王。这是完全不同的制度。君王是国家的化身，是罗马人的主权和尊严的继承人。拿奥古斯都和提比略的君王地位来说，皇帝是元老院、平民会议和整个共和国的代表，他只是继承了这些体制，集于其一身而已。听听这些开国皇帝说话，至少那些有见识的、知道自己处境的皇帝，谁会听不出他们谦虚的措辞中含着这种认识。他们感到自己面对的是以前享有自主权而让位给他们的人民，他们是作为人民的代表和执行人来向人民说话的。但在事实上，他们行使了人民的一切权力，而且措施之强烈非同一般。这样的权力转移对我们是容易懂的，我们自己曾亲眼见过。我们目睹主权从人民转移到了一个人身上。那就是拿破仑的历史。他也是主权人民的化身，他不停地向人民重复说，“有谁像我这样是1800万人选举的？有谁像我这样是法兰西共和国人民的代表？”我们在钱币的一面看到“法兰西共和国”字样，另一面“拿破仑，皇帝”字样。这是什么意思呢，要不是我刚描述的事实：人民变成国王？

这就是帝国君王的基本性质。罗马帝国头三百年保持了这一性质，直到戴克里先才采取最终的彻底的形式。然而，那已是一场大变革来临之际，一种新的君王开始崭露头角了。基督教苦心经营了三个世纪要把宗教因素引入社会，到君士坦丁的时候，成功了。虽还没有得到独尊的地位，但已举足轻重。这时候，君王以不同的面貌出现了。他的渊源不在尘世，君主不是公共主权的代表，而是上帝的形象、代表和代理人，权力来自上天，而帝国君主的权力来自人间。这是两个完全不同的境界，其效果也是全然不同。自由权利、政治保证很难与宗教君王的原则相结合，可是这原则本身还是崇高的、仁义的、有益的。让我们看看7世纪中形成的君王制度下的君王概念是什么样的。我的引文摘自托莱多宗教会议制定的教规：

“国王之所以称为国王(rex)，是因为他施政公正(rectè)。若他以公正(rectè)行事，他就合乎法理地拥有国王之名。若他不以公正行事，他就可悲地丧失此名。我们先辈有至理名言：Rex ejus, eris si recta facis, si autem non facis, non eris[①]。君王的两件主要美德是公正和明理(理性的卓识)。

“君权,如同人民,必须尊重法律。对上帝意志的顺从给予我们和我们的臣民明智的法律。我们的显贵和我们后代的显贵必须服从法律,全国的百姓也必须服从。

“上帝,万物的创造者,在安排人体结构时,把头颅提升到高处,使各部分的神经从那里发出。他在头上设了火炬般的眼睛,以便从那里可以察看一切有害的事物。他建立了智能,专司管理人体各部分,调节好它们的活动……必须首先管好与君王有关的事情,保卫他们的安全,保护他们的生命,然后安排好与人民有关的事情;像应该做的那样确保了君王的安全,他们就能够同时更有效地保证人民的安全。”

然而,在宗教的君王制度中,一个非君王本身的因素几乎总会介入。君王身旁出现了新的势力,它比君王更接近上帝,更接近君王发轫的根源,这就是介乎上帝与君王、君王与人民之间的教会势力。因而,上帝的形象可能沦为上帝意志的尘世解释者的一个工具。于是,这一制度的多种去向和效果有了新的原因。

这样,我们见到了5世纪在罗马帝国废墟上出现的各种君王制度:蛮族的、帝国的和新兴的宗教君王。他们的命运之不同一如他们的原则。

在法国,蛮族占领初期,蛮族君王占了上风。教会人员多次企图引进帝国君王或宗教君王的性质,但是王族内部的选举,掺入一

① 国君公正则立,不公正则废。——译者

点继承权和宗教思想,仍占优势。在意大利的东哥特人中,帝国君王替代了蛮族习俗。狄奥多里克自封为罗马皇帝的继承人。只要读一读卡西奥多鲁斯的著作,就可以知道他的政府的性质。

在西班牙,君王的宗教性质更甚于其他地方。由于托莱多宗教会议的强大影响力,姑且不说主宰力量,宗教性质占了统治地位。这种地位若没有在西哥特君王的政府本身中表现出来,至少也体现在受教会人员影响而制定的法律以及国王的言辞中。

在英国的撒克逊人中,蛮族习俗几乎原封不动。七国时代的各个王国只不过是各个军事集团的疆域,各有其领袖。军中选举的制度较别的地方更为明显。盎格鲁—撒克逊君王是典型的蛮族君王。

总而言之,5 世纪至 12 世纪间,三种君王制同时出现。每个欧洲国家根据不同情况实行其中之一。

这一时期是如此混乱,不可能建立任何统一和恒久的东西。经过多少盛衰沉浮,到了 8 世纪,仍没有一个定型的君王制度。8 世纪中叶,随着法兰克王国的第二个王朝的建立,事态才有了点头绪,明朗了起来,因为发生的事情规模大了,好懂了,造成的后果也多了。下面你们将看到不同种类的君王如何交替和混合。

在加洛林王朝接替墨洛温王朝时,蛮族君王制一度恢复,选举又出现了。丕平使自己在苏瓦松当选为国王。最初的加洛林国王在分封他们的儿子时,总是想方设法去获得当地首脑的同意,在划分疆域时,也愿意征得国民会议的准许。总而言之,选举的原则以公众同意的形式表现出来,有所恢复。要记住,这一次改朝换代有点像日耳曼人对西欧的又一次入侵,于是重温了一下他们往昔的制度和习俗的旧梦。

同时,我们也看到宗教原则更清楚地介入君王制中来,发生更大的作用。丕平是受到教皇承认和加冕的。他需要有势力的教权的准许,与之交好。查理曼采取了同样的防范措施。宗教性的君王制正在发展。然而,在查理曼治下,这一性质并非主要,而帝国君王制才是他想要重建的。虽然他和教士结成紧密联盟,并利用他们,他自己却不是他们的工具。查理曼梦寐以求的是建立一个大国,取得政治的大统一,复兴罗马帝国。他去世后由老好人路易接位,王权一下子改变了性质,这是大家都知道的事。教士把国王捏在手心里,他们斥责他,废黜他,又让他复位,指挥他。近时处于次要地位的宗教性君王似乎就要立稳脚跟了。

就这样,从 8 世纪中叶到 9 世纪中叶,三类不同的君王出现在一些重大的紧密关联的实际事件中。

老好人路易死后,在欧洲分化的过程中,这三种君王制几乎同时消失了。一切重归混乱。过了些时候,当封建制度盛行时,出现了第四种君王,那就是封建君王。这是混乱的局面,很难给它下个定义。有人说,封建制度下的君王是君中之君,王中之王,他以一级降一级的牢固纽带掌握全社会。就是说,他手下有诸侯听命,诸侯手下有附庸听命,全国上下都在他号令之下,是真正的王。我不否认在理论上封建君王是这样的,但仅是理论而已,并非事实。国王通过等级组织,即联结君王与整个封建社会的纽带,来施展他的全面影响只是政论家的梦想。事实上,这时期的大部分贵族都完全独立于国王,许多贵族不知何为国王,与国王几乎没有或根本没有任何关系。一切主权实体都是地方性的,独立的。国王的头衔,加在封建贵族中的某一人身上，只表示一种记忆，有名无实。

以上是 10 和 11 世纪间君王的情况。到了 12 世纪，胖子路易登上王位后，情况开始有了改变。我们发现国王常常被人提起，他的影响深入到了前所未及的地方，他的社会作用更显活跃。我们若问，这都是以什么名义做的？我们不会找到任何一种君王惯用的名义。他不声称自己是前代皇帝的继承者，或以帝国君王的名义来扩大君权，笼络民心。他也不是由选举产生，或出于神授。选举的痕迹早已无影无踪，世袭的原则已确立。虽然国王登基仍要教会认可，胖子路易在人们心目中所代表的王权与宗教性质毫无关系。一种新因素、新性质进入了王权，一种新君王诞生了。

我无需重复，这一时期的社会是极度不安宁的，暴力争夺无休无止。社会本身对这种可悲状态，对恢复秩序和统一，束手无策。封建体制，诸如贵族议会、领主法庭等等被现代人用来描绘成一种秩序井然，组织有方的政体是没有真实性的，是无权的。它们没有任何能力恢复秩序和公正。社会处在荒芜之中。没人知道，遭到了大的冤情可以找谁去昭雪，找谁去纠正罪大恶极的行为，谁又能做点什么使国家像个国家。国王的名义还在，由一个贵族挂名，只有极少数几个人还向他称臣。以前君王们称王所根据的名义，虽然不能发挥什么控制力量，还留在人们头脑中，有时候还有人承认。这样的人有时候会请求国王出面镇压骇人的暴行，或在他的邸宅附近某个地方多少恢复点秩序，或结束一件旷日持久的争执。也有时候，有人要求国王对他权限以外的某事进行干预，于是国王作为公共秩序的维护者，作为匡时济世的仲裁者干预其事。附属于国王头衔的道义权威逐步为他赢得了这种权力。

这就是从胖子路易在位期间和絮热执政时期起，王权开始具有的性质。我们看到那时候人们的头脑中首次有一种公权的思想，虽然还很不完整，含混而无力。这种公权不属于实际掌握社会的各种力量，它可以为那些无法以常规办法取得公道的人主持公道，建立秩序或至少命令遵守秩序。这是一个英明执政官的形象。他的主要特征是维护或重建治安，保护弱小，裁决难断的争讼。这是一个崭新的面目，自 12 世纪始，欧洲君王，尤其是法国的，就以此面目出现。这既非蛮族君王或宗教君主，也非帝国君王的统治。这是一种有限的，不完全的，附属性的权力，犹如一个全国性的治安官的权力（我想不出更确切的措辞）。

这就是现代王权的真实渊源，也可以说是它的主要原则。这一原则在以后一直有所发展，并使君王制，我毫不犹豫地说，获得成功。在不同的历史时期，我们见到其他性质的君主制的重现，见到我描述过的各种君王制轮番重出问鼎。教士们向来宣扬宗教君王。法理学家努力复苏帝国君王，贵族们有时想重建君王选举制或封建制君王。以上这些人都想在君王身上突出这种或那种性质，而君王本人也在使这些人就范于他的权力扩充。君王们根据情况需要，有时以上帝的代表自居，有时以先世皇帝的继承人自诩。他们不合法理地利用这些名义，却没有一个成为名副其实的现代君王，或成为这一重大力量的源泉。我重复说一下，只有作为公共秩序、普遍公道和共同利益的渊薮和护卫，以一个英明的执政官的面目，作为社会的核心和统一的象征出现，君王才会受到人民的瞩目，或成为众望所归，为人民所支持的力量。

随着我们继续探讨，你们会看到，这一自 12 世纪胖子路易年

间开始的现代欧洲王权性质得到加强和发展，从而成为君王的政治面貌。正是通过这一过程所发生的作用，君王制促使欧洲社会从多种因素演化成今天的政府与人民两个因素的重大结局。

所以说，十字军运动结束时，欧洲踏上了通往现今状态的道路，而君王在这重大转变中起到了应有的作用。在下一讲中，我们要考察12至16世纪间各种旨在调整和维护破坏殆尽的社会秩序而作出的政治重组的尝试。我们要探讨封建主义，教会，市镇各自依照自己的古老原则和原始形式来组织社会，从而抵御正在准备中的全面大转变。

第 十 讲

本讲的目的——对调和现代欧洲各社会因素、使它们在一个社会中，一个中心权力之下，共同生活和行动所作的尝试——第一，组织神权政治的尝试——为何失败——四个主要障碍——格列高利七世的错误——对教会统治的反对——来自人民的——来自君主的——第二，组织共和政治的尝试——意大利的共和国——它们的缺点——法国南部的自治市镇——镇压阿尔比派异端的十字军——瑞士联邦——佛兰德和莱茵河畔的自治市镇——汉萨联盟——封建贵族与自治市镇间的斗争——第三，组织混合政治的尝试——法国的三级会议——西班牙和葡萄牙的议会——英国国会——德国的独特情况——一切尝试终告失败——原因何在——欧洲的总趋势

先生们，我愿意在一开始就确定这一讲的目的。

你们还记得，构成古代欧洲社会的因素中首先引起我们注意的事实是它们的多样性、分隔和独立。封建贵族、教士和自治市镇各有其不同地位、法律和习俗。它们是三种社会，都受其本身的规则和权力所统治。它们之间有关系，有接触，可是没有真正的联合。它们组成不了一个严格意义上的民族国家和政权统一的国家。

将所有这些社会融合成为一体，现在已经完成。这正是，如你们所了解的，现代社会的主要特征。以前的社会因素减少成了两

个，政府和人民；也就是说，多样化已不存在，而同样化导致了联合。可是在这一结局到来之前，甚至为了阻挡这样的结局，有过不少次企图使各个独特的社会，在不破坏它们的多样性和独立的前提下，在一起有共同的生活和行动。没有人想打击它们、损伤它们的地位、特权和特质，而是想把它们联合在同一政权体制中，同属一个民族国家，支持同一政府。

这一切尝试都失败了。我刚才提到的结局，即现代社会的统一，证明了它们的不成功。即使在那些尚有多样社会因素遗迹可循的国家中，例如德国仍有真正的贵族和市民阶层，或英国的国家教会有特别的税收和司法权，很明显，这种独特存在只是虚有其表的幻觉而已。这些独特社团在政治上已混合于大社会中，吸收入国家体制中，受共同权力的管辖，服从同一种制度，顺应相同的思想和生活方式的潮流。我再说一遍，旧的社会因素即使有些在形式上还存在，已毫无独立性可言了。

然而，使它们协调而无所改变，将它们归属于民族统一之中而不丧失其多样性，这样的尝试在欧洲历史中占有重要地位，构成我们现在研讨的这一时期的部分内容，而这一时期正是原始欧洲与现代欧洲之间的分界，是欧洲社会完成其转变的时期。这一时期不仅因此而重要，而且它对以后的事态发展以及实现各社会因素融合为政府与公众两个因素的方式也有极大影响。因此，正确评价和彻底了解 12 至 16 世纪间一切为了创造国家和政府而不毁坏并立的下属各社团的多样性所作出的政治组建的尝试具有重要意义。这就是本讲要做的事。

这是件困难而甚至痛苦的工作。这些政治组建的企图并不都出自善良的愿望，其中许多只是为了私利和施行暴政。然而，也不乏意图纯正、不为私利、真正以促进道德和改良社会为目的者。当时的社会状态如一盘散沙，充斥暴力和罪恶。震惊之下，具有崇高思想的有识之士在不断寻找挽救良策。然而这些尝试，即使是最好的，无一不失败了。多少英勇义举，壮烈牺牲都付之东流，岂不令人伤心。更使人痛苦和悲哀的是，在这些失败的社会改良的努力中掺杂了大量的错误和罪恶。虽然愿望是好的，但大部分尝试是荒谬的，表示了对理智、正义、人权和社会基本状况的深刻无知。失败固然在所难免，也是咎由自取。我们从中看到了人类的艰苦命运，也看到了它的弱点。我们看到极有才智的人抓住了一丁点儿真理就忘了其他一切，对他的狭窄思想以外的一切都视而不见，只瞥见一点自己的事业正义的一面而不见其中包含和允许的非正义。在我看来，人的劣迹和缺点比他的悲惨处境更为可悲，他的错误比他的痛苦更使我感到抑郁。我将描述这些尝试，显示这两个方面的情形。我们必须对这些事做一番研究，公正地对待这些误入歧途、悲惨失败的人和时代，这些人终究也表现了高尚的美德、壮丽的行动，理应得到荣誉。

12 至 16 世纪间政治组建的尝试可分为两类。一类的目标是谋求某一社会因素，无论是教士、封建贵族或自治市镇的绝对优势，压倒其余一切因素，并在这种条件下完成统一。另一类主张调和各个社会阶层，使它们行动一致，而同时又保持各自的自由和保证各自应有的势力。第一类的尝试比第二类更易于蒙上自私和暴政的嫌疑。它们事实上也是更多染上了这些恶行，也确实由于本质的原因采用了基本上是暴虐的手段。然而有些尝试可能是，事实上就是，出自为了人类的利益和进步的纯正意愿。

第一个出现的是实行神权政治的尝试，即置社会各阶级于教士社会的原则和统治之下的意图。你们会记起我曾讲过关于教会历史的话。我曾说明教会内部发展起来什么样的原则，各个原则有多少合法理性，它们是如何由事态的发展自然而然形成的，它们有多少功，多少过。我曾将8至12世纪教会历经的各个状态一一描述：帝国教会、蛮族教会、封建教会及最后的神权政治的教会。我讲的这些想来你们都记得。现在我要说明教士为了统治欧洲做了些什么事，他们何以失败。

组织神权政治的努力很早就开始，无论来自罗马的教廷，还是一般教士的行动。这是教会在政治和道义上处于优势而自然而然产生的结果。但我们发现它一开始就碰上了障碍，即使在它最强盛的时期也无法排除。

第一个阻碍是基督教的本质所决定的。基督教在这方面与大多数宗教信仰完全不同，它是靠说服、靠单纯的精神力量建立起来的。从诞生之日起，它从不以武力用事。在早期，它靠语言来征服，征服的只是灵魂。因此，在它成功之后，教会拥有了巨大财富和威望，我们从没有见过它对社会有直接统治的权力。它那纯粹精神的力量和以说服为手段的根源已印刻在它的生存状态上。教会有很大的势力，却没有权力。它的势力渗透进了城市行政，它对皇帝及其代理人有强大作用，但严格地说，它没有共同事务的管理实权。一种政治制度——不论是神权政治或其他——不能仅靠影响力的间接方式得以建立。它需要行政管理、政令、赋税、国用开支、治理，总而言之，实际掌握社会。通过信仰对国家和政府施加影响可以产生不少效果，控制很大范围，但是不会有一个政府，不会建成一个制度，前途是没有保障的。基督教从一开始就处于这样的境况中：它并立于管理社会的政府之旁，但从未除掉政府或取而代之。这是建立神权政治不可逾越的障碍。

早期的教会还遇到第二个障碍。罗马帝国覆亡，蛮族国家建立，这时候教会是在被征服的一方，面临的首要事情是摆脱这一困境，使征服者皈依基督教，从而将教会提高到与他们同等的地位上。这一工作完成后，教会进而企求统治地位，就碰上了封建贵族的高傲和抗拒。这是世俗的封建阶层为欧洲立下的一大功劳。11世纪的国家几乎全部臣服于教会——君主们无力抵御，只有封建贵族从不接受教士的枷锁，从不对教士卑躬屈膝。只要回忆一下中世纪的大概面貌就会注意到在世俗贵族与教士的关系中存在着傲慢和顺从，盲目相信和自由思想的奇异混合；在这里我们看到了封建贵族的原始情况的残留。你们还记得我曾向你们描述过封建制度的起源，最初的封建社会如何围绕着领主的庄园形成的。我曾提到在那种社会里教士的地位居领主之下。对这一情况的记忆和感受一直留在封建贵族的心中。贵族一直认为自己不仅独立于教会，而且高于教会，因为只有他才拥有并有权管理这一地区。贵族也一直愿意和教士和睦相处，但只是为了保护自己的利益，而不是向教士让步。多少世纪以来，只有世俗贵族对教会保持着社会独立性，而且在国王和人民屈服时，捍卫这种独立。他们是首先起来反对以神权政治组织社会的，并对这一企图的失败发挥了大于其他力量的作用。

第三个障碍，一般来说，不为人所注意，而它的后果也往往被

人误解。

每当一个教士阶层掌握了社会，置之于神权统治之下，其统治权力掌握在已婚教士的手中。这批教士从自身内部增补新生力量，把自己生养的孩子从小培养以适应同样的地位。查看一下历史，看看亚洲、埃及，所有的神权统治都是教士的业绩，教士自成一个完整的社会，自给自足，无求于人。

基督教的教士遵行独身主义，情况就完全不同了。他们为了后继有人，必须在世俗中，在各种社会地位和职业中，找到继承者。这些来自教会以外的新成员，虽经教会集体精神的熏陶，不可能完全同化，总会保留着出身的痕迹；市民或贵族，总会留有某些昔日的气质，以前的状态。无疑的，独身主义使天主教教士处于一种独特的环境中，不问人间一般的利益和生活，这是他们与世隔绝的原因。但为了招募新成员以便教会生息不断，教会又不得不跟世俗社会不停地接触，从而接受并经历一部分社会在精神方面的变革。我毫不犹豫地说，这种经常增添新成员的需要对贯彻神权统治的尝试所造成的损害超过了靠独身主义大力维持的集体精神对神权统治的促进作用。

神权统治的最后一个强大敌手来自教会自身内部。关于教会的团结，已有不少宣扬。的确，教会经常表示这种企望，在某些方面也获得一些成功。但我们不要被冠冕堂皇的字眼或一部分事实所蒙蔽。有什么社会比教士集团出现过更多的纷争，经历过更多的肢解？哪一个集体比教会更为分裂、混乱、动荡。欧洲大多数的国家教会几乎不停地在跟罗马教廷斗争；宗教会议与教皇对垒；异端不计其数，层出不穷；教会的分裂只在旦夕之间。从未见过哪里的意见如此分歧，竞争如此激烈，权力如此分散。教会的内部生活，它的众多分支，激励它的各种变革成了阻挡教会将神权统治施加于全社会的最大障碍。

所有这些障碍在我们所回顾的这一重大尝试之初已显露端倪。然而，它们无法阻止这一尝试在随后几个世纪中循着自己的道路发展。它最光辉的时代，也可以说是它的关键时刻，是在 11 世纪末教皇格列高利七世期间。你们都知道，格列高利的主要思想是教士掌管世界，教皇掌管教士，一个庞大的正规的神权政府掌管欧洲。今天我们隔了这么多年对这件事可以作些评判的话，我认为这位大人物犯了两个大错误。第一个是他大肆炫示他的计划，一贯宣扬他关于精神力量的本质和权利的原则，并像一个倔强的逻辑家一样从中引申出最遥远的结论。就这样，他在远没有找到征服欧洲世俗君王的办法之前，已经在威胁和攻击他们了。人间的事不是用这种僵硬的办法能做成的，也不是靠哲学辩论办得到的。此外，格列高利犯了革命家的通病，想一步登天，不计可能，不量力而行。为了加速实现自己的想法，他和神圣罗马帝国，各国君主，整个教士阶层都在争斗。他不顾后果，不计利害，傲然宣称自己有意志要统治一切王国，一切思想，从而招致一方面是感到危险迫近的世俗权势的反对，另一方面，是担心思想禁锢的新兴自由思想者的反对。总的来看，格列高利对他自己推行的事业害大于利。

然而，整个 12 世纪一直到 13 世纪中叶，神权思想依然兴旺。这是教会最强大最辉煌的时期，虽然我不认为，严格地说，教会在这期间有多大进展。一直到教皇英诺森三世末期，教会只能说是在培育而不是在扩展它的荣耀和力量。就在这看来是教会的鼎盛时刻,大规模的群众反教会行动在欧洲的大片土地上发生了。在法国南部爆发了阿尔比派异端,蔓延一整片人口众多、力量强大的社区。几乎同时,在北方的佛兰德出现了同样的思潮和要求。在英国,威克利夫很有才能地抨击教会的权力,并创立了一个永不消亡的教派。君主们不久也开始步人民的后尘。13 世纪初,欧洲最强大能干的君主,霍亨斯陶芬家族的帝王,在与教皇的斗争中还甘拜下风。到世纪中,圣徒路易,国王中最虔诚的一个,宣布了世俗政权的独立性,还颁布了第一份“国务诏书”,成为此类诏书的样板。到 14 世纪,发生了美男子腓力与教皇卜尼法斯的争执,英国国王爱德华一世的态度也不更为驯服。很明显,到了这时候,建立神权统治的努力已告失败。从此以后,教会就处于守势,不再企图以神权凌驾欧洲之上,只想保住已经到手的权势。欧洲世俗社会的解放到 13 世纪末才真正开始,因为那时候教会才停止自诩为欧洲的主宰。

在看来似乎教会成功希望最大的地方,教会却早就放弃了神权的要求。就在意大利教廷的门槛外,教皇宝座周围,神权的溃败已有多时。代之而起的是一种完全不同的制度——一种民主政治的尝试。意大利的各个共和国是这类尝试的典型,自 11 世纪至 16 世纪间,在欧洲发挥了光辉的作用。

你们记得我讲过的市镇历史,它们是如何成立的。意大利的市镇比其他地方更早熟、更强大,数目比高卢、不列颠和西班牙的更多,也更富庶。罗马的城市制度在那里保留着更强的生命力,更正规。

意大利的乡村部分比起欧洲其他地区也更不适宜于它的新主人居住。土地已经过清障、排水和开垦，没有大森林覆盖，蛮族入侵者无法在这里驰骋狩猎，或者过与日耳曼土地上相似的生活。此外，这里还有一片土地不属于他们。南部意大利、罗马地区和拉文纳仍依附希腊皇帝。由于远离君王和战争的缘故，共和制度在这一地区很早就发展壮大。蛮族不仅未曾掌握意大利全部，即使在征服的部分，他们也不能稳坐江山。东哥特人被贝利萨里乌斯和纳尔塞斯摧毁驱逐。伦巴第人的王国也未能站稳脚跟，被法兰克人灭亡。丕平和查理曼没有消灭伦巴第人，他们采取和当地意大利人结盟的对策来钳制伦巴第人。所以，在意大利的蛮族没有像其他地方那样成为土地和社会惟一的和不受干扰的主人。这就是为什么在阿尔卑斯山的那一边只建立了薄弱和零散的封建制度。权势仍然属于城市，而不像例如高卢所发生的那样转入了乡村居住者的手中。这样的结果一旦被人看清，许多封建领主，出于自愿或形势所迫，纷纷离开乡村进入城市定居。蛮族的贵族变成了市民。可以想象，与欧洲其他城市相比，就这一件事把多少权势注入了意大利的城市。我们在欧洲其他城市见到的市民是谨小慎微、低人一等的人，就像刚获得自由还在痛苦地跟守在他们大门口的主人不住抗争的人。意大利的市民大不相同。征服者和被征服者混居在同一城墙里边。城市不必忙于抵御邻近的领主，居民是向来自由的公民，至少大多数是。他们为保卫独立和权利而抵抗的是来自远方的外国君王，曾经抵抗过法兰克国王，也曾抵抗过日耳曼皇帝。因此，意大利城市具有巨大和先得的优势。别的地方那些最穷的市镇还在无比的艰难中争取自治时，这里已见到了共

和制的城市国家。

这样就说明了欧洲这一部分共和体制成功的原委。它在早期就压倒了封建制度而成为社会的主要形式。可是它缺乏扩展和延续的机制,它缺少不断完善的内因,即扩展和延续的必要条件。

我们在探讨11世纪至15世纪意大利的共和国时,注意到两个似乎矛盾而又确凿的事实。我们看到勇气、活动、才能的惊人发展,因而带来非凡的繁荣,一种欧洲其他地方欠缺的活跃和自由。我们要问一下:居民的实际情况如何?他们如何生活?得到多少幸福?情况就大不相同,历史不可能更悲惨和阴暗了。也许没有一个时期或国家里的人的处境如此动荡,更易于遭受可悲的不幸,发生更多的争执、犯罪和灾祸。另一个事实也是明显的,在大部分共和国的政治制度中,自由在不断萎缩。安全是如此没有保障,各个派别都不得不求助一种较为平稳的制度,然而这种制度不像国家开始时实行的制度那样受人欢迎了。查看一下佛罗伦萨、威尼斯、热那亚、米兰、比萨的历史,可以看到事态的进程不是自由的发展、共和体制范围的扩大,而是趋于缩小,权力集中到少数人手中。总而言之,这些充满活力和财富的共和国缺少两样东西:生活的安全保障,这是维持社会的首要条件,以及体制的发展。

这样就造成了一个新的危害,使共和体制得不到发展。对意大利来说,最大的威胁来自外部,外国的君主。然而这一危险从未使各共和国互相和解,同心协力。它们永远不会采取一致行动对付共同敌人。许多有远见卓识的意大利人,因此也是我们时代中最好的爱国者,哀叹中世纪意大利的共和制度是意大利没能成为一个民族国家的真正原因。他们说,意大利分割成许多心胸狭窄的人群，在各自的情感支配下，不想联合起来组成一个国家。他们引以为憾的是他们的国家没有像欧洲其余部分那样经历一次专制集权，从而建成一个国家，摆脱外国统治而独立。看来处于这一时代的共和体制，即使在最有利的条件下，也不包含前进、延续和扩展的因素——它没有前途。在一定程度上，中世纪意大利的政治体制可以和古希腊的相比。希腊是一个小共和国密布的地方，相互间永远是竞争对手，往往是敌人，有时候也为同一目的而团结起来。虽然历史为我们提供了它们国内许多罪恶的事例，但是比起意大利的共和国来，雅典、拉色德蒙、底比斯等城邦无疑要有更多的秩序、安全和正义。然而希腊的政治生命又何其短促！权力和土地小块割据的局面蕴藏着何等脆弱性的因素！当希腊与强大的邻国马其顿和罗马发生接触时，它马上就屈服了。这些小共和国有过辉煌的业绩而且仍在繁荣之中，却不能联合御敌。同样的情况发生在意大利，就更有其道理了，因为意大利的社会和人民智能的发展还不如希腊人呢。

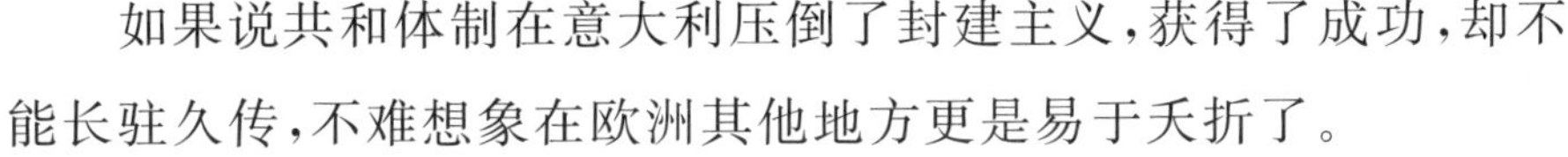

如果说共和体制在意大利压倒了封建主义，获得了成功，却不能长驻久传，不难想象在欧洲其他地方更是易于夭折了。

现在简略说说它的命运。

欧洲有一部分与意大利非常相似。这就是法国南部和邻近的西班牙省份，加泰罗尼亚、纳瓦尔和比斯开。这些地方的市镇都已很发达、富庶和重要。许多小贵族和市民联合在一起，一部分教士也响应他们，总之，当地情况酷似意大利。于是在 11 世纪及 12 世纪初期，普罗旺斯、朗各多克和阿基坦的市镇决意来一次政治飞跃，各自建立独立的共和国，就像阿尔卑斯山那一边的情况一样。

可是法国南部与北部非常强大的封建制度有着联系。这时候，发生了阿尔比派异端事件。于是，法国的封建部分与城市部分之间爆发了战争。你们都知道西蒙德·蒙福尔领导十字军镇压了阿尔比派教徒的这段历史。这是北方的封建主义与南方的试建民主体制的力量之间的一场争斗。南方人纵有爱国热情，北方还是打胜了。南方缺乏政治上的统一，而文明的进展还不足以使人们采取同心协力的行动。建立共和体制的尝试被镇压了，十字军在法国南方重建了封建制度。

隔了一段时间，共和制度的尝试在瑞士山区取得了成功。那里的战场很窄小；他们只跟一个外国君主斗争。他的兵力虽比瑞士人强，还算不上欧洲最难对付的君主。斗争英勇地持续了多年。瑞士的封建贵族在很大程度上与城市联盟，成为强有力的援助者，然而也改变了这一革命的性质，使它比起它的初衷来，多了点贵族政治，少了点进步的特征。

我现在要讲法国以北的情况，佛兰德的市镇、莱茵河两岸及汉萨联盟。在那些地方的市镇内部，民主制度大获全胜。然而从一开始就可以看到它注定得不到扩展，也掌握不了全社会。北方的市镇被封建主义、君主诸侯所包围、压迫，以至于不得不经常采取守势。很明显，它们只能招架而无还手之力。它们保持了它们的特权，然而仅止于城墙里边。民主体制局限于此，不得越雷池一步，乡村地区看不到它的踪迹。

你们看到了共和制尝试的情况：在意大利占优势，但取得完全成功和进展的可能极小；在高卢南部一败涂地；在瑞士山区小有成就；在北方的市镇、莱茵河沿岸和汉萨联盟，永远不得逾越城墙。

虽然共和制在其他因素相形之下处于劣势，还是引起封建贵族极大的恐慌。贵族们忌妒市镇的财富，也害怕它们的力量。民主精神还渗入农村地区，农民造反日益频繁、顽强。几乎全欧洲的贵族相互结盟与市镇对抗。市镇一方势孤力单，它们都是孤立的，相互之间没有协定或联系，一切都是地方性的。各地市民之间的确存在一种同仇敌忾的心理；佛兰德的市镇与勃艮第公爵之间斗争的成败当然会引起法国市镇的悲喜之情。但是这一感情是短暂的，不产生什么结果，不会因此建立什么联系或真正的联合，市镇间也不会互相支援。所以封建主义占了很大便宜，但它内部也各有打算，并不团结，无力摧毁市镇。斗争相持了一段时间后，封建贵族深信不能获得全胜，不得不承认市民的地位，跟他们交往，接受他们为国家的成员。于是开始了一个新秩序，建立一个新体制的尝试，一个混合的体制，目的在于使社会各因素，封建贵族、市民、教士、君王，虽然相互深怀敌意，仍要达成和解，在一起生活和行动。

我们都知道法国的三级会议，西班牙和葡萄牙的议会，英国国会和德国的议会。你们也知道这些议会的成员是些什么人。封建贵族、教士、市民聚集一堂，使它们遵从同一法律和权力，融合成一个社会，一个国家。

我要提出这类尝试的一个典型例子，最有意思也最为人所熟知的，即法国的三级会议。我说了最为人所熟知的，但是我相信三级会议这一名称只能在你们脑子里唤起一些模糊和不完整的想法。谁也说不上来这三级会议有些什么固定的或常规的东西，它有多少成员，讨论些什么题目，多久召开一次，每届会议多长时间。没人知道。无法从历史中找到明确的、具有一般和普遍意义的答案。仔细研究一下法国历史上这些会议的特征，就会发现它们似乎是些偶然事件。国王的财库枯竭，不知如何摆脱困境；人民的苦难深重，没有良策解脱。于是人民和国王在走投无路时采取这最后的一招。贵族出席三级会议，教士也参加，但他们抱的态度是漠不关心，因为他们知道这不是他们可以有所作为的场合，无助于真正提高他们在政府中的作用。市民也不更为热衷；这不是他们想行使的权力，只是不得已而为之。由此可见，这些会议上政治活动的性质，有时候无足轻重，有时候骇人听闻。碰上强有力的国王，他们卑躬屈膝、惟命是从到了极点。若是国王处境不佳，需要各阶级支持，他们就结党分派，成了某种贵族阴谋或某个有野心的领袖的工具。一句话，会议有时候仅是些知名人士的会议，有时候是正规性会议。会议的工作随着会议的结束而结束，想要做的不少，实际做的没有。对法国社会确实发生作用的措施，政府、立法、行政管理的重大改革无一件出自三级会议。然而，决不可以认为会议是一无所用，一无所成的。它有一种道义上的效果，这是一般很少被人考虑的。会议在各个时期中曾是抗议政治奴役的呼声，是某些监护原则的强烈宣言。例如，国民有权征税，干预自己的事务，对权力的行使者加以责任的约束。

这些准则从未在法国消亡。这应该归功于三级会议把对自由的记忆和自由的权利保存于人民的生活方式中，使其不时出现在人们思想中。这是为一国人民立下的不小的功绩。三级会议有过这一功效。但它从不是一个政府机构，从未纳入政治体制中，它也没有完成设立它的目的，即将分裂国家的各个阶级融为一体。

西班牙和葡萄牙的议会结局也一样，尽管情况千差万别，议会的重要性随时间和地点而不同。在阿拉贡，比斯开，在讨论王位继承问题时，在与摩尔人斗争时期，议会开得很频繁，也更有力。有些地方的议会，例如卡斯蒂尔，在 1370 年和 1373 年，贵族和教士没有出席。若是要仔细研究，我们必须考虑大量的细节。总的来说，而我在这里只能说个总的情况，关于三级会议所说的话也可以用于西班牙和葡萄牙的议会。它们是历史上的偶然事件，从来不是一种制度、政治组织和政府的常设机构。

英国的命运不同。我不拟细讲这一题目。现在我只谈几句关于英国的走向与大陆完全不同的原因。

首先，英国没有强大的诸侯能单独与君王抗衡。英国的贵族和大领主只得团结起来共同抵抗。在高等贵族中于是盛行联合的原则和真正的政治风度。此外，英国的封建制度，主要是小领主们，由于一系列事件，目前且不去说它们，逐渐跟市民联合起来在下议院中获得席位，使下议院具有了大陆上议会所没有的力量，足以影响到国家的行政。让我们看看 14 世纪英国国会的状况。贵族是国王的顾问团，与政权的行使有密切关系。下议院由小领主及市民代表组成，不参与严格意义上的政府工作，但是它确立权利，积极保卫私人和地方的利益。国会作为一个整体来说，并不管理国家，但已是正规的制度，在原则上是治理国务的手段，在事实上也是不可缺少的。因此，社会各因素之间的纵横联合，建立起一个单一的政治结构，一个正规的政权，这一尝试在英国是成功的，而在大陆上则是完全失败的。

关于德国，我也只说几句话，为的是说明它的历史特征。那里的人对融合、统一、建立共同的政治体制极少热情。与欧洲其余地

区比较,德国的各社会因素更长久地保持了各自的独特性和独立性。若要证据,可以在现代德国中找到。德国是惟一长期采用封建选举的方法产生君王的国家,不算波兰和斯拉夫国家,因为它们进入欧洲文明系统的时间太晚。德国也是惟一保留教权君王,保留享有真实政治存在和主权的自由市的欧洲国家。很明显,将原始欧洲的社会诸因素组合成单一社会的努力和成效,在德国都要少于其他地方。

我已经向你们展示了一直到 14 世纪末 15 世纪初欧洲建立政治体制的各种尝试。你们看到它们都失败了。我也顺便提到不成功的种种原因。归根到底,只有一个。社会还没有发展到实行统一的时机,一切还是太地方性、太特殊,生活和思想都太狭窄、太多样化,没有足以控制个别利益、个别意见的共同利益和舆论。那时候,才智出众的人也不懂行政管理,不懂真正的政治公正。很明显,一个更富有生命力的文明必须首先把各自为政的社会因素混合、同化、熔于一炉。首先必须有利益、法律、生活方式和思想的高度集中,一句话,必须有共同权力和舆论。我们现在已经到了这一伟大工作得以完成的时代。它的最初征兆、15 世纪的思想和生活状况、形成中央政府和公众舆论的趋向,这些将是下一讲的主题。

第十一讲

本讲的目的——15世纪的特征——国家和政府的日益集中化——第一,关于法国——法兰西民族精神的形成——路易十一的政府——第二,关于西班牙——第三,关于德国——第四,关于英国——第五,关于意大利——国家对外关系和外交的起源——宗教思想运动——贵族改革的尝试——康斯坦茨和巴塞尔宗教会议——民众改革的尝试——约翰·胡斯——文学的复兴——对古代的仰慕——古典学派或自由思想者——一般活动——航海、发现、发明——结论

先生们,我们已经踏在现代史的门槛上——我们所属的这一社会的门槛上。这一社会的体制、想法和生活方式在40年前是法国的,现在仍是欧洲的,仍然在我们经历了革命引起的变化后对我们产生强大的影响。我曾提到,16世纪是现代社会真正的开始。在进入这一世纪前,我请诸位回忆一下我们已走过的路。我们在罗马帝国的废墟中曾找到构成今日欧洲的全部主要因素。我们看到这些因素独立地为了各自的利益壮大起来,各显特色,扩充力量。在历史早期,它们一直处于分隔、孤立的状态,具有地方性和特殊性。它们刚刚到达这一境地——封建制度、市民、教士各自有了自己独特的形式和地位,我们就看到它们互相接近,汇合,走向一个共同的政府。为了这一目的,欧洲各国尝试了国内并存的各

种制度，向神权制、贵族制、民主制、君王制求索政治和精神上的结合，社会统一的原则。这些尝试目前都失败了。还没有一种体制或势力能掌握全社会，从而保证一个真正的符合民意的命运。我们发现，失败的原因在于缺乏共同的利益和想法，一切依然太特殊，太个别，太地方性。必须长期致力于集中化才能使社会的发展和凝聚同时并举，成为一个既伟大又正规的社会——这是社会所企望的目标。这就是 14 世纪末欧洲的状况。

欧洲自身毫不了解我在前面向你们说明的这一处境。它不清楚究竟自己要什么，求索什么，然而它一直在探索，就好像它知道似的。14 世纪结束了。欧洲自然而然地，又好像是本能地走上了集中化的道路。向着这一结局靠近就是 15 世纪的特征：不停地建立共同利益和想法，消除特殊性和地方性，联合起来提高生活和才智，总之，在前所未有的规模上创建国家和政府。这一创举的发生有待于 16、17 世纪。15 世纪是准备阶段。我们现在要研究的正是这一准备工作——在暗中默默进行的使社会关系和思想集中化的工作。它是未经筹划或设计的，事态的自然的发展进程。

于是，人类在执行一项他自己没有想到、也不一定懂的计划中前进。他是一个具有才智和自由意志的工匠，在制作一件不属于他的作品。他要在到达以后，当这件作品在现实中展现自己时，才会认出或了解它，也许到那时候还不完全了解。然而，这确实是他的作品，是他凭借自己的才智和自由而完成的。设想有一架很大的机器，只有一个人知道它的功用。机器的各部分交由不同的、分散的、互不相识的工人操作。每个人并不知道整体的工作是什么，会取得什么具体的总的成果，然而每个人都施展了才智和自由，以合理和自愿的行动去做他担负的一份工作。上天为世界设下的、由人自己来实施的计划正是这样的。两个事实就这样共存于人类文明史中：一方面是天数，非科学和人类意志所能掌握的；另一方面是人的才智和自由所产生的作用，是他出于自愿，随从自己的思想和倾向而取得的结果。

为了正确理解 15 世纪——对这一现代社会的序曲有一个清晰精确的了解，我们要把事实分类。首先探讨的是政治事实，即导致国家和政府形成的变革。然后再来看看精神方面的事实，观察思想和生活方式上的变化，从中推断出人心的归向。关于政治事实方面，为了简单明了起见，我将逐一检查欧洲各大国，以便看到它们在 15 世纪始末的不同情况，在这一世纪中的经历。

先从法国开始。14 世纪后半至 15 世纪前半是你们都知道的与英国人交战的民族战争时期。这是法国反对外国统治、谋求民族独立和法兰西称号的年代。快速回顾一下历史就可以看到，尽管有分歧和通敌行为，法国社会各阶级如何同心协力参加到斗争中去，封建贵族、市民、甚至农民的爱国热情何等高昂。这一事件深得民心的特征，即使别无其他事例作证，单单由贞德的历史来说明，就绰绰有余了。贞德来自人民，鼓舞和支持她的是人民的情感、信仰和热情。她受到宫廷和军队头目的怀疑、轻蔑、甚至敌视，但她得到士兵和人民的拥护。派遣她去救援奥尔良市的是洛林的农民。没有其他事件更能说明这一战争的人民性和全国的态度。

法兰西民族性的形成就这样开始了。在瓦卢瓦家族统治开始之前，法国是封建性质为主的国家，不存在法兰西民族、法兰西思想和法兰西爱国主义。自瓦卢瓦起开始了真正的法国。通过瓦卢瓦国王们的战争，他们命运的各个阶段，贵族、市民和农民破天荒第一次由一种精神纽带联合起来了——共同的名称、共同的荣誉、克敌制胜的共同愿望。但不要以为可以从中找到真正的政治精神，或在政府和体制中找到我们今天思想认识中的那种体现统一的目的。在这一时期的法国，所谓统一只在于国家名称、民族荣誉以及国家有自己的王室，即不论谁当国王，只要不是外国人就行。与英国的斗争就是以这一方式促进了法兰西国家的形成，推进了它的统一。在精神上创建国家，发展民族精神的同时，法国也可以说在物质上建立起来，那就是它调整、扩张、加强管理它的领土。法国版图上的大部分省份都是在这一时期中合并进来的。在查理七世治下，并入了被英国人占领过的诺曼底、昂古穆瓦、图赖讷、普瓦都、圣通日等省。路易十一世时期，并入10个省，其中3个后来失而复得，计有鲁西永和塞尔达尼、勃艮第、弗朗什-孔泰、皮卡迪、阿图瓦、普罗旺斯、曼恩、安茹及佩尔什。在查理八世和路易十二世统治期间，安妮先后和这两个国王的婚姻为我们带来了布列塔尼。于是，在同一时期内，同一事态的进程中，国家领土和民族精神的建立并驾齐驱。法国在精神和物质上共同扩大和统一起来。

再说说政府的情况。可以看到同样的事实和趋势。法国政府的缺乏统一、联系和力量莫过于查理六世和查理七世初期的时代。在后者统治末期，一切大为改观。可以明显看出政权有所加强、扩大、更有条理，一切治国的重要手段——税收、军备、法律——都有大规模的建树，而且大体上保持一致。这是建立常备军的时代，成立了以职业兵组成的骑兵部队和弓箭步兵队。查理七世利用这支军队在那些战后仍遭乱兵破坏掠夺的省份里恢复秩序。当时的历史学家都对这些军队起的奇妙作用感到惊奇。同时，国家的主要财政来源，人头税，变成了永久性的税项。这对人民的自由是严重打击，但大大有助于政府的正规化和增强力量。同时，政权的一大工具，司法管理，也有所扩大和建树。议会的数目增加了，在很短时期内组成五个新议会。路易十一世期间成立的有：格勒诺布尔(1451 年)，波尔多(1462 年)，第戎(1477 年)，以及路易十二时期的鲁昂(1499 年)和埃克斯(1501 年)。巴黎的议会在司法管理及其政策的制定方面也大大加强了重要性和坚定性。

就这样，在构成政府实质的军事、税务和司法方面，15 世纪的法国具备了前所未有的长久和正规的性质。公权肯定无疑地取代了封建权力。

同一时期内，另一个极为不同的变化也在发生，不那么显而易见，历史学家们也更少重视，然而其意义也许更为重大。这就是路易十一在治理国家的方式上引入的变化。

关于路易十一与国内高层贵族之间的斗争，他对贵族的贬抑，对市民和下层阶级的青睐，有过不少记述。其中不乏真实性，但一大部分是夸大其词的。同样真实的是，路易十一对各阶级的不同对待往往对国家有损无益。但他做了更重要的事。在他以前，政权的行使几乎完全靠武力和物质手段。说服、谈话、引导思想，一言以蔽之，谋略，一向不为人所重视。谋略固然含有虚伪和欺骗，但也有驾驭人心、深谋远虑之妙。路易十一在他的治国方法中用智力代替物质手段，机智代替武力，意大利式的谋略代替封建方法。让我们看看这一时期我国历史上两个一直在较量的人物：莽汉查理和路易十一。查理是旧统治方法的代表，一味暴力从事，动辄兵戎相见，不知忍耐，攻心为上，以使人为自己所利用。而路易十一正相反，他乐于避免用武，以说服为能事，善于察言观色，投人所好，乘虚而入。他既不增减机构，也不修改制度，只是采取隐蔽的方法，权势的策略。更大的变革还有待于现代政治来试验，那就是要把公正引进政治手段中，也引进政治目的中去，以公正代替自私，以宣传代替蒙骗。然而，放弃经常动用武力，发挥智力优势，以心服人，避免生灵涂炭，这是进步的迹象，无可置疑。路易十一以他过人的智力是首先使用这一方法的人，虽然他犯下不少罪行和错误，并非一个善良的人。

说过法国，再说西班牙。那里的事态发展具有同一性质。15世纪也是西班牙民族统一形成的时代。格勒纳达王国的覆灭结束了基督徒与阿拉伯人之间的长期斗争。而且，由于天主教徒费迪南和伊莎贝拉的联姻，使两个主要王国，卡斯蒂尔和阿拉贡联合在同一统治之下，国家更集中化了。同法国一样，王权有所扩大和加强。王权的支点不是议会，而是一个更为严酷的机构，有一个更惨痛的名字，那就是宗教法庭。这个机构开始时不是它成熟后变成的样子，但已伏下了祸根。起先它是政治性的而不是宗教性的，为了维持秩序而不是保卫信仰。西班牙与法国可比的地方不仅在制度方面，也在人的方面。天主教徒费迪南的个人和他的统治与路易十一相似，只是少一点谋划心计和忙碌而已。我不屑做牵强附会的比较，但这里做的对比，在一般事实和细节上，都是很贴切的。

德国的情形也一样。到15世纪中叶，1438年，奥地利王室重返神圣罗马帝国，于是帝权获得了前所未有的长久性。后来的选举只不过起了批准这位世袭继承人的作用。到15世纪末，马克西米利安一世重振家势，正常发挥中央权威。查理七世首先在法国建立常规军队，马克西米利安在他的国家内依法炮制。路易十一在法国创设邮政，马克西米利安把它引进德国。文明进步的产物同样在各国兴起以巩固中央政权。

15 世纪的英国历史由两大事件构成：在国外是与法国的抗争，在国内是玫瑰战争。如此不同的两场战争导致同一结果。对法战争得到英国人民的热情支持，而这一支持只对王权有利。早已善于限制国王军力和供应的英国人在这一时期中却毫无预见向国王敞开供应。一项重要的税收，关税，从亨利五世登位之日起就交给了他使用，一直到他去世。在国外战争结束时，或快结束时，一场内战，其衅端与外战有关，继续进行。约克家族与兰开斯特家族争夺王位。这场血腥的战争结束时，英国的高层贵族已经精疲力竭，无法维持昔日的权力。大贵族们的联合不复能左右王位的归属。都铎家族的亨利七世于 1485 年登上宝座，于是开始了政治集中、王权胜利的时代。

意大利没有建立君王制，至少名义上没有，但从结局来看，有没有无关紧要。到 15 世纪，一些共和国纷纷覆亡，即使有的仍保有此名义，大权已落到一两个大家族手中，共和生活灭绝了。在意大利北部，所有的伦巴第共和国都并入了米兰公国。佛罗伦萨于 1434 年落入了梅迪奇家族的手中。热那亚于 1464 年沦为米兰的属国。大部分共和国或大或小，都由一些显贵家族执政。不久，外国的帝王又染指意大利，在北部控制了米兰人，在南部攫取了那不勒斯王国。

不论我们将视线移到哪一个欧洲国家，注视它的历史的哪一部分，是关于国民的，政府的，制度的或整个国家的，我们都会看到旧的社会因素和形式行将消失，传统的自由权利在消亡，新的、更为集中的、更正规的权力在兴起。旧欧洲的自由权利的衰亡令人深为悲哀，同时也引起一些人的痛心疾首。在法国、德国，尤其是意大利，15 世纪的爱国者面对这场可能带来全面专制暴政的革命表示深恶痛绝，强烈反对。对他们的勇敢不能不表示钦佩，对他们的悲哀，不能不表示同情。但必须了解，这场革命不仅不可避免，而且是有益的。原始欧洲的制度、旧的封建和地方性自由权利不能维系社会。社会生活的关键在于安全和进步。任何制度若不能在当前维持秩序，在将来取得进步，那就是坏的，不能长久。这就是 15 世纪的旧政治形式、旧欧洲自由权利的命运。它们不可能为社会提供安全或进步，必须求助于其他原则，其他手段，才能取得。这就是我刚向你们展示的这些事实的意义。

另一个事实也发源于这一时期，在欧洲的政治史中具有重要地位。从 15 世纪开始，各国政府间开始建立起经常的、正规的、永久性的关系。一些重大的联盟第一次在欧洲形成，无论是为了战争还是和平，发展到后来成为一种均势体系。15 世纪是欧洲外交的开始。到世纪末，可以看到欧洲大陆上的大国、教皇、米兰的公爵、威尼斯人、德国的皇帝以及西班牙和法国的国王都在联络、谈判、联合与相互抗衡。当查理七世发动远征军去征服那不勒斯王国时，西班牙、教皇和威尼斯人缔结联盟与之对抗。几年后，1508 年，成立了对抗威尼斯人的坎布雷联盟，继此又有 1511 年针对路易十二的神圣同盟。所有这些盟约都起源于意大利人的权术、君王们霸占意大利的愿望以及惟恐别人称霸的恐惧。这一新事物对王权的发展非常有利。一方面，由于国家对外关系的性质，建立这种关系只能是一个人或几个人的事，而且需要一定程度的保密性。另一方面，普通人民缺乏预见，这一类联盟造成的后果非他们所能了解，引不起他们的关心，于是听任中央政权去裁夺。所以，从一开始起，外交事务就由君王执掌，而且外交是君王的专权，国民无需过问的想法——尽管作为自由民，他们有权参与制定税赋并干预其他事务，这种想法如同一项既定原则，一条不成文法，几乎在所有欧洲人的头脑里扎下了根。翻开英国历史到16、17世纪的篇章，可以看到这一想法所起的作用。在伊丽莎白、詹姆士一世和查理一世时期，这种想法使英国人的自由权利遇到多少障碍。正是以这一原则的名义，宣战议和、商务关系及其他外交事务都成了君王的特权，独裁权力以此为辩解而不顾国民的利益。国民一直不敢对此特权提出异议，因而付出更惨重的代价，因为从我们现在讨论的时代即16世纪起，欧洲的历史基本上是外交的历史。将近三个世纪以来，对外关系一直是历史上的重要事实。大陆上各国已有章法可循，国内政治至少不再引起暴力动乱，也不再吸引公众的活动。引人注意、充斥史书的是对外关系、战事、谈判、盟约。于是，国家的命运一大部分都委于君王特权和中央权力了。

然而，事情也不得不如此。若要公众有效地参与这类事务，文明还需迈出一大步，智力和政治技巧还需更大的发展。16至18世纪内的民众还不具备必要条件，只要看看17世纪初发生在詹姆士一世统治下英国的情况就知道了。詹姆士的女婿，一位选侯，当选为波希米亚国王，失去了王冠，甚至他的世袭侯国也被剥夺。整个新教世界关注他的处境，因此英国也表示了强烈关注。英国舆论大哗，逼迫国王詹姆士支援他的女婿复国。国会大嚷要开战，答应筹措军费。詹姆士不愿出兵。他回避这件事，做了一些谈判的尝试，派往德国一些军队，然后回来告诉国会需要 90 万英镑，此举才有可能奏效。没有人说国王夸大了估计，看来事实也并非如此。可是国会对此巨额费用惊恐退缩，很不情愿地批准了 7 万英镑来为一个千里以外的君主复国复位。公众在这类事情上表现的政治无知和无能于此可见。那时候，他们还不具备经常或有效地进行干预的条件。这就是外交大权集中于中央的主要原因，只有中央政权才有此条件。当然，我不是说他们处理外交总是为了维护公众利益，远非如此，不过多少有些连续性并切合实际一些。

不论我们从哪一个角度观察这一时期的欧洲政治历史，内政、外交、战争、司法、税务等等，我们都发现同一特征，即趋于集中、统一、有组织性、以公利和公权为主的倾向。这就是 15 世纪在默默做的工作。还没有显著的成果，也没有使社会发生真正的革命，可是正在为此铺平道路。我现在要向你们展示另一性质的事实，一些与人的思想、共同认识的发展有关的精神领域内的事实。我们会看到同样的现象、同样的结局。

先从我们常在讲的一类事实说起。这类事实以不同的方式在欧洲历史中占有重要地位，即与教会有关的事实。一直到 15 世纪，我们还从未见到在欧洲除宗教思想外有过真正能影响人民大众的普遍而有力的思想。我们看到只有教会才有权支配、传播、规定这样的思想。确实，常有闹独立，甚至搞分离的尝试，教会要费不少力去克服。到目前来说，教会还是把它们压倒了。教会所排斥的思想未能在人们头脑中普遍和长久地扎下根来。阿尔比教派遭到粉碎即是一例。在教会内部，分歧和争执也经常不断，不过未造成有决定意义或重大的后果。到 15 世纪初出现了前所未有的事，新的思想，公开要求改革的呼声，震撼了教会。14 世纪末，15 世纪初是西方教会大分裂的年代。结果教廷迁移到阿维尼翁，又出现了两个教皇，一个驻在阿维尼翁，另一个在罗马。两个教皇之争即是所谓的西方大分裂。它开始于 1378 年。1409 年在比萨召开的宗教会议意欲结束这一局面，同时废黜两个教皇，另举第三个，亚历山大五世。大分裂不但没有平息，反而升温了，两个教皇变成三个，混乱和腐败继续增长。1414 年在西吉斯蒙德皇帝号召下召开了康斯坦茨宗教会议。会议并非要选出新教皇，而是要改革教会，并首次宣布全体代表会议具有不可解散的性质，其权力高于教皇。会议着手在教会中牢固树立起这些原则，革除教会中的腐败，尤其要改革供养罗马教廷用的贡赋。为此目的，会议建立了我们现在所称的调查委员会，也就是改革团，由各国出席会议的代表组成。改革团负责调查有哪些腐败行为玷污了教会，如何纠正，要向全体会议提出报告，再由会议讨论实施办法。正当会议忙于此事时，又出现了争论不休的问题：会议是否可以在没有教会领袖出席、没有教皇支持的情况下进行整治腐败的改革。答案是否定的，这一决议是在罗马派的影响下通过，受到诚实而胆小的人的支持。会议于 1417 年选出了新教皇，马丁五世，要求他提出一份改革计划。计划没有通过，会议就此解散。1413 年为了同样目的在巴塞尔召开新的宗教会议，继续康斯坦茨会议的改革工作。同样失败了。会议内部就像基督教一样发生了分裂。教皇把会议迁到费拉拉，后来又迁到佛罗伦萨。一部分高级教士拒不服从，留在巴

塞尔。就像以前有过两个教皇一样,现在又有了两个宗教会议。在巴塞尔的会议继续改革计划并选出自己的教皇菲利克斯五世。过了一段时间,会议自行迁到洛桑,1449 年解散,一事无成。

就这样,教皇打了胜仗,把握住了战场和教会的统治权。宗教会议没有完成它要做的,可是却做了它没想要做的,而且留下了效果。在巴塞尔会议改革尝试失败的时候,君王们抓住了会议宣布的思想和提出的制度。法国的查理五世根据巴塞尔会议的法令拟定国务诏书,于 1438 年在布尔日公布。诏书宣告:主教必须由选举产生,废除"初果税",革除教会内的积弊陋习。国务诏书被宣布为法国的国家法律。在德国,美因兹的议会于 1439 年采纳诏书为德意志帝国的一项法律。于是,宗教权威的不成功尝试由世俗权威完成了。

可是改革计划又遇上了新的挫折。国务诏书就像宗教会议一样终告失败。它在德国突然夭折,议会于 1448 年,经过与教皇尼古拉五世的谈判,废弃这一法令。1516 年,法国国王弗朗西斯一世也放弃了它,代之以他与教皇利奥十世的协定。君王们的改革不比教士的更为成功。但千万不要以为它完全消亡了。就像宗教会议留下了影响,国务诏书也留下了它的效果,在现代历史中发挥重大作用。巴塞尔宗教会议定下的原则是强劲而有生命力的。才识卓越的人、思想活跃的人采纳并支持这些原则。15 世纪一些杰出的人士,如巴黎的约翰、达伊、热尔松等竭力维护它们。宗教会议无妨解散,国务诏书无妨废弃,它们所定的教会管理的总原则以及必须进行的改革在法国扎下了根,绵延不绝,并进入了议会,成为强大呼声。在它们的影响下,首先产生了詹森教派,后来又有了高卢教派。这一系列旨在改革教会的准则和努力,由康斯坦茨会议发起,以博叙埃主教的四点主张结束,都出自同一源泉,奔向同一目的,是同一事实的相继演变。15 世纪的合法改革的尝试尽管失败了,它在文明进程中的地位、它的巨大的间接影响,未尝稍减。

宗教会议寻求合法改革是有道理的,因为惟有如此才能阻止一场革命。差不多在比萨会议试图结束大分裂和康斯坦茨会议进行教会改革的时候,民众的宗教改革运动首次在波希米亚猛烈爆发。约翰·胡斯的预言和历程始发于 1404 年他在布拉格传教的时候。在这里,两个改革运动并驾齐驱。一个来自教会内部由教会权贵进行的,一个明智而又羞羞答答、胆怯的改革。另一个发自教会以外,反对教会的、凶猛而热烈的改革。这两股力量和两种意图进行了较量。宗教会议把约翰·胡斯及布拉格的哲罗姆传到康斯坦茨,宣布他们为异端和革命者。这样的事我们今天完全能够理解——两个同时发生的改革运动,一个来自政府,一个来自民间,相互对立,却有共同渊源,同样目的,一句话,殊途同归。这正是 15 世纪发生的事。约翰·胡斯的民众改革运动暂时遭到窒息。他死后三四年就爆发了胡斯信徒的战争。战争持久而剧烈,可是帝国最后还是赢了。但是只要宗教会议的改革未获成功,它追求的目的未能达到,来自民间的改革就酝酿不息,伺机而动。这一机会于 16 世纪初出现了。假如宗教会议进行的改革得以实现,那么(马丁·路德的)宗教改革运动也许就不会发生。但两者中必有其一会成功,它们的同时发生说明这一必然性。

这就是 15 世纪末欧洲有关宗教的情况——宗教权贵尝试改革未获成功,民间改革开始、受挫、伺机再起。但是这一时期人们

的思想骚动,不仅限于宗教信仰领域。你们都知道,在14世纪期间,希腊和罗马的古代遗产在欧洲可以说是复活了,但丁、彼特拉克、薄伽丘以及他们的同时代人是如何急切地搜寻希腊和罗马的文稿来印发传播;这一类的小小发现又会引起多大的轰动和喜悦。

在这样激动的气氛中,欧洲产生了一种学派,对人类思想的发展具有一般人未予充分估价的重要性。这就是古典学派。让我事先告诉你们,不要把我们今天赋予这一词的意义加在它身上。它不是一种文学系统或论点。那时候的古典学派不仅对古人如维吉尔和荷马的著作,而且对整个古代社会,它的制度、见解、哲学和文学都怀有热烈的仰慕之情。必须承认,古代在政治、哲学和文学方面比14、15世纪的欧洲要优越得多。因此,它产生这么大的影响,使众多思想高尚脱俗、有所追求的人,由于厌恶本时代的粗野习俗、混乱思想和野蛮方式而致力于研究甚至崇拜一个正常而发达的社会,这是不足为怪的。于是15世纪初就出现了这样的一批自由思想者,其中包括高级教士、法学家和学者。

这期间,君士坦丁堡被土耳其人攻陷,东罗马帝国覆灭。希腊难民逃往意大利,带来了更高深的古文化知识、大量文稿和无数研究古文明的新方法。可以想象,这使古典派人士对古代的景仰热情倍增。这是高层教士飞黄腾达的时代,尤其在意大利,倒不是说他们的政治权力,而是说他们的奢华和财富。他们洋洋得意,沉湎于骄奢淫逸的文明所提供的乐趣之中——喜爱文学和艺术,热衷于社交和物质享受。看看这个时代在政治和文学方面起过重大作用的人物过着什么样的生活,例如红衣主教班博。令人惊讶的是穷奢极侈与才智发展并举，娇弱与胆识兼有。回顾这一时代，察看它的思想和精神状态，使人感到仿佛置身于18世纪的法国，同一种对新知识、新思想刺激的追求，同一种对轻松愉快的生活的喜爱，同一种娇弱淫逸的风气，同一种政治魄力和道德信念的贫乏，而思想却又出奇的坦诚和活跃。15世纪的文人学士与教会高层人士的关系一如18世纪的文人和哲学家与大贵族的关系。他们有共同的见解和生活方式，和谐相处，对周围正在酝酿中的动荡置身事外。15世纪的教会显贵，自红衣主教班博开始，肯定不曾预见马丁·路德和卡尔文会出现，就像宫廷中人想不到会发生法国大革命。情况何其相似。

概括说来，15世纪在精神领域有三大事实：一，教会本身发起的改革教会的尝试；二，民间发起的宗教改革；三，学术界的变革，产生了自由思想者学派。这些转变发生的大背景就是欧洲最重大的政治变革，即人民与政府的集中化。

然而，远不仅此而已。这是人类最重大的外向活动的时期，是航海、冒险、发现和各种各样发明的时期。葡萄牙人沿非洲海岸的远航，瓦斯科·达·伽马发现好望角航线，哥伦布发现美洲，欧洲商业的发展，都发生在同一时期。还有许许多多新发明问世，有些本来只在小范围内为人所知的发明现在推广通用了。火药改变了战术，指南针改变了航海技术，油画技巧的发展使欧洲布满杰作，而1460年发明的铜版雕刻复制和传布了这些杰作，亚麻纸成了普通物品，最后，印刷术于1436年至1452年间发明。印刷术，这一多少华彩辞章和老生常谈的题目，它的好处再多的辞章和常谈也是道不完的。

你们看到了15世纪的重要性和它的活动——其重要性仅部分可见,而活动的效果尚未充分发展。暴力的改革运动似乎未能成功。政府加强了力量,人民趋于平息。可以认为社会将享有更好的秩序,取得更快的进步。但是,16世纪的强大革命已迫在眉睫。15世纪是它的准备阶段。这些革命将是下一讲的主题。

第十二讲

本讲的目的——从现代历史中识别概括性事实并非易事——16 世纪的欧洲画面——仓促下结论的危险——对宗教改革发生原因的各种看法——它的主要性质是人类的心灵对思想领域内专制的反抗——这一事实的证据——宗教改革在各国的不同命运——宗教改革的弱点——耶稣会教士——宗教社会的革命与世俗社会的革命之间的相似之处

先生们，我们时常哀叹欧洲社会杂乱无章，埋怨无从理解和描述这散沙一般支离破碎的社会，渴望并召唤一个具有共同利益、秩序和统一的时代。现在我们已达到了目的，我们正进入一个有共同事实、共同思想、有秩序和统一的时代。于是我们遇到了另一种困难。以前我们一直不知如何将事实联系起来，找出它们的关系，发现它们的共同点，然后辨认出某种完整性。在现代欧洲，这一切都倒了过来。社会生活中的所有因素和事情都在变化，相互发生作用和反作用，人际关系变得纷繁复杂。人民与政府的关系，国家间的关系，人的各种思想意识之间的关系，莫不如此。在我们已经讨论过的时代里，有大批事实是在孤立状态中，它们互不相干，互不影响。我们现在再也找不到孤立的事实，一切都相互接触、混杂、在会合中有所改变。在如此的多样性中要抓住其同一性，对一个如此宽阔和复杂的运动要决定它的去向，要对有如此明显关系的大量不同因素一一回顾，总之，要确定这一有概括意义的主要事实。它能作为一系列事实的总结，它能说明一个时代的特征，它能正确表述这一时代在文明史上的影响和贡献，还有比这更难的事吗？你只需对我们正在讨论的大事件投以一瞥就能估量这困难之大。在12世纪里，我们曾遇上一件事，它的起因是，而它的性质也许不是，宗教性的。我说的是十字军运动。这尽管是件大事，历时长久，而且引发多种多样的事件，但是还是很难辨认出其中的共性，很难确定它的统一性和它的影响。现在我们要探讨16世纪的宗教革命，通常称为宗教改革。让我顺便说一下，我将用“改革”这一字眼，是为了它简单，大家都懂，作为宗教革命的同义词，而不含任何褒贬的意思。你们看，一上来就碰到了多大困难。如何辨认这一重大危机的真实性质，如何概括地说它是什么，有什么结果，都成了难题。

宗教改革的过程必须定在16世纪初至17世纪中叶之间，因为这段时间包括了它的生命过程，它的始末。一切历史事件都有时间限度，它们的后果绵延无尽，它们把握住了全部过去和全部将来。但这并非否定他们只有特殊和有限的生命。它们诞生，在一段时间内成长发展，然后消退，让位于其他新生的事件。

宗教改革的开始定在何时，并不重要。可以定在1520年马丁·路德在维腾堡焚烧教皇利奥十世把他定罪的法令，从而正式脱离罗马教会的时候。从这时起到1648年签订威斯特伐利亚条约时止是宗教改革的寿命。证据如下：宗教革命的首要效果是将欧洲国家结集为两类，天主教国家和新教国家，互相对峙抗衡。这一抗争从16世纪初开始，经过不少起伏，延续至17世纪中叶，终于在1648年随着威斯特伐利亚条约的签订而结束。天主教国家和新教国家互相承认,议定和平共存,不计宗教分歧。从1648年起,宗教分歧不再是国家分类、国家对外政策、国际关系、结盟的主要依据原则。而在此之前,欧洲基本上分为天主教和新教的国家联盟,当然也有例外。威斯特伐利亚条约之后,这一区分消失,国家的结盟与否出于宗教信仰以外的考虑了。至此,宗教改革的主要过程终止,虽然它的后果还要不停发展。我们现在来快速看看这一过程,提出一些事和人来说明它的内容。通过这一做法,即仅仅提出一些既不全面而又枯燥的名字,就可以使人理解,要对如此纷繁复杂的事情加以扼要概括——确定16世纪宗教革命的真实性质及其在文明史中起到的作用,是件多么困难的事。宗教改革的爆发正值一件重大政治事件在展开,那就是弗兰西斯一世与查理五世、法国与西班牙之间的斗争,先是为占有意大利,然后是为占有德意志帝国,最后是为欧洲的霸权。那时候,奥地利的王室崛起,称雄欧洲。也是那时候,英国在亨利八世统治下,对大陆政治的干预比以往更经常、长久、范围更广。

让我们回顾一下16世纪法国的进程。这一时期充满了新教徒与天主教徒之间的宗教大战,成为大贵族试图夺回失去的权力可利用的手段和机会。这就是我们多次的宗教战争、宗教性联盟、吉兹家族反对瓦卢瓦家族的斗争背后的政治目的。这一斗争以亨利四世登位而告终。

西班牙在腓力二世统治下爆发了联省革命。以宗教法庭为一方,公民和宗教自由权为另一方的战争是以阿尔瓦公爵与奥兰治亲王的名义进行的。当自由在荷兰因坚持到底的决心和正确的策略赢得胜利时，它在西班牙内部却彻底失败了。世俗和教会的专制统治全国。

英国在这一时期中由玛丽和伊丽莎白统治，发生了伊丽莎白作为新教领袖与腓力二世的对抗。后来，詹姆士·斯图尔特登位，继而开始了国王与英国人民之间的重大斗争。

在此同时，北方兴起了新国家。瑞典在 1523 年由古斯塔夫·瓦萨复国。普鲁士由于条顿骑士团的世俗化而诞生。这些北方国家在欧洲政治中的地位不久会在三十年战争中显示出来。

再回到法国：路易十三的统治；枢机主教黎塞留改革了法国的行政管理，跟德国建立了关系，支持新教一派。在德国，16 世纪后期发生了对土耳其的战争，17 世纪又发生了三十年战争，是现代东欧最重大的事件。这一时期中享有威名的德国人有古斯塔夫·阿道尔夫、瓦伦斯坦、蒂利、不伦瑞克公爵、魏玛公爵。

同一时期在法国，路易十四登上王位，投石党骚乱开始。在英国，爆发了推翻查理一世的革命。

我只提出了一些人人都知道的主要历史事实，你们就可以见到其为数之多，性质之杂，意义之大。我们若要寻找另一类的事，即不那么明显的、难以用几个名字来总结的事，这一时期中同样不少。这一时期内，几乎每个国家在政治体制上发生了重大变化。大多数国家实行了纯粹的君主制。荷兰建立了欧洲最强大的共和国，而英国的君主立宪制已经或接近彻底胜利。在教会方面，旧有的修士会的政治势力已丧失殆尽，取而代之的是具有另一种面貌的修士会，即耶稣会。它的重要性也许是错误地被人认为要大于以前的修士会。说过教会，再来看一看哲学。人类思想自由驰骋的领域出现了两位人物,培根和笛卡尔。他们是现代世界所经历过的最伟大的哲学革命中的著书立说者,是在哲学界争雄的两个学派的领袖。这一时期也是意大利文学大放光彩的时代,是英国和法国的文学起步的时代。最后,这是建立殖民地和商业系统最为活跃的时代。所以,不论从哪个方面来考虑这一时期,政治的、教会的、哲学的、文学的方面,它比以往任何一个世纪有更多形形色色的重要事情发生。人们头脑的活动以各种方式表现出来,在人际关系中,在人与权力的关系中,在国际关系中,以及纯粹的智能发挥中。总之,这是一个产生伟人和大事的时代。就在这样的时代中,我们正在讨论的宗教革命是件尤其重大的事,是赋予这一时代它的名字和特征的事。在所有发生重要作用的重大事情中,宗教改革是最重大的,是其他一切的归宿,影响一切,也受一切的影响。因此,我们目前要做的是如实地说明它的性质,正确地总结这一统率一切、在一个风起云涌的时代中影响最大的事件。

要把这么多形形色色的、重大的、紧密相关的事总结成为一个真实的历史统一体,其困难是容易理解的。然而,有必要这样做。当事件已告一段落、成了历史,这时候最重要的、人们最想知道的是概括性事实,因与果的联系。这些事实可以说是历史的不朽部分,是世世代代的人为了了解过去,了解自己,必须查问的。进行概括、得出理性的结论是人们求知需要中最强烈的一项。但是我们要小心从事,不可以满足于不完整的、仓促的结论。对一个时代或一件事情,乍见之下立刻指出它的总体性质和久远意义是非常诱人的事。人的头脑就像他的意志一样,总是急于行动,不顾阻碍,奔向自由和结论。他愿意忘却那些梗阻和束缚他的想法的事实。然而,忘却的事实未被摧毁。这些依然存在的事实总有一天会指摘他犯下了错误。避免这一危险的方法只有一个,那就是在进行概括,下结论之前,勇敢而耐心地对事实作一番透彻的研究。事实之于头脑犹如道德准则之于意志。头脑有责任知晓事实,担负事实的重载。只有在完成此项责任之后,在对事实作了通盘观察和衡量之后,头脑才能展翅高飞,对事件的全貌及其后果一览无遗。若是起飞过早,未来得及对它即将俯视的领域作全面了解,错误和失败往往在所难免,就像做一道算术题一样,失之毫厘,差之千里。在历史研究中,若不首先了解全部事实,而急于逞概括之快,那么谬误之大就无法预计了。

我向你们提出了警告,而你们须加提防的,在一定程度上,正是我自己。我所要做的,事实上也是只能做的,仅仅是对一些我们尚未仔细和全面研究的事实作一些尝试性的概括而已。我们现在正在讨论的这个时代,比起其他时代来,是更难以概括的,出错的可能也大得多,所以我认为有责任警告你们。现在,我要对宗教改革做一次我对其他事件已做过的尝试。我要鉴别它的主要事实,描述它的整体性质,总而言之,要说明它在欧洲文明中的地位和贡献。

你们还记得我们讲过欧洲在15世纪末的情况。我们见到那时有过两次进行宗教革命和改革的尝试。一次是通过宗教会议进行合法的改革,另一次是在波希米亚的胡斯信徒们发动的革命性改革。两次尝试相继窒息失败。然而,我们也看到这件事是不可阻挡的,一定会以非此即彼的方式再现。15世纪未竟之事,16世纪无可避免地要完成。我对16世纪宗教革命的细节不再详述,想必已是众所周知，我只想讨论它对人类前途的总的影响。

在调查决定这一重大事件的起因时，宗教改革的反对派把它归因于一些偶然性事情，文明进程中的一些不幸运的事。例如，赎罪券的出售权只给了多明我会的修士，因而引起奥古斯丁派修士的妒忌，马丁·路德是奥古斯丁派的，所以成了宗教改革的决定性原因。其他人把它归之于君王们与教会权势争霸的野心，世俗贵族想侵吞教会财产的贪欲。这些人仅仅从人性和世俗事务中恶劣的一面，从私利和个人的激情出发来解释宗教革命。

另一方面，宗教改革的支持者和同情者从教会中存在的陋规恶习来说明改革的必要。他们把改革运动说成是对宗教事务中歪风邪气的纠正，从重建纯正的教会这一设想出发而发动的。两种解释，在我看来，都不成立。第二种比第一种要多一点真实性，至少也更崇高一点，更符合这一事件的规模和重大意义。依我之见，宗教改革既非属私利支配下的偶然事件，也非仅仅为了改善宗教事务，出自对仁爱和真理的空想。它有更为强大的原因，压倒其他一切的特殊原因。它是一次人类心灵追求自由的运动，是一次人们要求独立思考和判断迄今欧洲从权威方面接受或不得不接受的事实和思想的运动。这是一次人类心灵争取自治权的尝试，是对精神领域内的绝对权力发起的名副其实的反抗。

在分别考虑这一时代中人的心灵的情况和统治人们心灵的教会的情况时，一个双重事实引起我们注意。在人的心灵这一方面，出现了大量的活动，要求发展和自主的渴望比以往强烈得多。这一新的活动是长久积累的各种原因促成的。例如，长期以来宗教异端层出不穷，一波方平，一波又起，而哲学思想也是如此。人们的思想活动，无论在宗教或哲学领域，从 11 世纪到 16 世纪一直在积蓄增长，最后必然会显露它的成果。此外，教会内部建立或鼓励的教育机构也有了成果。从这类学校培养出来的有知识的人不断增多。他们终于产生了独立思考的愿望，因为他们感受之深是前所未有的。最后来到的就是古代文明的复兴所引起的心智的复苏，这一进程和效果我已有所叙述。

16 世纪初，以上种种原因的汇合，促成了人们心灵上的强劲运动和谋求进步的绝对必要。

在统治人们心灵的精神权威方面，情况大不一样。它已陷入无所作为的停滞状态。教会、罗马教廷的政治资本已大大减缩，欧洲社会已脱离它的掌握而由世俗政府统治。然而精神权威的一切僭妄、威仪和堂皇外表一如既往。教会的情况如同常见于陈旧的政府一样。大部分针对它的怨声不再切合实际。若是说 16 世纪的罗马教廷非常专横，陋规恶习有增无减，而且更令人发指，这都是不确实的。正相反，教会的统治从未有过如此宽松。它的态度是，只要别人不来找我麻烦，让我继续享有以往的权利，过同样的生活，让我收纳贡税，我也就听任一切自便。它很愿意不去管人们的心灵，只要人们的心灵也如此对待它。然而，正是当政府处于这种情况下时，当它们最不受重视，最不强大，最少恶行的时候，它们遭到了攻击，因为这时候可以攻击它们了，而以前是办不到的。

所以，从当时人们心灵的状态和心灵统治者的状态来看，宗教改革的性质必然是一次奔向自由的冲动，一次智能的大爆发。不要怀疑这是主要的原因，它高于其他一切的原因，高于一切利益，无论是国家的还是君主的，也高于仅仅革除一些人们不满的陋规

恶习的必要性。

我愿意假设在宗教改革的头几年过后，在它已经展示了它的要求，提出它的不满后，精神权威突然表示同意它的观点，并说，“好吧，照你说的办。我要改革一切。我要恢复更合法、更虔诚的秩序。我要禁止一切扰民行为和武断做法，废除贡税。至于宗教教义方面，我要作出修改，进行解释，恢复原始的意义。不过在我纠正了这些令人不满的事后，我要保留我的地位，跟以前一样，拥有同样的权力和权利，继续统治人们的心灵。”你是否认为宗教革命会就此满足于这些条件而不再前进。我认为不会。我坚定相信它会继续前进。要求改革之后，下一步就是要求自由。16 世纪的危机不是仅仅改革，而主要是革命。不可能剔除这一特性及其优缺点。宗教改革运动的一切效果都说明了这一特性。

让我们来看看宗教改革的结局，尤其要察看在改革得到发展的各国中产生的效果。要注意改革运动是在各种非常不同的环境中、在不平等的机会中展开的。如果我们发现，尽管运动在不同的条件下进行，而它追求的目的是一个，获得的结果是一个，保持的特性是一个，那么很明显，这一特性超越了条件的差异和机会的不等，它必然是这一事件的基本特性，而这一结果必然是它的基本目的。

凡是 16 世纪宗教革命获胜的地方，其效果若不是使人的心灵获得全面自由，那也是带来了新的、大大增加的自由。无疑的，心灵的自由或受制还取决于政治体制。但精神权威的控制，那种系统的可怕的思想统治，已被废除或解除了武装，这就是宗教改革在各种不同情况下获得的结果。在德国，政治自由本来就不存在，宗教改革也不能带来自由。它加强了而不是削弱了君王的统治，对中世纪自由制度的发展有弊无利。然而，它在德国唤醒了并维持了也许比其他地方更大的思想自由。

在丹麦，一个整个政体连同市政机构都在绝对权力统治下的国家，由于宗教改革的影响，思想得以在各方面自由发展。

在共和体制的荷兰和君主立宪而宗教专制长久维持的英国，人们同样完成了心灵的解放。最后，在法国，即使在这一最不利于宗教革命，革命遭到挫败的国家中，其效果也是树立起了思想独立和自由的原则。在1685年以前，即到废除南特敕令时为止，宗教改革在法国是合法的存在。在这一长时期中，改革派写文章、展开讨论，激起反对派的文章和讨论。这一事实，新旧两派之间的笔战和舌战，在法国铺开了一般人认识不到的、实际的、活跃的自由——一种有利于科学、有利于法国教士的声誉、有利于思想活动的自由。看一看博叙埃与克劳德两人关于那时候所有宗教论战题目所展开的讨论，再自问一下路易十四会不会允许任何其他的讨论享有如此程度的自由。17世纪法国的最高程度的自由存在于宗教改革派与反对派之间。那时候宗教思想之大胆，讨论问题之自由有过于《泰雷马克》中费内隆的政治精神。这种情况一直延续到南特敕令作废才停止。而从1685年到18世纪的人类心灵大爆发之间，时间还不到40年。宗教改革有利于思想自由的影响在哲学革命来临之前从未停止。

可以看到，凡是宗教改革深入的地方，产生过重大作用的地方，不论其成败如何，都留下了一个总的、显要的、恒久的结果，即思想的活动和自由迈出了大步，向着人类心灵的解放前进。

宗教改革不仅获得了这一结果，而且满足于这一结果。在它获得了这结果的地方，它不再追求更多，因为这就是它的基础，它的初衷和本质。所以，它在德国接受了，我不愿说政治奴役；但至少是自由的阙如。在英国，它认可了法定的教士等级制和一个陋规之多不亚于罗马教会而奴性更甚的教会。

为什么宗教改革运动在某些方面表现得如此激烈顽强，在这方面又如此得过且过呢？就是因为它已经达到了总的目的，废弃精神霸权和实行心灵自主。重复说一下，宗教改革运动完成了目标的地方，它就去顺应一切制度和环境。

现在让我们举出这一研究结论的反证。我们看一看宗教革命未及深入的地方，一开始就遭扼杀的地方和从未得到发展的地方是什么样的情形。历史表明那些地方人的心灵缺乏自主。两个大国家，西班牙和意大利，可资证明在那些宗教改革产生重大作用的地方，人类心灵在以往300年中表现出前所未有的活跃和自由，而同时期在那些未曾深入的地方，表现得软弱无力。正面和反面的证据说明了同一结论。

因此，思想的冲动、精神领域内绝对权力的废黜，就是宗教改革本质的特点，是它的影响所产生的最普遍的结果，是它结局的显要事实。

我特意用了"事实"一词。通过宗教改革而达到的人类心灵的解放，其实是一个事实而不是原则，是一个结果而不是意愿。从这一点说，我认为宗教改革的成就超过了它所承担的任务，甚至超过了它的意图。大多数革命的结果往往与希望相差很远，其事迹远不如其思想伟大。与此相反，宗教革命的后果超过了它的意向，它的伟大在于它的事迹而不在于它的计划。它所完成了的,非它所预见,也非它所承担。

宗教改革的敌人经常以什么罪名来訾议这一运动的呢?有什么改革后果被他们用来堵改革者的嘴,使他哑口无言呢?主要有两个。第一,教派丛生,随心所欲,作为一个整体的宗教社会四分五裂。第二,暴政和迫害。反对派对改革派说,“你们煽起,甚至造成放任自由,而现在又要约束、压制它。怎么压制?用最严厉凶暴的手段。你们自己在迫害异端,而且靠的是不正之名。”

总结一下对宗教改革的种种指摘,不计纯粹教条上的问题,可以归成以上两个基本论点。

改革派于是大为尴尬。针对教派丛生的指摘,他们非但不敢承认、维护教派发展的合法理性,反而加以诅咒,引以为憾,予以否定。面对迫害的罪名,他们的辩解也是窘态百出。他们提出必要性作为理由,宣称有权压制和惩罚错误,因为他们掌握了真理,只有他们的信条和制度是正统的,而罗马教会所以无权惩罚改革派,那是因为它站在错误一边来反对改革派。

对宗教改革中的主要派别提出迫害指摘的,除了它的敌人外,还有它自己的产物。那些受诅咒的教派提出指控时说,“我们所做的正是你们所做过的。我们要分离就像你们当初要分离出去一样。”这就更难以回答了。往往只能用更严厉的制裁来回答。

事实上,在摧毁精神领域里的绝对权力时,16 世纪的革命对思想自由的真实原理却蒙昧无知。它解放了人的心灵,却自以为仍须加以法规管束。它在实践中推广自由探索,而在理论上只是以合法理的权力代替不合法理的权力。它没有把自己提到“第一推动力”的高度，而是降到它所造成的后果的末端。于是它陷入了双重错误。一方面，它不懂，也不尊重人类思想应有的一切权利。它在为自己要求这些权利的同时，却在对待别人时破坏这些权利。另一方面，它不懂如何衡量思想领域中权威的权力。我这里说的不是依仗暴力的权威，这在思想领域根本就不应该存在，而是说对心灵施加影响，纯粹道义上的权威。大部分进行了宗教改革的国家里缺少了某种东西：思想界缺少良好的组织，旧有的一般的意见缺少正规的行动。它们不能在传统和自由之间调和各自的权利和需要。其原因无疑就在于宗教改革运动未曾完全理解和接受它自己的原则和效果这一事实。

因此，宗教改革运动带有一种不一贯性和狭隘性，使它的对手有了把柄和可乘之机，而后者很清楚地知道他们在干什么，想干什么。他们回归到行动的原则，而且坦率承认一切后果。从来没有一个政府像罗马教廷这样前后一致，贯彻始终的。实际上，罗马教廷做出了很大的让步，比改革运动大得多的让步，而在理论上，它使它的特殊体系更加完整，它的行动也更有条理。这是一种巨大的力量：这种知道自己在做什么，想要什么，这种按照理性制定的完整的信条和计划的自知之明。16 世纪的宗教革命过程提供了这种力量的鲜明事例。大家都知道为了对付宗教革命而建立的一支主要力量，耶稣会。凡是他们进行一定程度干预的地方，都给插手的事业带来了不幸。在英国，他们毁了国王。在西班牙，他们毁了人民。耶稣会教士所对抗的力量——总的趋势、现代文明的发展、人类的自由精神——打败了他们。提到他们的失败，让人想起他们所使用的手段，无宏伟可言，没有轰轰烈烈的事，也没有发动成千上万的人。不论其原则和目的如何，他们采用的都是些秘密的、隐蔽的低级方法，不能激发人们的想象力和人们好大喜功的兴趣。而他们的对立面，相反地，不仅赢得了胜利，而且是辉煌的胜利，立下了丰功伟业，进行得轰轰烈烈，发动了人民大众，产生了欧洲的伟人，公然改变了国家的形式。总之，耶稣会命途多舛，颜面无光，无成事之功足以耀人，也无绚丽色彩使人向往。然而，耶稣会自有它的伟大之处，这是不容置疑的。一个伟大的思想联系着它的名字、影响和历史。什么缘故？

这是因为他们知道在做什么，想做什么，充分和清楚地理解他们的行动所依据的原则和行动的目的。也就是说，他们有思想的伟大和意志的伟大，使他们免受屡屡的败绩和鄙劣的手段会引起的嘲笑。相反地，当事迹大于思想，行动者对行动的前因后果缺乏完整的理解时，就留下了不完整、不一贯和狭隘的缺陷，一种理性上的、哲学意义上的薄弱，其影响在事迹本身中也可以觉察到。这就是我所认为的，在精神界的、旧势力与新力量的斗争中，宗教改革运动的弱点，使它处境尴尬，难以自圆其说的原因。

我们也许还可以从许多其他方面来考察16世纪的宗教革命。关于它的教理，它对宗教的影响，以及人的灵魂与上帝的永恒关系，我只字未提，也没有要说的。但是我可以展示它对社会层面上的种种关系所造成的非常重要的后果。例如，它在一般人和虔诚信徒中唤醒了宗教。在此之前，宗教可以说是教士和教会的禁脔，他们掌握了处理果树的大权，由他们把果实分发给众人，他们几乎享有独家论说宗教的权利。宗教改革使宗教教义广为传播，向所有信徒敞开了信仰的禁区。第二个后果——宗教改革将宗教逐出或几乎逐出了政治，恢复了世俗权力的独立性。当宗教信徒重又成为宗教的主人时，宗教也就离开了统治社会的地位。在经过改革的国家里，尽管教会体制多种多样，甚至在接近旧体制的英国，精神权力不再认真地企图指挥世俗权力了。

我还可以列举宗教改革的其他后果，但我必须打住，而满足于仅仅向你们展示它的主要性质，即人类心灵的解放以及精神领域内绝对权力的废黜——还不算彻底，但这是迄今朝这一方向迈出的最大的步子。

在结束本讲前，我请你们注意，正如现代欧洲历史所显示的，存在于世俗社会和宗教社会之间，它们各自经历的革命之间的令人瞩目的相似之处。

我们以前在讲述教会时看到，基督教社会是以一个完全自由的团体出现的，纯粹由共同的信仰凝聚而成，不设机构或政府，仅仅由随机应变的道义力量来管理。欧洲的世俗社会由一伙伙蛮族以同样的方式，至少部分相同的方式开始；这是一个完全自由的社会，每个人的去留悉听自便，没有法律或法定的权力机构。在这一不适应重大发展的状态结束时，宗教社会已将自己置于性质基本上属于贵族政府的统治之下，这是一个由教士、主教、宗教会议和教会贵族组成的团体。世俗社会在结束蛮族生活方式时发生了类似的事实，统治者是世俗贵族和封建首领。宗教社会脱离了贵族统治而进入纯粹君主制，这就是罗马教廷凌驾于宗教会议和欧洲教会贵族之上这一事实的含义。世俗社会完成了同样的革命，君主制摧毁了贵族权力而得以盛行并主宰欧洲。到了 16 世纪，在宗教社会内部爆发了造反运动，反对纯粹君主制，反对精神领域内的绝对权力。这一革命在欧洲引发、推崇并树立了自由探索。今天我们已经看到社会发生了同样的事情,世俗的绝对权力受到攻击和挫败。可见两种社会经历了同样的沧桑,遭受同样的革命,只不过宗教社会总是一马当先。

我们现在已经掌握现代社会的两大事实之一,即自由探索,人类心灵的自由。同时我们也看到政治上的中央集权几乎遍及各地。在下一讲里,我将讨论英国革命,也就是要讨论文明进步的两个产物,自由探索及纯粹君主制,初次发生冲突的情况。

第十三讲

本讲的目的——英国革命整体的性质——它的主要起因——它的性质政治多于宗教——它的三大派别：1. 合法改革派；2. 政治革命派；3. 社会革命派——全部以失败告终——克伦威尔——斯图亚特王朝复辟——法制政府——浪子政府——英国和欧洲的1688年革命

先生们，我们已经看到，16世纪期间，属于欧洲旧社会的一切因素和特点转化为两大事实：自由探索和中央集权。前者盛行于教士之中，后者在世俗人间。心灵的解放和纯君主制同时在欧洲旗开得胜。

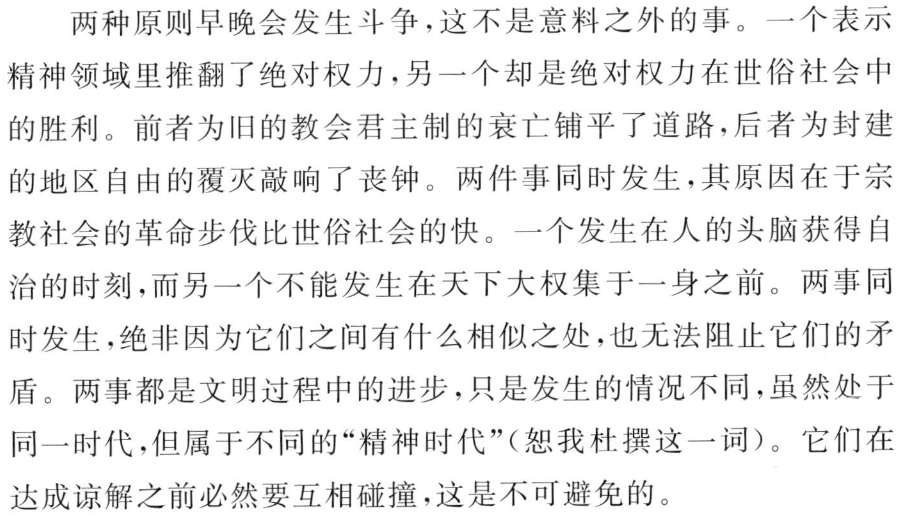

两种原则早晚会发生斗争，这不是意料之外的事。一个表示精神领域里推翻了绝对权力，另一个却是绝对权力在世俗社会中的胜利。前者为旧的教会君主制的衰亡铺平了道路，后者为封建的地区自由的覆灭敲响了丧钟。两件事同时发生，其原因在于宗教社会的革命步伐比世俗社会的快。一个发生在人的头脑获得自治的时刻，而另一个不能发生在天下大权集于一身之前。两事同时发生，绝非因为它们之间有什么相似之处，也无法阻止它们的矛盾。两事都是文明过程中的进步，只是发生的情况不同，虽然处于同一时代，但属于不同的"精神时代"（恕我杜撰这一词）。它们在达成谅解之前必然要互相碰撞，这是不可避免的。

第一次碰撞发生在英国。这一斗争中，代表宗教改革成果的自由探索为一方，反对纯君主制的胜利果实，即自由权的丧失。这一努力旨在废除世俗和精神两个领域里的绝对权力，这就是英国革命的意义及其对我们的文明进程所作的贡献。

现在的问题是，为什么这一斗争在英国发生得比别国早？为什么英国的政治革命与精神革命在时间上比大陆上国家更接近？

英国的君王跟大陆上的一样经历了沉浮起伏。到都铎王朝，权力的集中和强大达到空前绝后的程度。这并不是说都铎君王的专制比他们的前辈更凶狠或者使英国付出了更大的代价。我相信在金雀花（安茹）王朝统治下，暴虐苛政不比都铎王朝的少，也许更多。我还相信，同时期内大陆上的纯君主制政府比英国的更严厉专横。都铎王朝统治的新特点是绝对权力的一贯性，君王掌握了一种原始的、独立的统治权，采取了一种前所未有的作风。从理论上说，亨利八世、伊丽莎白、詹姆士一世、查理一世的权力完全不同于爱德华一世或爱德华三世的权力，然而后面两个国王的权力并不更少一点专横或范围更窄一点。我重复一下，君主制在16世纪间发生的变化是在这一制度的原则上，它的理论体系上，而不是在权力的实施方面。君王掌握绝对权力，自命高于一切，高于君王们曾经宣布应该尊重的法律。

此外，英国宗教革命的方式与大陆的不同。在这里，发动革命的是国王们自己。并非这个国家不像别的国家，并非它没有群众改革的种子和尝试，而且改革运动很可能不久就会爆发。但是亨利八世采取了主动；掌权者变成了革命者。后果是，至少一开始是以纠正教会暴政和解放心灵为宗旨的英国的宗教改革远远不如大陆上的彻底。很自然的，它要顾及发起者的利益。国王和留任的主教们分享了战利品，教皇统治下的教会遗留的财富和权力。这一后果人们很快就觉察到了。宗教改革据说已经完成，但当初必须进行改革的动机大部分依然存在。改革于是以群众运动的方式再次出现。人们像以前反对罗马教廷那样抨击主教们，称他们是众多的教皇。虽然宗教改革运动中常常出现不符合运动一般特征的事，但只要是跟旧教会抗争，改革派中的各部分会结集起来一致对付共同敌人，而危险一过，内部斗争就重新开始。改革派公众再度攻击王家和贵族所进行的改革，指摘弊端，埋怨暴政，要求履行诺言并不再重建已被推翻的权力。

差不多同时，世俗社会中也出现了一种自由运动，一种对政治自由的需要，这种需要是前所未有的，或至少有的话也是无力的。16 世纪间，英国的商业高速发展繁荣，同时土地的财富、地产在大量地转手。随着封建贵族的败落和其他一些不及细说的原因所引起的 16 世纪英国土地所有权的重新分配是一个没有引起足够重视的事实。所有文献资料都说明拥有地产的人数大大增加，大部分土地转到了乡绅或小贵族和市民手中。到 17 世纪初，上议院，即高级贵族的家产比下议院的要差一大截。在商业财富大大增加、土地易主频繁的同时，又出现了第三个影响——人们的头脑里有了新活动。伊丽莎白的统治时期也许是英国文学和哲学最伟大的时代，表现了高尚和丰富的想象力。清教徒们毫不犹豫地把他们充满活力、虽然是狭隘的信条贯彻到底。与他们相对的是另一类人，这些人不像清教徒那样崇尚道德，但更自由，不讲究什么原则或方法，只要能满足好奇心，富于刺激性的事物，他们都趋之若

骛。在求知的冲动带来强烈乐趣的地方，自由很快就成为一种需要，并从公众的头脑传播到政府中去。

在大陆上那些宗教改革有了进展的国家里出现了同样的想法，即需要政治自由的朦胧感觉，但那里的人缺乏满足这一需要的手段，也不知何处去找。他们的制度习俗中没有可加以利用的，于是他们停留在迷茫中无法满足自己的需要。英国的情况大不相同。随着16世纪宗教改革而重新抬头的政治自由的精神在传统制度和社会情况中找到了支点和行动方法。

大家都知道英国的自由传统的起源——1215年，贵族的联合行动迫使国王约翰签署了大宪章。但是不见得每个人都知道大宪章后来不时地被重新提出，由大多数历代国王重加肯定。13世纪至16世纪期间，共有三十多位国王这样做了。不仅重新肯定，而且为了维护和发展大宪章，还加进了新的条款。因此，可以说它的生命从未间断过。同时，下议院成立了，并成为国家的最高机构之一。下议院在金雀花王朝期间真正扎下了根，这并非说它那时在政权中居于重要地位。严格地说，政府的职能不属于它，连影响都提不上。它只是应君王的召唤才参与国事，还总是不太情愿和犹豫的样子，好像害怕这样做会有损于它，而从不想扩大自己的权力。然而，每当问题涉及捍卫私人权益、家庭或公民的利益时，也就是说个人的自由权时，下议院就坚韧不拔地去完成职责，从而建立起许多构成英国宪法基础的原则。

金雀花王朝以后，在都铎王朝期间，下议院，应该说整个国会，换了新的面貌。它不再像前朝期间专事维护个人自由权。日益增多的随意拘禁、侵犯个人权利的事，它置之不问。另一方面，它更加积极参与国家政府的工作。亨利八世在改换宗教、决定王位继承人等问题上需要一个中介，一个与公众沟通的工具，这一空缺就由国会，尤其是下议院，来填补了。下议院在金雀花王朝期间是一种防御工具，是私人利益的守护者，而在都铎王朝期间，它变成政府和国策的工具。到 16 世纪末，虽然它经历了各式各样的暴政，它的重要性还是大大增加了，开始掌握大权，那就是代议制政府赖以存在的权力。

我们回顾 16 世纪末英国的自由制度时，可以发现：第一，自由的基本法规和原则，它们是全国和立法机构从未忘记的；第二，先例，自由权的事例，其中固然掺杂了一些不一致的事例和先例，但足以使自由的要求合法化并加以维护，而且在与暴政和专制的斗争中给予自由的保卫者以支持；第三，特殊的地方性的制度，其中饱含自由的种子，如陪审制、集会自由权、持有武器权、地方行政和司法的独立；最后，第四，国会和它的权力，这是国王当时极为需要的，因为王室的独立收入、领地和封建权益等等已挥霍殆尽，需要国会同意增加征税。

因此，16 世纪英国的政治形势完全不同于大陆国家。虽然处在都铎君王的暴政下，纯君主制节节胜利的时候，英国仍有一个支点，一个为新生的自由精神效力的可靠手段。

当时的英国全国有两个需要：一方面，在已经开始的宗教改革运动中间滋生着宗教革命和宗教自由的需要；另一方面，在纯君主制向前推进时，人们感到对政治自由的需要。两种增长中的需要把两方面已有的成就都召集到它们麾下，两股力量汇合一起。追求宗教改革的一方求助于政治自由以支援他们的信仰来反对国王和主教们。拥护政治自由的一方也寻求民众宗教改革运动的援助。两方联合起来反对世俗和精神领域里的绝对权力，也就是集中在国王一人手中的权力。这就是英国革命的起源和意义。

所以，这场革命主要是为了捍卫和争取自由。它对宗教改革的一方来说是一个手段，对政治一方来说是目的。但对双方来说，都是一个有关自由的问题，必须同心协力来争取。事实上，在英国国教和清教徒之间不存在宗教争端，在教义和信条上没有多大分歧。但这不是主要点。清教徒要迫使国教派给予他们实际的自由，这是他们奋斗的目的。当时还有一个教派，尚需建立起自己的体系，制定教义和教会的法规纪律，这就是长老会。为此目的，它竭尽所能，但尚未完全如愿。这一教派处于守势，备受主教们的压迫，一切行动都要征得它的主要盟友和支持者，即政治改革派的同意。它的主要目的是自由，这也是汇合在这一运动中各种派别的共同利益和目的。总的来说，英国革命的性质主要是政治的，它正好发生在一个关心宗教的民族和时代之中。宗教思想和宗教激情是革命的工具，但革命的主旨和明确目的是政治性的，是为了自由和推翻一切绝对权力。

现在我们要看看这场革命的各个阶级和它的参与各方，然后将它与欧洲文明的总进程联系起来，指出它在其中的地位和影响。我将列举事实细节来说明，正如在初探中所说的，它是对自由探索和纯君主制共存局面的首次打击，是两大力量斗争的首次表现。

这次大危机中兴起三个主要党派，可以说包含了三次革命，相继登台。每一派里，每一次革命里，有两种人物的同盟合作，一种是政治人物，一种是宗教人物，一主一从，相互需要。因此，革命的每个阶段都打下了双重性质的烙印。

首先登台的是合法改革派。在它的旗帜下，起初集合了各派人物。英国革命开始时，也就是 1640 年长期议会召开时，人们普遍认为，其中有许多人衷心相信，合法的改革足以解决一切问题。国家有古老的法律和习惯法来提供克服一切弊端的良方，可以重建一个完全符合民意的政府制度。这一派人大声疾呼反对非法征税、随意拘禁，总之，一切国家现有法律不允许的行为。这些人的思想深处是对国王统治权——也就是绝对统治权的信任。他们只是本能地暗自感到这种信任是错误和危险的。因此，这方面他们什么也不说，实在逼得无法回避时，他们还得承认君王的权力高于一切人间的权力和控制，如有必要，他们要保卫它。同时，他们也相信，从理论上说是绝对的君王统治权应该遵从某些形式和规则，不可超越某些限度，而规则和形式就是限度，这些已在大宪章和肯定大宪章的法令以及国家的古老法律中确立和保证。这就是这一派人的政治思想。在宗教问题上，合法改革派认为国教教会权力过大，主教们的政治权力太多，他们的管辖权太广，必须加以监督和限制。然而，他们还是支持国教的，不仅把它作为宗教机构以管理宗教事务，而且作为国王特权的必要支持，以捍卫和维持国王在宗教事务中的至尊地位。国王的统治权在政治领域要依照现有的形式行使，谨守公认规则的限度，在宗教领域里要有国教教会的维护，这就是合法改革派的双重体制。这一派的首领是克拉伦登、科尔佩珀、卡佩尔勋爵和福克兰勋爵，而后者还是一位公众自由权的热心鼓吹者，他的同道中几乎包括所有不向朝廷唯唯诺诺的高级贵族。

随着是第二派，我称之为政治革命派。他们的政见是说为旧时的保证和法律限制在以前和现在都是不够的，政府必须不仅在形式上，而且在实质上进行大的变革、真正的革命才行，必须收回国王和他的御前会议的独立大权，而赋予下议院政治大权，政府职能应该属于议会及其领袖。这一派人并没有像我这样明白和系统地说明他们的想法和意图，但这是他们的政治主张和倾向。他们不相信纯君主制，而相信下议院作为国民的代表来掌握统治权。隐藏在这一思想底下的是人民的主权，然而主权属于人民的思想及其后果，他们连想都没想过，而只是以下议院主权这一形式出现而被他们接受。

宗教派别长老会与政治革命派密切联合。长老会教徒希望在教会中完成类似他们的盟友策划对国家政权的改革。他们希望把教会事务的管理权交给层层等级的宗教会议，就像他们的盟友要把政治大权交给下议院一样。但长老会的革命更为激烈和彻底，因为改变的不仅是形式，而是教会管理的原则，而政治人物只想削减现有政治机构的影响和实权，并不想把它的形式本身推翻。

然而，政治派的领袖并不全都同意长老会的教会组织原则，有些人如汉普敦和霍利斯，似乎倾向于一个较为温和的国教组织，把它的权力仅限于教会事务，以及放宽信仰自由。但他们不可以失去狂热的宗教盟友的支持，所以只好听之任之了。

第三派的要求更高不可及了。他们声称必须进行彻底改革，不仅是政府形式，而是政府本身，因为整个政治体制是败坏的。他们唾弃英国的过去，否定民族的习惯和传统，而要根据一种，至少他们认为是，纯正的理论建立一个崭新的政府。他们要求的不仅是政府的改革，而且是一次社会革命。在前面我刚说过的政治革命派，他们要求在国会和国王之间的关系中引进重大改革，扩大国会，尤其是下议院的权力，授权国会委派大臣担任要职并掌握一般国务的最高指挥权。他们的改革计划大致不超过这一范围。他们没有想法要改变国家的选举制、司法制度、市政及行政体系，而共和派对这一切的改革都有所计划，并且公开声明其必要性。总之，共和派要改革的不仅是国务的行政管理，还有社会关系和私人权益的分配。

这一派如前面两派一样，也有宗教和政治两部分。政治部分包括共和人士及理论家如勒德洛、哈林顿、米尔顿等人。宗教部分有出于权益考虑的共和人士和军队首领如艾尔顿、克伦威尔和兰伯特。这些人一开始多少还是真诚的，不久就被自身的利害关系和处境所左右。在这些人周围聚集了全部宗教共和派人，包括那些宗教狂热分子，那些除了耶稣基督外不承认有其他正统权威的人。这些人在等待耶稣再度降临之际，愿意接受上帝的选民的统治。最后，这一派的追随者中有大批低劣的自由思想者和幻想者，前一批人希望得到放任自由，后一批人希望实行财产均等和普及选举权。

经过 12 年的斗争到 1653 年，这些党派全都相继失败。至少它们有理由相信自己已经失败，而公众对此深信不疑。寿命短促的合法派见到旧有的法律和体制遭到蔑视和践踏，革新措施随处出现。政治改革派见到国会的形式在他们所愿它发生的新作用下毁灭了。下议院 12 年大权在握，陆续逐出了保皇派和长老会教徒，最后剩下的议员寥寥无几，还遭到公众的轻视和痛恨，已无力

控制局面。共和派的成绩稍佳。从表面上看,他们控制了战场和权力,下议院还剩下五六十个议员,全是共和派。他们满可以把自己看成并宣布为国家的主人。可是国人却坚决地唾弃他们。他们的决议无法在任何地方执行。他们在军队或百姓中毫无实际影响。社会联系、社会安全已荡然无存。司法已经停止,即使有,也不是实行公正的法律,而是在激情、偏见、派性支配下制定的专横法令。不仅在人与人之间的社会关系中已无安全可言,在盗贼横行的公路上更是如此。物质和精神两个世界都是一样混乱,而下议院和上议院束手无策。

三个革命大党派被相继召来进行革命,用它们的智识和意志来治理国家,它们均未能奏效,彻底失败了,再也无能为力了。博叙埃写道,"就在这时候有一人崭露头角。他做事向来深谋远虑,不靠运气。"这一说法错误之至,完全与历史抵触。没有人比克伦威尔更靠运气、更冒险、更胆大而无谋的了,然而他总是一帆风顺,随着运气勇往直前。他的雄心无止境,他有令人赞叹的本领,能抓住一时一事作为前进的契机,善于变可能为实利,而不自诩能够驾驭命运。这就是克伦威尔其人。他的这种特色别人在相同情况下是表现不出来的。在革命的各个不同阶段,他都能应付裕如。革命的开头和结尾都有他的份。一开始,他是造反领袖、无政府状态的纵容者、英国最为激烈的革命者。后来,他站在反对革命的反动一方,要求重建秩序和社会组织。他一个人充当了通常在革命过程中要由几个最好的演员分别担任的角色。说他是一个米拉博,未必相称,他没有口才,长期议会期间他虽然很活跃,但表演不多。然而他是一个丹东,继而又是一个拿破仑。他在推翻权力方面贡献最多,而又重建了权力,因为没有别人,只有他懂得如何掌握和运用权力。总得有一个人来统治,众人都失败,惟独他成功,于是胜者为王。一旦成为政府的主宰后,这位一向表现为野心勃勃、从不餍足、一帆风顺、勇往直前的人,表现出的明智、审慎和适可而止的良知,压倒了他的一切激情。他无疑是一个热衷于绝对权力的人,很想把王冠戴在自己头上,传给子孙。但他及时看到这一做法的危险而拒绝了。至于他对权力,虽然他实际上已在行使,他一直明白这不合时宜,非大势所趋。他知道他所参加并经历了各个阶段的革命,其目的是反对独裁,而英国永不熄灭的愿望是国会或以议会形式治理国家。所以,他这个具有独裁者秉性而且在行使独裁实权的人,还是要建立国会,以议会方式治国。他不停地向各党派呼吁,试图建立一个包括宗教界、共和派、长老会、军官等代表组成的国会,一个能够而且愿意和他合作的国会。他白费了心思。各党派一旦在威斯敏斯特获得席位,都想夺走他的权力,自己上台执政。我倒不是说,这时的克伦威尔首先想到的不是他自己的利益和欲望,不过,不容丝毫怀疑的是若他放弃权力,第二天他会不得不重新收回。除了他,不论清教徒还是保皇派,共和派还是军官,没有一个能稍微有秩序或公正地施政。这是早已证明了的。让国会,也就是在国会占有议席的各党派来掌管它们所保不住的国家,这是不可能的事。这就是克伦威尔面临的形势。他用的一套方法他自己很清楚是不符合国情的。他所行使的权力不受任何人欢迎。没有一个党派把他的统治看成是稳定的政局。保皇派、长老会、共和派,连看来对克伦威尔最忠诚的军队都深信他只是一个过渡性的主宰。从根本上说,他从没有使人心服,所以只能是一

个临时的权宜之计。英国的绝对主宰，护国主，一生都不得不用武力来维持他的权力。没有党派能像他一样统治，也没有党派愿意他做统治者，所以他经常遭到各派同时发起的攻击。

他死时，只有共和派有能力执掌大权。他们接过了权力，却不免重蹈覆辙。并不是因为他们缺乏信心，至少派内的狂热者并非如此。这时候出版了米尔顿的一本才华和热情兼备的小册子，名叫《建立自由联邦的捷径》，从中可以看出这些人的盲目性。他们不久就陷入束手无策的境地。蒙克完成了举国的心愿，复辟成功。

斯图亚特王朝在英国复辟是件具有深刻民族性的事。它具备两个有利条件：它是旧有的政府，有国家的传统和回忆可恃；它又是一个新政府，未曾经过前些时的痛苦、错误和压力。在以往20年间，君主制是惟一没有因为无能和劣迹而受人轻视的政权形式。这两个原因使复辟备受欢迎。只有那些激进党派的残余还在反对，公众都衷心拥护。在国人看来，这是建立合法政府的惟一方法，也就是说是他们所热烈欢迎的。这是复辟带来的希望，所以它竭力要以合法政府的面貌出现。

查理二世回来继位。第一个掌管国务的是以能干的领袖人物、大法官克拉伦登为代表的合法派。他于1660年至1667年间任首相，具有势倾朝野的影响。克拉伦登重新实行他们的旧制度。国王在法定范围内享有绝对统治权，在征税问题上受国会制约，涉及私人权利及个人自由的问题由法庭处理。但有关真正的国家大事，国王的裁夺几乎是独立的、决定性的，可以不征求，甚至抵触国会，尤其是下院的多数意见。在其他问题上，他们表现出对法定程序的应有尊重和对国家利益的足够关心，维护国家尊严的高尚情操，还有严肃而可敬的道德气氛。以上是为期 7 年的克拉伦登政府的特色。

但是，这一届政府的基本思想——国王的绝对权力、政府的权限超过国会的多数意见，已经陈旧过时，行不通的。复辟初期，虽然全国欢腾一时，但是这些思想，经过 20 年反抗君王制的国会统治以后，已经无可挽救地破产。在保皇派中间萌发了一种新因素。一批自由思想者、道德败坏和放荡不羁的人加入了流行的思想行列，认为权力属于下议院，法定程序和君主统治都可以置之不顾，只关心自己成功，利用一切方法谋取权势。这批人结为一党，与那些不满当时政府的民族派人士联合起来推翻了克拉伦登。

这就产生了一种新的政府，就是我刚说的保皇派里那部分放荡不羁的人组成的称为“卡巴尔”的政府和以后接任的好几届政府。它们的特色是：不讲原则、法律或权利，也不管公正和真理。他们随时都在寻找成功的捷径。若是借助下议院之力可得成功，他们就随声附和下议院；若需要反对下议院，他们就照办，哪怕明天再来赔不是。今天营私枉法，明天再做些迎合国民心理的事。他们全然不顾国家利益、尊严和荣誉。总之，他们的政府极度自私，鲜廉寡耻，毫无公心，然而他们在国务的实际处理中做得很聪明、宽松。这就是“卡巴尔”政府，丹比伯爵为首的政府以及 1667 年到 1679 年历届政府的特色。这样的政府，尽管不讲道德，不顾原则和国家真正的利益，比起克拉伦登的政府反而不那么使人厌恶，这是为什么呢？因为它更合乎时势和当代人的思想感情，即使是在嘲笑他们。对国民来说，它不像克拉伦登政府那样陈旧过时，与人格格不入。虽然它对国家为害更大，国人却觉得更合意。然而，腐败、奴性、蔑视公众权利和荣誉的做法终于使人忍无可忍。浪子政府遭到四面围攻。这时下议院有一派代表民族利益的爱国议员，国王将他们的领袖人物召去商量并委以国务。这几个人是埃塞克斯勋爵，他是内战期间指挥第一支国会军队的将领的儿子，还有拉塞尔勋爵以及沙夫茨伯里勋爵，后者比起前两位来，在道德修养方面不如而在政治才干方面大大超过他们。这一派执政以后，显然力不从心。他们不懂如何掌握国民的精神力量，如何对待国王、宫廷和各方面的利益。因此，国民和国王两方面都没有觉得他们有多大能力和力量。不久这一派人终告失败。这些领袖人物的节操、勇气、以身殉国的崇高精神使他们名垂青史，但他们的政治才能与他们懿德嘉行不称。他们不懂如何运用不能腐蚀他们的权力，不能使他们为之牺牲生命的事业赢得胜利。

这一尝试失败之后，英国君主复辟的情况就清楚了。它与当年革命时期颇为相似，各种党派都试过上台执政，合法派、腐化派、民族派，无一成功。国家和朝廷的处境犹如英国在1653年革命风暴末期一样。只剩下一个相同的办法了。查理二世为了保住王冠，走上绝对权力的道路。

詹姆士二世继承了他的兄长。在绝对权力之外又添了一个问题，即宗教问题。詹姆士二世想取得教皇制和君主制的双重胜利。情况一如革命初期，宗教战和政治战同时并举，矛头直指政府。曾有人问，若是当时不存在威廉三世其人，他也没有带领荷兰人来结束詹姆士二世和国民之间的这场争端，情况又会如何？我坚信结果也是一样的。除了极少数人，举国上下这时已同心反对詹姆士，会以这种或那种形式完成1688年那样的革命。然而，这一危机的产生还有较英国内部情况更深刻的原因。原因是全欧的，也是英国的。在这一点上，英国的革命以它的事实与欧洲文明的总进程联系到了一起，而不是从革命榜样的影响来说的。

我刚才概述的这场发生在英国的专制与民权及宗教自由之间的抗争，同时也在大陆上方兴未艾，其形式和场合固然不同，而根本原因是一个。路易十四的纯君主制想一统天下，至少他的作为使人怀疑、害怕，欧洲人也确信他有此意图。欧洲各种政治力量为了对抗这一企图而结成联盟，盟主是大陆上维护民权和宗教自由的领袖，奥兰治的威廉亲王。荷兰作为一个新教共和国，以威廉为首，担负起反对以路易十四为代表和执行人的纯君主制的使命。这里涉及的问题不是国内的民权和宗教自由，而是国家的独立了。路易十四和他的对手没想到他们之间的争端事实上也正是英国国内的争端，不过这里的斗争不在党派之间而在国家之间，用战争和外交而不用政治运动和革命来进行。但是，归根结底，要解决的是同一个问题。

因此，詹姆士二世在英国重启专制与自由之战，其时正当这一分别以路易十四和奥兰治亲王为两大制度代表的欧洲的全面战斗同时在斯海尔德河及泰晤士河两岸展开。反对路易十四的联盟如此强大，连那些肯定不会喜欢民权和宗教自由的君主都公开或暗中但很实在地加入进来。德国皇帝和教皇英诺森三世支持威廉三世反对路易十四。威廉来到英国，其目的中为英国内部利益的成分要少于为把它拉入反对路易十四的斗争中来。他拿下了这个新王国为自己增添急需的力量，同时也剥夺了他的敌人的一个帮手。在查理二世和詹姆士二世统治期间，英国是属于路易十四的。他指挥英国的外交关系，一直嗾使英国跟荷兰作对。现在把英国从推行纯粹和普遍君主制的一方手中抢了过来，使它变成宗教自由一方的工具和强大支持。这就是从全欧的角度看到的1688年革命，是它在欧洲事务的总结果中占有的地位，而它作为榜样所起的作用以及它对下一世纪中思想发展的影响又当别论。

据此，正如我一开始所说的，这场革命的真实意义和主要性质是一次在世俗和精神领域内废除绝对权力的尝试。这一性质在革命的各个阶段都显露出来——到复辟为止的第一阶段和1688年危机为止的第二阶段，从英国国内的情况来看或从英国与欧洲的总的关系来看，也是如此。

我们下一步要研究同一事情，专制与自由的斗争，在大陆上发展的情况，或至少是这一斗争的原因和来临。那将是下一讲的主题。

第十四讲

本讲的目的——英国与大陆上文明进程之异同——17、18世纪间法国居欧洲的优势地位——在17世纪是由于法国政府——在18世纪是由于法国国家本身——关于路易十四的政府——关于他的战争——关于他的外交——关于他的行政管理——关于他的立法——快速衰落的原因——关于18世纪的法国——哲学革命的主要特征——本课程的结束

先生们，在上一讲中，我致力于确定英国革命的真实性质和政治意义。我们了解到，原始欧洲的全部文明在16世纪期间归纳成两大事实，即纯君主制和自由探索。英国革命就是这两个事实的首次冲撞。有人从中作出推论，认为英国与大陆的社会状态之间存在着根本性差别；有的人说不可能把命运如此不同的国家进行对比；还有人说英国人一直在精神上处于与他们的地理环境相同的隔离状态中。

的确，英国与大陆国家的文明有着重大差别——这一差别我们必须予以估计，在我的讲课中你们已见到一瞥。在英国，社会中存在的各种不同原则和因素都在同时发展，可以说，并驾齐驱，至少比大陆上的更是如此。我曾尝试把欧洲文明与古代和亚洲的文明相比，从而确定它具有的独特面貌。它是多样的、丰富和复杂的，它从未受一种排他性的原则所控制，而是多种多样的因素一直

在相互影响、组合和斗争，经常不得不共处并存。这一事实，作为欧洲文明的特征，尤其适合英国。这一特征在英国的发展更有连续性，更明显。在那里，世俗社会和宗教社会、贵族统治制、民主制、君王制、中央和地方机构、精神和政治发展，都在一起前进、扩大，似乎有点乱七八糟，前进速度不一定相等，但也相差不大。譬如说，在都铎王朝时代，正当纯君主制如日中天，我们看到民主的原则、公众的力量在同时兴起和壮大。17 世纪爆发的革命既是宗教性的，也是政治性的。那时候的封建贵族看来已是日薄西山，气息奄奄的样子，然而在此时期依旧有它的位置，发挥它的作用，取得它的一份成果。整个英国历史过程都是这种情况。没有一种旧因素彻底消亡，也没有一种新因素彻底胜利，或者某一种原则取得了独霸的优势。各种力量总是在同时发展，各种利益和要求总是在折中调和。

大陆上的文明进程没有这般复杂和完整。包括宗教界和世俗界在内的各种社会因素——君主制、贵族统治制、民主制，不是齐头并进，而是首尾相接。一种原则，一种制度都有它独占鳌头的时候。譬如说，某一世纪属于封建贵族，我并不是说独此一家，这样说未免过分，而是说具有非常明显的优势，另一世纪属于君主制原则，还有一世纪属于民主制度。

将中世纪的法国与英国比较，我国历史上的 11、12、13 世纪与海峡彼岸的同时期比较，可以发现这一时期的法国几乎完全是封建制度的天下，君王和民主原则是无足轻重的。再看看英国，贵族固然居统治地位，君王和民主力量依然是强大和重要的。

君王制在伊丽莎白的英国大获全胜，犹如在路易十四的法国。

但是在英国它需要多么谨慎从事，受到多少限制——有来自贵族方面的，也有来自民主方面的。每一种原则和制度在英国也都有它强盛的日子，但从未像大陆那样完完全全、惟我独尊，胜者总是不得不容忍对手的存在，让他们得到应得的一份。

两种文明的差别自有其有利与不利的方面，在两国的历史上表现出来。譬如说，不同因素的同时发展，毫无疑问，促使英国比任何大陆国家都更早到达一切社会的最终目标——建立一个既正规又自由的政府。政府的本质正是关心各种利益和力量，调和它们之间的关系，使它们生活在一起，共享繁荣。由于众多原因的巧合，英国社会的诸多因素正好在事先已经处于这样的安排和关系中。因此，在英国建立起一个统辖全境、多少是正规的政府，其困难要较少。如此说来，自由的要素就是一切利益、权利、力量和社会因素都在表现自己，同时发挥作用。因此，英国较大多数国家更接近于获得自由。由于同样的原因，英国民族切合实际的想法，对公共事务的理解必然比别处得以更快形成。政治上切合实际的想法来自对所有事实的正确估量和认识，给予它们各自应得的一份尊重。这是英国社会状态必然的产物，英国文明进程自然而然造成的结果。

另一方面，在大陆国家里，每种制度、每种原则都有它昌盛的日子，更彻底、更排他地占有绝对优势，发展的规模更大，显得更辉煌壮观。譬如说，在大陆上台的君王制和封建贵族统治就比英国的更大胆、更开阔、更自由。我们的政治实验更广、更精，其结果是政治思想（我说的是一般思想而不是办事情所用的实际想法）和政治理论达到更高的程度，显示出更富于理性的力量。每一种制度在一定程度上都有过长时间独自登台的机会，所以人们就可以对它加以全面的考虑，从它的最初的原则一直考虑到它终极的后果，把它的理论充分展示出来。仔细观察英国性格的人都会注意到一个双重事实。一方面是切合实际的想法和实干的能力，另一方面是缺乏一般的思想和足以傲人的理论。只要翻开一本英国书籍，不论是关于英国历史、法学或任何其他题目，很少会发现其中有博大的基本的道理。在一切科目中，尤其在政治学方面，纯理论的、哲学性和科学性的探讨在大陆上要比英国更发达，至少才智的发挥更有力，更大胆。我们不能不相信两地文明的不同发展与这一结果有很大关系。

最后，无论如何考虑这一差别所造成的有利或不利的条件，差别本身确是真实和不容置辩的事实，是使英国深刻区别于大陆的事实。但是，不可以由此得出结论，认为由于不同的原则和社会因素在那里是更为同时地发展的，而在这里是更为相继地发展的，所以归根结底，它们的道路和目的不是完全一样的。从总的情况看，大陆和英国都经过同样宏伟的文明阶段，两地的事情都循着同一道路演进，同样的原因导致了同样的结果。这一事实出现在我向你们展示的 16 世纪以前的文明画卷中，你们已经深信不惑。你们也会从 17、18 世纪的研究中获得同样的认识。在英国几乎同时出现的自由探索和纯君主制，在大陆是隔了很长一段时间才实现的。但是终究是实现了。这两股力量相继各自有过辉煌时期，终于同样发生了对抗。各个社会总的来看还是走同一条路的。虽然差别确实存在，相同性却更为根深蒂固。对现代历史作一次快速概述会使你们对这点确信不疑。

回顾17、18世纪的欧洲历史，不可能不看到法国已处于欧洲文明的领先地位。在这一课程开始时，我曾坚持过这一事实，并指出原因。现在，这一点看得更清楚了。

纯君主制，绝对的王权，这一原则先前在西班牙国王查理五世和腓力二世时期已居统治地位。后来在法国的路易十四期间又有所发展。同样地，自由探索先在17世纪的英国盛极一时，后又在法国发展起来。然而，纯君主制和自由探索不是从西班牙和英国出发来征服世界的。这两个原则、两种制度在一定程度上局限于两个产生地。它们必须借道法国才得以扩展，必须先成为法国的，才能成为全欧的。法国文明的这一传布性的特色，法国在交际方面的天赋，在各个时期都有所表现，而在我们讨论的本时期中尤为鲜明。这一点我不再多讲。你们在其他课程中有机会观察18世纪法国文学和哲学的影响，对这一点有同样清晰的说明。你们已经了解，在自由这一问题上，法国的哲学界比自由的英国在欧洲具有更大的权威性。你们已看到法国文明比其他国家更加活跃、更具感染性，因此我无需多讲。我之所以重提这一事实，是为了说明我有权把现代欧洲文明的画面集中在法国身上。这一时期中，法国的文明与其他国家的当然还是有差异的。若是我的目的是讲解这些国家的全部和翔实的文明史，那么这一点就必须要记住。但是我现在讲得很快，就不得不把一些国家和时期完全从略了。我现在要把你们的注意力集中在法国的文明进程上，把它作为欧洲总形势的一幅，虽然不能说是完美无缺的图像。

在17、18两个世纪中，法国在欧洲的影响是以很不同的面貌出现的。在17世纪，对欧洲发生作用的是法国政府，是它居于进

程的领先地位。到18世纪，占优势的就不是政府而是法国本身。先是路易十四和他的朝廷，而后是法国和她的想法，在左右人们的头脑，引起人们的注意。17世纪中，有些国家的人民比起法国人民来，在舞台上扮演了更重要的角色，参与了更多的事情。例如三十年战争期间的德国人民，英国革命时期的英国人民，在决定自己的命运时比法国人民同期在他们自己的命运中扮演了更重要的角色。同样地，在18世纪，有些政府比法国政府更强大、更重要、更为人所畏惧。腓特烈二世、叶卡捷琳娜二世和玛丽亚·特雷萨无疑都比路易十五在欧洲有更大影响和分量。然而，在这两个时期中，法国都是欧洲文明的先驱，先是由于它的政府，而后是国家本身，先是由于国家掌权者的行动，后是由于独特的学术发展。

为了充分了解法国的，因此也是欧洲的文明进程中的主要影响，我们必须先研究17世纪的法国政府，然后研究18世纪的法国社会。时间在变换舞台和演员，我们也必须随之改变计划和剧目。

人们在研究路易十四的政府、他的强大和他在欧洲的巨大影响的原因时，往往只想到他的名望、他的战功、他的辉煌和他这一时代的文学成就。人们把法国政府在欧洲的优势归因于外表的原因。我认为优势在于更深层、更严肃的原因，不可以简单地把几次胜仗、豪华的宴会，甚至天才的文学创作来解释他那不可否认的作用。

你们许多人也许还记得，而你们所有的人一定都听说过，29年前法国的执政府所产生的效果和当时我们国家的处境。外有强敌压境，而法国军队里灾难不绝。国内的权力机构几乎全部解体，人民四分五裂，没有国家财政收入，没有公共秩序。总之，在执政府上台时，国家正匍匐、瘫痪在耻辱中。谁会不记得这一政府的巨大努力和恰当的措施，在短时期内，确保了国家的独立，恢复了民族荣誉，重组了行政管理，修改了法规，总之，行使权力重振社会。

路易十四的政府在开始时为法国做了同样的事。虽然时代、做法和形式都大不相同，追求和达到的效果差不多。

回想一下枢机主教黎塞留执政以后路易十四未成年的岁月。西班牙军队在边境上窥伺，有时候还进入国内，入侵的险情频传；国内分裂已达极点，内战，虚弱的政府在国内外毫无威信。当时的社会也许少一点暴乱，但是跟雾月 18 日前我国的情况还是非常相似。正是从这样的境地中，路易十四的政府把法国拔了出来。他最初的胜利起到类似马伦哥的胜利的作用：保全了国家，恢复了民族荣誉。我准备从几个方面来考虑这个政府——战争、对外关系、行政管理、立法等方面。你们会了解，我刚才所做的我认为相当重要的比较是有真凭实据的，我有权这样做的（我自己并不认为一般的历史比较有多大价值）。

首先说说路易十四的战争。欧洲的战争，正如你们所知道的，也是我常常这样提醒你们的，发源于大规模的民众运动。一邦之民出于需要、任性或其他原因，有时兴师动众，有时以小股形式，从一地跋涉到另一地去。这是 13 世纪末十字军运动结束以前一般欧洲战争的特色。

那时候又出现了另一类战争，与现代战争的差别不亚于上面所说的一类。这些战争是远征，不是由人民发动，而是由统治者率领大军去征伐远方国家，进行冒险。他们背井离乡，有的去德国，有的去意大利，还有的去了非洲，只是为了逞私欲，没有其他目的。

几乎所有15世纪,甚至16世纪一部分战争都属于这一类。为了什么利益——我不是指合法合理的利益,什么动机使查理八世要把那不勒斯王国据为己有?这显然不是一次出于政治考虑的战争。国王认为他个人有权占有那不勒斯王国,为了个人目的,满足个人欲望,他才去征服一个远方国家,而这个国家根本不适合与他自己的王国合并。相反地,此举只会削弱自己对外的力量,破坏国内的安定。查理五世远征非洲也是如此。这一类战争的最近的例子是查理十二远征俄罗斯。路易十四的战争不属此类。他的战争是由一个坐镇中央的政府征服周边国家,为了扩张和巩固自己的领土,是政治性的战争。

这些战争可以是正义或非正义的,也许使法国付出了昂贵的代价。可以找出千百个理由来指摘它们的不道德和暴行,但是它们具有比前一类战争更为合理的性质。它们不是由于一时兴之所至或爱好冒险而发动的,而有某种严肃的动机,为了达到某种自然的限度,为了合并说同一语言的某地居民,为了占领防御强大邻国所必需的要冲。这些战争固然有个人野心的成分在内,但是逐一检查路易十四的战争,尤其是他统治初期的,可以发现确实有他的政治动机,是从法国的利益出发,为了国家的强大和安全。

战争的结果是这一事实的证明。今日的法国版图在许多方面是路易十四的战争造成的。他征服的这些省份,弗朗什-孔泰、佛兰德、阿尔萨斯,仍是法国领土。征服可分有意义和无意义的两类。路易十四的征服没有不合理和任意的性质,而在他以前,此类征服很普遍。他的政策,不能说总是公正和明智的,但却是有算计的。

再看看路易十四的对外关系，也就是他的外交，我发现有相似的结果。我曾讲过，欧洲外交诞生于 15 世纪末。在这以前，政府及国家之间的关系只是偶然性的来往，少而短暂，此后就变得更经常和长久了，成为公众注意的事。到 15 世纪末，16 世纪上半叶，外交在国际事件中已发生作用。虽然如此，17 世纪以前的外交还不能说具有计划性，它未曾导致长久的联盟，尤其是国际间那种长久的大组合，这类组合的形成是根据固定的原则，为了恒常的目的，并具有标志一个稳定政府特征的连续性。在宗教革命时期，各国的外交关系几乎服从于宗教利益的力量，欧洲分成新教和天主教的两个联盟。到 17 世纪，缔结了威斯特伐利亚条约以后，并在路易十四政府的影响之下，外交才改变了它的面貌，摆脱了宗教影响的单一原则，其他的考虑成为联盟和政治组合的根据。同时，外交已变得更有计划性、正规性、目的性和原则性。欧洲的势力均衡体系正是从这时开始形成的。这一体系及其包含的全部思想正是在路易十四统治期间成了欧洲政策的主体。我们在研究这方面的一般思想及路易十四政策的主要原则时，我相信可以发现以下的情况。

我在前面已提到路易十四的纯君主制和他普遍推行君主制的愿望，与之对抗的是奥兰治亲王威廉三世领导下的维护民权和宗教自由及国家独立的力量。这一时期的一大事实就是这两面旗帜的对垒。可是当时的人们并不像我们这样评估它，即使那些参与其事的人也没有认识到这一意义。废除纯君主制，信奉民权和宗教自由，归根结底，是荷兰及其盟国抵抗路易十四的必然结果，而当时没有公开提出来而已。常有人说，路易十四的主要外交原则就是在欧洲推行绝对权力。我不认为如此。在他晚年以前，这种考虑在他的政策中并非主要。路易十四谋取的是法国的强大，称霸欧洲，使敌国俯首帖耳，总之，政治利益和国家的实力。在他与西班牙、德国及英国的交战中，其目的无不如此。推行绝对权力的目的并不如他扩大法国和法国政府力量的欲望那么强烈。在各种证明中，我愿意引用出自路易十四本人的一件证据。他的回忆录中，我要是没有记错的话，1666 年时期中有这样一段话：

“今天早上，我和一位英国绅士，西德尼先生会谈。他向我说明重振英国共和派的可能性。西德尼先生要求我为此目的资助 40 万银币。我告诉他我最多只能出 20 万。他要我从瑞士召来另一位名叫勒德洛的英国先生，与他就此计划商谈。”

于是，我们又从勒德洛的回忆录中相近的日期下找到如下一段话：

“我接到法国政府通知，邀请我去巴黎商谈关于我的国家的事。但是我不信任那个政府。”

勒德洛留在瑞士没有去。

可见得削弱英国国王的力量，那时是路易十四的目的。他在煽起英国内部分歧，力图复兴共和派，以阻止查理二世在国内变得过于强大。巴利翁任驻英大使期间，这一事实屡见不鲜。只要查理的权威占了上风，民族派有被压垮之势，这位法国大使就施加影响，出钱资助反对派与绝对权力抗争。这成了法国削弱竞争对手的手段。在仔细考虑路易十四的对外关系时，这一事实最引人注意。

这时期法国外交的能量和技巧也使人瞩目。有些人名如德·

托雷、达沃、德·邦勒波是通晓这段历史的人所熟悉的。当我们把路易十四的这些大臣的信札、回忆录、技巧和行动跟西班牙、葡萄牙和德国的谈判官员进行比较时，我们一定会感到法国大臣们高出一筹。这位专制国王手下的宫廷大员对国际事务、政治派别、自由的必要条件和公众革命的判断，比同时期的大多数的英国大臣们高明得多。17 世纪欧洲国家在外交上堪与法国抗衡的只有荷兰人。民权与宗教自由派领袖，约翰·德·维特和奥兰治的威廉的外交官是惟一能与这个伟大的专制国王的手下一决雌雄的人。

如此看来，不论考虑路易十四的战争或是他的外交关系，结论都是一样的。不难想象，能如此进行战争和外交谈判的政府在欧洲会赢得很高的地位，它不但使人畏惧，而且使人感到人才济济，势不可挡。

现在我们来看看法国的内部情况，它的行政管理和立法，从中可以找出解释他的政府何以强盛的道理。

一个政府的行政管理究竟应该如何解释是很难确定的。不过，我们相信，按照最普通的认识，所谓行政管理就是一套方法用以将中央权力的意志尽量迅速而确实地贯彻到社会各部分中去，并将社会力量，无论是人力或财力，以同样方式，汇集到中央权力手中。这就是行政管理的真实目的和主要特征。因此，在社会需要一致和秩序时，行政管理就成了把松散的各个因素凝聚团结起来的主要手段。路易十四的行政管理正是致力于此。以前，在法国和欧洲其他国家，最难的事莫过于使中央权力的作用深入社会各部分并将社会力量集中于中央。路易十四的努力获得一定效果，至少比以前的政府不知强了多少。我不能多谈细节，只要在脑子里把公共事业想一遍，税收、道路、工业、军事管理、各行政部门的一切机构等等，其中没有一样不是在路易十四治下有了开始，就是取得了发展或改善。这一时代最为杰出的人才如科尔贝和卢瓦都是作为行政管理者施展了他们的才干和政府职能的。政府靠这种优越的行政管理获得周围国家所缺少的政令通畅、果断和一致。

在立法方面，这一政府有同样的建树。可以回到我在前面提出过的与执政府的立法活动、大量修正和重订法律的活动相比较。路易十四时期做了同一性质的工作。他颁布了大批法律，刑法、诉讼法、商业法、海洋法、水域法、森林法等等。这些都是真正的法律，就像我们今天的法律那样制定的，经过国务会议的讨论。此类会议有些是在拉穆瓦尼翁主持下开的。有些人就是因为参加了这一工作和讨论才出了名，例如皮索。若是单从法律本身来考虑，路易十四的法律大有可指摘的地方，其中缺点比比皆是，今天看来非常明显，无人可以否认。它不是从公道和自由的利益出发，而只是为了维持共同秩序，为了使法律具有更多的正规性和稳固性。即使如此，这也是一大进步，胜出以前法律很多，把法国社会在文明进程中推进了一大步。

不论从哪方面看这个政府，我们很快就会发现它的力量和影响的根源所在。在欧洲人眼里，这是第一个对自己的地位满怀信心的政权，没有敌人在国内跟它争权，领土和人民都平静无事，可以一心致力于治理国家。所有的欧洲国家在此以前一向是战火不熄，没有安全，也没有空间，要不就是国内不同党派明争暗斗，大家都在为活命而战。路易十四的政府看来是第一个专心致志整治国家的、一个定型的而又在进步的权力结构；它不怕创新，因为它对将来满有把握。事实上,具有如此创新精神的政府并不多见。拿它与西班牙腓力二世的纯君主制王国比较,他比路易更加专制,但不如路易的政府正规和平静。那么腓力二世又是怎样在西班牙树立起他的专制政权的呢?他的办法是窒息国内的活动,否决一切改善的措施,使得西班牙成为死水一潭。而路易十四的政府正相反,在各种创新活动中都显得活跃,鼓励文学、艺术、财富等等,一句话,文明的进步。这些就是它能在欧洲称霸的原因。在整个17世纪中,它是大陆上的各国君主,也是各国国民羡慕的政府。

现在我们要问——也不可能不问——如此英明,而且从我列举的事实来看,又是如此强盛的政府,怎么会如此迅速地衰落了呢?在欧洲产生过如此作用的强国怎么会在下一世纪变得如此虎头蛇尾、虚弱、无足轻重了呢?这个事实是不容置辩的。17世纪的法国政府居欧洲文明之先。到18世纪,它消失了。领导欧洲前进的是与政府分道扬镳、甚至反对政府的法国社会。

在这一事实中,我们发现了绝对权力无可挽救的弱点和分毫不爽的后果。我不去细讲路易十四政府的错误,它犯下很多。我不讲西班牙王位争夺战争,不讲南特法令的废除,也不讲他的靡费无度和其他许多给他带来厄运的致命措施。我愿承认,正如我所描述的,它的政府的优点。我愿同意这种说法:没有一个绝对专制的政权受到过它的时代和国民如此充分的赞许,对国家和整个欧洲作出过更实在的功绩。然而,就因为这个政府只信奉绝对权力的惟一原则,建立在这惟一基础上,它的衰落旋踵而至也是理所当然的。路易十四统治下的法国所缺少的是独立的、自生自主的,也就是能自发地采取行动和进行抵抗的政治性的社会组织和力量。

法国旧时的有名有实的社会组织和制度不复存在，被路易十四彻底摧毁了。他没有建立新的来代替旧的，因为这只能束缚他的手脚，而他是不愿受束缚的。那时候昭著在目的是意志，是中央政府的行动。路易十四的政府是一个伟大的事实，辉煌强大，但却是无本之木。自由社会组织的存在可以保证的不仅是政府的明智，而且是它的寿命。没有一种政治制度能在不借助社会组织的情况下久享天下。凡是绝对权力得以长久的地方，总是有真实的社会组织的支持。有时候这种社会组织的形式是社会划分为各具特色的阶级，有时候是一种宗教组织系统。在路易十四统治下，社会组织既缺乏权力，也没有自由。那时的法国没有一种机制能保证国家抵制不合法理的行动，或能保证政府不受时间无情的作用。于是我们看到这个政府在自趋灭亡。路易十四统治末期，走向衰老的不只是他本人而已，而是绝对权力的整个系统。到 1712 年，纯君主制已经像君主本人一样筋疲力尽，而为害更严重，因为路易十四废弃的不仅是政治性的社会组织，同时也废弃了政治道德。丧失了独立性，就没有政治道德可言。只有感到自己有力量的人才能够为一种权力工作或反对一种权力。强有力的人物随着独立的消失而消失，惟有灵魂的尊严才能产生权力的保障。

路易十四遗留下来的法国和它的政府处在这样的情况中：社会的财富、力量和学术活动在蓬勃发展，这一前进中社会的身旁是一个基本上停滞不前的政府，它没有办法更新自己来适应人民的动向。这个政府取得了半个世纪的辉煌成就后，就停顿、衰弱起来，在它的创建者还在世的日子里，已经滑向下坡，眼看要消亡了。17 世纪末的法国就是这种情况，预示着随之而来的时期具有全然不同的方向和特色。

无需我来说，人类心灵前进的冲动，自由探索，是18世纪主要的特征和事实。你们早就在这一讲座中听到有关这一事实的许多事情。你们已经听过一位富于哲理的演说家和一位雄辩的哲学家描述过这一雄壮的时代。我不能在我仅剩的一点时间内追溯这期间完成的伟大的精神革命的各个阶段，但是我也不愿在离去之前不提请你们注意几个鲜为人道的特点。

第一，——给我印象最深，也是我曾提过的特点——就是在18世纪期间，政府几乎销声匿迹了。人类心灵成了主要的，而且几乎是惟一的角色。

除了舒瓦瑟尔公爵执政期内处理的外交事务以及一些向公众舆论作出的重大让步，例如在美国革命战争期间的举动，法国政府在这时期似乎对一切都漠不关心，毫无动静。路易十四的那种精力充沛、雄心勃勃、无处不在、事事一马当先的劲头见不到了。这时的政府只是在东躲西藏，不愿出头露面，深感自身的虚弱和无力。活动和雄心全部让给了人民。人民发表他们的意见，展开学术活动，以这种方式参与一切事情，只有他们才掌握道义权威，这是真正的权威。

我看到的第二个特点有关18世纪人类心灵的情况，那就是自由探索的广博性。在此以前，自由探索只在有限的部分领域内展开，研究的题目有时候是宗教问题，有时候是宗教掺杂政治的问题，从未涉及一切事物。到18世纪就不同了，自由探索的特征是它的广博性。宗教、政治、纯哲学、人与社会、精神与物质世界，都成了研讨和思想体系的题目。旧的科学被推翻，新的科学诞生。

这个运动推向各个方面，虽然它发源于同一个冲动。

这一运动具有独特的性质，也许是世界史上仅有的，它是纯粹思辨性的。在这以前，一切人类的大革命中，行动总是和思维合在一起的。16 世纪的宗教革命以思想、纯粹的学术讨论开始，不久就成了实事。思想界的领袖不久变成政治派别的领袖。生活的现实与思维的运作结合了起来。17 世纪的英国革命也是如此。但是，在 18 世纪的法国，可以看到人的精神运用在一切事物上、思想上。这些事物和思想只要联系上生活中的实际利益，看来就会对事实立刻发生强大的影响。然而，大讨论的领袖和参加者对一切实际活动依然是陌路人，他们只是作为旁观者，在观察、判断、演说，却不干预实事。从未有过这样把对外部世界的控制与对心灵的控制如此截然分开的。精神世界和世俗世界的分离到 18 世纪才成了彻底的现实。也许这是破天荒第一次，精神世界完全脱离了现实世界而自我发展。这是一个重大的事实，对事态的进程具有重大影响。这使得当时的思想具有过于自负和缺乏经验的特色。哲学要统治世界的愿望从未如此强烈，而哲学对世界的了解又从未如此浅薄。很明显，总有一天它要面对事实，学术运动要进入外部世界中去。正因为两者完全隔离，它们的结合就更加困难，而相遇的冲击也会更加猛烈。

这一时期，人类心灵的状况还有一个特色，那就是无比的大胆，对这一点我们还会感到惊异吗？在此以前，心灵最伟大的活动总会受到某些障碍的限制。人的心灵总是在现实包围之中，免不了要谨慎从事，在一定程度上受到抑制。我真不知道 18 世纪的人类心灵对什么外部事实持有任何尊重，或者说有什么外部事实能控制心灵。心灵对整个社会状况加以痛恨和蔑视，因此它认为它的使命是改造一切。它把自己差不多看作世界的创造者。一切制度、想法、生活方式、社会，甚至人自己似乎都需要改造，而这一任务就落在人类理性的肩上。有谁见过如此大胆的设想？

就是这一股力量在18世纪间与路易十四政府的残局遭遇了。可以想到这两股悬殊的力量之间冲撞是难免的。英国革命的主要事实，自由探索与纯君主制的斗争，现在也要在法国爆发。两次革命无疑有很大差别，必然永存于革命的结果中，但是，归根结底，总的情况是相似的，事件的意义是同一的。

我不准备展示这一斗争无穷无尽的后果。结束这一课程的时间已到，我必须打住。我只想在离去前提请你们注意这一伟大斗争向我们显示的一个最严重、最有教育意义的事实。那就是绝对权力的危险、危害以及也是我认为它不可克服的缺点，不论它采取什么形式，什么名义，追求什么目的。你们已看到路易十四的政府的败亡几乎完全是由于这一原因。然而，继之而来的权力，人类心灵，这一18世纪的真实主宰，遭到了同样命运。这次轮到心灵掌握了几乎是绝对的权力，也轮到它怀有过分的自信。它那前进的冲动是美的、善的、非常有用的。假如有必要明确说出我的意见，我会说18世纪是历史上最伟大的时期之一，对人类的贡献也许最大，在最大程度上帮助了人类的进步，使这一进步具有最大广泛性的特色。若是要我对它作为一个行政管理机构加以评论，我会表示赞许。但是不能因此而抹杀这一事实：这一时代里，人的头脑掌握了绝对权力之后，就受到权力的腐蚀和误导，使它不合理地把已经确立的事实和以前的思想加以蔑视和厌弃，从而走向错误和暴

政的道路。到世纪末期,在人类理性的成就中掺杂了一份错误和暴政。毋庸讳言,这一份错误和暴政是沉重的。但我们必须宣布它,而不是否认它。它主要是由于这一时期中人的头脑在权力扩张的作用下过度膨胀。

我相信我们的时代有责任了解这一点:一切权力,不论来自智识,还是来自世俗,不论属于政府还是属于人民、哲学家、大臣,不论是为了这种或为了那种事业,都包含着一个天生的缺陷、弱点和弊病,因而应该加以限制。了解这一点正是我们时代的独特优势。惟有允许一切权利、利益、意见普遍享有自由,允许这一切力量的自由表现和合法存在,才能把各种力量和权力限制在合理的范围内,防止它侵犯别的权益。总之,惟有如此才能使自由探索真正普遍存在,造福于人。18 世纪末发生在绝对的世俗权力与绝对的精神权力之间的斗争给予我们的教训就在于此。

我现在已经到了我自己预定的终点。你们会记得我在开始这门课程时说明的目标,那就是向你们展示欧洲文明发展的概况。从罗马帝国一直到我们今天,整个旅程走得很快,来不及把所有重要的事都作交代——差得很远,或者为我所说的一切都提出证据。我不得不略去许多,而且时常要求你们听之信之。不过,我希望我还是达到了我的目的,那就是标出现代社会发展过程中的重大转折点。允许我再说几句。

我在一开始时试图界定文明这一词,并描述这一词所包含的事实。在我看来,文明由两大事实组成:人类社会的发展及人自身的发展。一方面是政治和社会发展,另一方面是人内在的和道德的发展。我至今讲的只限于社会历史。我只从社会的角度来展示文明，对人本身的发展没说什么。我未曾向你们展示思想的历史，人类精神进程的历史。我提议在我们再次相会的时候，我专门讲述法国，我们共同切磋法兰西文明的历史，它的细节和各个方面。我将努力使你们了解不仅是法国的社会历史，还有人的历史，同你们一起追踪各种制度习俗、思想和学术著作的前进历程，从而对我们的光辉祖国的发展有一个整体的、完全的了解。我们国家的过去和未来都值得我们倾注最亲切的感情。

图书在版编目(CIP)数据

欧洲文明史/(法)基佐著;程洪逵,沅芷译.—北京:商务印书馆,2017
(汉译世界学术名著丛书:120年纪念版:珍藏本)
ISBN 978-7-100-14591-6

Ⅰ.①欧… Ⅱ.①基… ②程… ③沅… Ⅲ.①文化史—欧洲 Ⅳ.①K500.3

中国版本图书馆CIP数据核字(2017)第153293号

汉译世界学术名著丛书
(120年纪念版·珍藏本)
欧 洲 文 明 史
自罗马帝国败落起到法国革命
〔法〕基佐 著
程洪逵 沅芷 译

商 务 印 书 馆 出 版
(北京王府井大街36号 邮政编码100710)
商 务 印 书 馆 发 行
北京中科印刷有限公司印刷
ISBN 978-7-100-14591-6

2017年12月第1版 开本710×1000 1/16
2017年12月北京第1次印刷 印张17
定价:88.00元